KB013373

한국 사회의
압축적 개인화와 문화변동

─세대 및 젠더 갈등의 사회적 맥락

한국 사회의
압축적 개인화와 문화변동

―세대 및 젠더 갈등의 사회적 맥락

초판 1쇄 발행   2022년 3월 2일
초판 2쇄 발행   2022년 5월 4일
–
지은이   홍찬숙
펴낸이   이방원
편   집   김명희 · 안효희 · 정조연 · 정우경 · 송원빈 · 박은창
디자인   박혜옥 · 손경화 · 양혜진   **마케팅**   최성수 · 김 준 · 조성규
–
펴낸곳   세창출판사
　　　신고번호 제1990-000013호   주소 03736 서울특별시 서대문구 경기대로 58 경기빌딩 602호
　　　전화 02-723-8660   팩스 02-720-4579   이메일 edit@sechangpub.co.kr   홈페이지 http://www.sechangpub.co.kr
　　　블로그 blog.naver.com/scpc1992   페이스북 fb.me/Sechangofficial   인스타그램 @sechang_official
–
ISBN   979-11-6684-080-7   93330

한국 사회의
압축적 개인화와 문화변동

−세대 및 젠더 갈등의 사회적 맥락

홍찬숙_서울대학교 여성연구소

세창출판사

━━━━ 감사의 말

　　이론 연구자로서 필자는 오랫동안 외로운 학문 작업을 해 왔다. 그러나 이 책은 기획단계에서부터 이미 필자만의 외로운 작업 결과가 아니었다. 세창출판사 김명희 이사님의 제안으로, 2020년 한국출판문화산업진흥원에서 실시한 '길 위의 인문학' 인문교육콘텐츠 개발 지원 사업에 지원하면서 구상이 시작되었기 때문이다. 안타깝게도 2차 지원에서는 선정되지 못하여 출판사에는 사실 별 이득이 돌아가지 않았다. 게다가 코로나19 팬데믹 와중에 어려움이 있었던 것으로 안다. 녹록지 않은 여러 상황 속에서 책의 출판을 위해 힘써 주신 세창출판사 관계자분들께 진심으로 감사를 드린다. 필자에게 늘 책 집필을 독려하며 용기를 주시는 김명희 이사님, 2쇄 발행을 위한 추가 교정 작업을 꼼꼼히 해 주신 정우경 선생님께 감사드린다.

　　이 연구가 외롭지 않았던 또 다른 이유는, 필자가 다른 연구자들과 함께 수행한 공동 연구의 결과들이 여기에 포함되었기 때문이다. 주로 연구실에서 이론 연구만을 하던 필자가 경험 연구에 욕심을 낸 것은, 2018년 SBS 문화재단의 연구 지원 사업에 지원하기 위해서였다. 당시 연구 지원 사업의 주체가 SBS 사내에서 바뀌는 등 순탄치 않은 상황에서 지원 대상으로 선정되는 행운을 누렸다. 당시 SBS 문화재단 관계자들과 심사위원들께도 감사를 드린다. 그러나 무엇보다 함께 연구를 수행해 주신 서울대 서양사학과 한정숙 교수님, 서울대 여성연구소 객원연구원 오현미 박사님, 김보명 현 이화여대 여성학과 교수, 그리고 선뜻 조교를 맡아 준 서울대 여성학협동과정생 오혜진에게 감사한다. 또 연구에 자문을 주시거나 인터뷰에 참여해 주신 분들께 일일이 보고서를 보내 드리긴 했지만, 여기서 다시 한번 감사의 마음을 표하고 싶다.

이 책 내용에 포함된 필자의 또 다른 공동 연구에는 중앙대 사회학과 이나영 교수의 제안으로 참여했다. 이나영 교수, 그리고 함께 인터뷰를 수행해 준 중앙대 사회학과 대학원생 백조연, 이희영, 정성조에게 감사한다. 20대 남성들이 참여하는 인터뷰는 50대 여성인 필자가 주도하기가 어려워서, 대학원생들의 기여가 절대적이었다.

이 책에는 필자가 이미 학술지에 발표한 논문들을 수정하여 싣기도 했다. 이미 발표된 논문들의 경우, 본문의 각주들을 통해 출처를 각각 표기했다. 그 논문들과 이 책을 위해 필자가 새로 쓴 부분들은 여느 때처럼 연구실에서 혼자 작업한 결과물이다. 혼자 하는 이론 작업에서는 연구 외의 여가활용을 통한 충전이 매우 중요하다. 그래서 일상생활에서 심리적 지원을 해 준 친구들과 아들에게도 감사하고 싶다. 코로나19로 인해 단절된 일상에서 대면생활의 즐거움을 지속시켜 준 친구들 교선, 승희, 진양에게 감사한다. 그리고 엄마에게서 후덕한 인자함보다 날카로운 분석을 더 많이 경험했을지도 모를, 사랑하는 아들 태호에게도 감사를 전한다.

2022. 4.
홍찬숙

―――― 차례

감사의 말   4

Ⅰ부   서문

Ⅱ부   서구 근대의 사회변동과 사회학의 탄생·발전

1장 공동체에서 사회로   25
  1. 사회의 발생 Vergesellschaftung   25
  2. 개인화 Individualisierung   28

2장 '사회=국민국가 정치체'의 동일시   34
  1. 국가(민족) 공동체의 발명   34
  2. 개인화와 핵가족화, 계급화   37

3장 국민국가 정치공동체에서 위험공동체로   42
  1. 탈바꿈:
     산업사회에서 위험사회로, 국가공동체에서 위험공동체로   42
  2. 제2의 개인화: 탈표준가족화, 탈계급화   46

Ⅲ부   한국의 사회변동과 문화변동

1장 이론적 논의   53
  1. 한국의 사회변동: 압축적 개인화   53

1) 유교 가족주의로부터의 개인화:

　　가족 관련 행태 변화를 중심으로　　　　　　　　59

2) 공론장의 구조변동: 유교 공론장에서 시민 공론장으로　　107

2. 사회운동의 변화를 통해 본 한국의 문화변동:

　2016~2017년의 '촛불혁명'을 중심으로　　　　　135

　1) 사회운동의 '개인화'에 대한 논의　　　　　　135

　2) 서구 사회운동과의 비교　　　　　　　　　136

　3) 청(소)년 문화의 새로운 특성　　　　　　　150

　4) 디지털매체의 중요성　　　　　　　　　　154

2장　경험적 논의:

　촛불혁명, 미투운동, 페미니즘 재부상에서 드러나는

　문화변동을 중심으로　　　　　　　　　　　165

1. '촛불혁명'과 미투운동　　　　　　　　　　171

　1) 세대 간 문화적 이질성: '촛불혁명'을 중심으로　　172

　2) 문화변동의 성별·세대별 이질성:

　　촛불혁명, 미투운동을 중심으로　　　　　　182

2. 20~30대 청년층의 젠더정치　　　　　　　201

　1) 성별 문화적 이질성　　　　　　　　　　205

　2) 청년남성 내부의 젠더 관련 문화적 이질성:

　　관련 변수들에 대한 추정　　　　　　　　217

3. 세대 불평등과 성불평등의 교차성 또는 간섭의 현상　　221

4. 복잡한 불평등의 단순화로서 '젠더갈등' 프레임　　232

Ⅳ부　　결론

참고문헌　　　　　　　　　　　　　　　　244

부록　　Ⅰ. 홍찬숙·한정숙·오현미·김보명(2019)의 조사방법　260

　　　Ⅱ. 비공개 공동연구의 조사방법(질적 연구)　　263

서문

1부

근대화는 사회학의 핵심 연구주제이다. 그러나 사회학 연구는 영국·프랑스 양국에 제한된 근대화의 '고전적 경로'에만 맞춰져 있다. 후발 산업국인 독일의 경우에는 나치 발흥과 관련된 근대화의 특수성에 대해 역사학 분야에서 연구가 활발했던 적이 있다(홍찬숙, 2017a). 그러나 2차대전 후 독일 사회학의 제도화가 미국 사회학의 역수입을 통해 진행됨으로써, 자국 근대화의 특수성에 대한 독일 사회학의 관심은 아도르노 이후 사실상 맥이 끊겼다. 1963~1967년 독일 사회학회장을 맡았던 비판이론가 아도르노 역시, 나치라는 '근대적 야만성'을 독일 근대화의 특수한 현상이라기보다는 자본주의의 필수적 구성요소라고 보았다.[1] 또 전후 독일은 '서구화'

---

1   아도르노의 학회장직 종료와 함께 독일 사회학에서 비판이론의 영향력은 크게 약화되고, 실증주의 사회학이 지배적 패러다임으로 부상했다.

를 성공적으로 따라잡은 것으로 평가되는데, 이 역시 독일 근대화의 특수성에 대한 사회학적 관심을 약화시켰다고 할 것이다.

후발 산업국인 독일이 2차대전 이후 국내외의 나치 청산 움직임을 통해서 근대화의 고전적 경로에 합류했다면, 후-후발 산업국이라고 할 수 있는 한국사회는 현재 아시아에서 상당히 독보적으로 근대화의 고전적 경로 —경제적 시장화, 정치적 민주화, 문화적 개인주의화— 에 접근하는 양상을 보여 준다. 신분제를 타파하지 못하고 권위적 지배세력 아래 산업화가 진행되었다는 점에서 한국은 독일사회와 유사한 측면이 있다. 그러나 '서구화 따라잡기'의 역사적 시기를 보면, 독일이 산업사회의 번영 국면에서 서구화를 따라잡은 데 비해서, 한국은 산업사회의 불확실성 국면 —'위험사회로의 탈바꿈' 과정— 에서 서구화를 따라잡는 형국이다. 이런 차이는 한국의 서구화 따라잡기 또는 그 속에서의 문화변동에 있어 독일과는 또 다른 특수성을 제공한다.

현재 한국사회는 세대 간에, 그리고 양성 간에 의사소통이 거의 불가능한 수준이라고 볼 수 있다. 그런데 이와 같은 불통의 문제는 단순히 신자유주의적 지위 불확실성의 결과만이 아니라, 앞서 말한 문화변동과 깊이 관련되어 있다. 20세기 초 사회학자 카를 만하임이 제기한 '세대론'이 독일에서 나온 것은 우연이 아니다. 과거 고전적 서구화는 근대적 자본형성 및 봉건질서 타파의 원동력인 고전적 시민계급이 주도한 근대화이다. 그러나 계몽군주에 의해 위로부터 근대화가 진행된 독일에서는 오직 '문화자본'을 소유한 '교양시민' 계급을 중심으로 근대문화가 꽃필 수 있었다. 즉 근대적 문화변동이 정치적·사회적 변동을 주도하는 계급을 통해 일반화하는 형태로 진행되지 못하였기 때문에, 시대적 경험을 공유하는 '세대'가 문화변동의 주체로 주목받게 된 것이다.

한국의 문화변동 역시 이와 유사하다. 한국에서도 산업화 시기 동안 정치적 시민계급의 형성이 억압되었던 만큼, 문화변동은 정치화한 시민계급에 의해서가 아니라 1987년의 정치 민주화 이후 신세대 문화(소위 '신인류' 또는 'X세대'의 신문화)의 형태로 시작되었다. 정치·경제적 근대화가 봉건적인 구체제 지배자들의 주도로 뒤틀려 진행되면서, 독일에서 근대적 문화변동이 교양시민 계급에게만 제한적인 현상 —그 결과 자유주의의 '관념론'적 형태— 으로 나타났다면, 한국의 개발독재 아래서는 자유주의가 어떤 계급의 문화로도 정당화되지 못했다.

마찬가지로 시민계급의 자유주의 문화가 미약한 독일에서 노동계급의 다양한 사회주의 문화들이 경쟁적으로 우후죽순 생겨났던 것과 달리, 한국의 산업화 시기에는 '계급'이라는 개념 자체가 금기시되었다. 한편 시민계급의 미발달과 봉건적 지배관계의 지속이라는 '비동시성의 동시성' 속에서, 관념론에 머문 독일 자유주의는 격화된 계급 갈등으로 인한 아노미를 해결할 규범적 실마리가 되지 못했다. 그리하여 신분제적인 낡은 지배 규범과 제한된 자유주의 교양, 다양한 사회주의 문화들 사이에 규범적 대립이 격화하면서, 모든 계급 정체성을 파괴하고 '대중'의 형태로 하나를 이루는 전체주의적 나치즘이 출현하게 되었다(아렌트, 2006).

한국의 경우에는 현재 산업화세대 및 민주화세대의 유교적 규범과 이후 세대의 개인주의적 성향이 충돌함으로써 아노미가 지속되고 있다. 이 규범적 대립 속에서는, 1997년 외환위기 이후 가속하는 신자유주의화의 사회문제들이 전혀 해결되지 못한다. 한국은 과거 독일과 달리 노동계급의 이해 표출이 이념적으로 금기시되어 고전적 '사회문제'(=계급 갈등) 인식이 지극히 억제되어 있다. 또 과거 나치 전야의 독일처럼 문화변동이 세대 간 갈등으로 표출되는 동시에, 후기 산업사회 또는 위험사회의 시대적 현상인 '성역할 변화'가 그 갈등의 회오리 중심부로 빨려 들어가고 있다.

이렇듯 산업화에 성공하며 한국적 위험사회화의 현상이 진행되는 와중에, 시민들의 정치적 요구는 근대의 고전적 방식인 집단적 이해 표출 및 제도적 조정 ―'이익사회' 및 계급대립― 이 아니라 위험사회 방식인 '공감의 정치'로 표출되고 있다. 시민계급의 정치로 민주혁명이 이루어지지 않았고, 분단 상황에서 자본-노동의 계급적 집단 협상이 이데올로기적으로 금기시된 맥락에서, 위험사회의 '개인화한 시민정치'가 전통적 산업사회의 (구조적으로) 집단화한 사회문제에까지 연결되는 불균형이 나타나는 것이다.

이처럼 산업사회적(구사회문제), 위험사회적(성역할 변화, 신사회문제) 문제들이 뒤섞여서 해결되지 못하는 아노미적 상황에서, 유교 규범을 체화한 기성세대(산업화, 민주화세대)가 성취한 산업화와 민주화의 결과는 역설적으로 유교 규범의 약화이다. 즉 산업화의 성공으로 뒤늦게 나타나는 청년세대의 개인화는 산업화 및 민주화의 '의도하지 않은 결과'인 것이다. 그런데 이렇게 뒤늦은 유교 규범(공동체 '도덕' 규범)의 약화가, 산업화한 근대사회에 어울리는 '정치적' 규범의 형성 ―예컨대 구미의 경우 정치적 자유주의, 조합주의, 사민주의 등― 으로는 이어지지 못하고 있다. 그것은 근대 '정치적' 사회통합의 핵심인 도덕적 다원주의를 '도덕적' 일체감(집단주의)으로 무장한 기성세대가 수용하지 못하기 때문이다.

근대사회에서 정치적 사회통합이 도덕적 사회통합을 대체한 이유는 사회가 복잡하게 분화되어 도덕적 다원주의가 불가피해졌기 때문이다. 즉 공/사가 분리되면서, 사적 영역에서는 다원주의가 허용되고 공적 영역에서는 절차적 정의를 통해 사회연대를 유지하는 방식이 발명되었다. 공/사 분리란 개인의 사회적 위치가 공적/사적 존재의 이중성으로 규정됨을 말한다. 그런데 유교의 공/사 개념은 '효'를 통해서 통합된다. 이는 공적 정의와 사적 도덕이 모두 '효'에 의해 매개되는 관계성에 기초하기 때문이다. 따라서 유교 규범이 유지되는 동안 근대적 공/사 분리가 진행되지 못한 것은 당연하다. 공적 관계가 도덕화한 연고와 뒤섞일 뿐 아니라, 사적인 개인의 존재 자체는 '효'의 관계성으로부터 이탈한 부도덕성으로 치부되기 때문이다.

한국의 기성세대에게 공동체 도덕의 와해로 느껴지는 청년세대의 개인주의화는 산업화 성공으로 한국사회가 다원주의화되었음을 말해줄 뿐이다. 기실 시민적 공/사 분리 체제에서 개인주의 규범은 사회해체로 연결되는 도덕적 방종이 아니라, 민주주의 정치를 가능하게 하는 (자신과 타인의 동등한) 주체성의 표현이자, 사회유지를 위한 자기규율의 표현으로서 개념화했다. 다만 근대사회에서 그것이 '백인 시민계급 남성'이라는 인종·계급·성별 범주 안에 체계적으로 제약되어 실현됨으로써 '타자화'를 수반했다는 사실이 역사적 속임수였을 뿐이다. 게다가 한국의 근대화는 식민지화 방향으로 전개되었으므로, 전통적 도덕에 대한 낭만화가 사회유지에 기여한 바가 크다. 그리고 그것이 '의도하지 않은 결과'이므로, 기성세대가 청년세대의 개인화를 인정하기란 쉽지 않다. 또는 인정 이전에 그것을 인지하는 일조차 쉽지 않다.

반면에 유교 규범을 체화한 부모 밑에서 자랐고 교과서적으로는 민주주의 교육을 받았으나 실제로는 가혹한 신자유주의 경쟁체제 속에 내몰린 청년세대에게, 유교 규범은 현실과 양립할 수 없는 부모세대의 문화일 뿐이다. 이런 세대 간 문화적 단절 속에서 특히 젠더갈등이 두드러지는데, 그것은 기존의 가부장적 집단주의 문화에서 여전히 기득권을 갖는 청년남성보다 기득권이 약한 여성들이 기성문화에 더 크게 반발하기 때문이다. 따라서 청년세대 안에서도 남성과 여성이 가는 개인화의 길은 갈린다. 개인주의 규범의 내용이 성별로 다르게 인식될 뿐 아니라, 개인주의가 주장되거나 나타나는 영역 및 문제들도 성별로 다른 것이다.

이처럼 세대와 성별을 가르는 한국사회 문화변동의 특성을 필자는 울리히 벡의 '(제1/제2) 개인화' 개념(벡, 2011)과 비교하여, '압축적 개인화' 개념을 중심으로 설명할 것이다. '압축적 개인화'는 문화변동과의 관련성 속에서 사용될 수 있으나, 문화변동의 차원으로만 축소될 수 없는 전반적 사회변동의 방향을 말한다. 근대 사회학에서 짐멜은 거시적 사회형성 Vergesellschaftung과 동시에 미시적으로 개인화가 진행된다고 보았다(Simmel, 1992; 로자·슈트렉커·콧트만, 2019).[2] 이것은 근대적 상호작용 속에서 신분제적 공동체를 대체하는 '사회'라는 새로운 형태의 집단관계가 창발함과 동시에, 그런 새로운 집단성의 단위 행위자로서 주체화한 '개인'의 존재 형태 역시 새롭게 떠오름을 말한다. 뒤르켐의 경우에도, 그가 '유기적'이라고 설명했던 근대화한 집단관계는 근대적 개인이라는 개념 없이 설명될 수 없다.

이처럼 개인화는 행위자로서 인간존재의 형태변화, 즉 집합체로부터 개인이 (행위 및 의식 수준에서) 구별되고 분리되는 총체적인 사회적 과정을 의미한다. 따라서 그것은 규범적 측면에서 개인주의화를 수반하나, 개인주의화라는 규범변동과 완전히 일치하지는 않는다. 전근대적 '공동체' 관계에서 인간 각자는 행위자로서 집단관계 속에서의 위치로 표시될 수 있

---

2   독일 비판이론에서도 사회형성(Vergesellschaftung)의 개념을 사용하지만, 거기서는 근대 자본주의 사회로의 변화를 의미한다.

었다면, 이제 '개인'은 그 관계 속에 있되 그로부터 분리된 자율성을 갖는 고유한 존재로서 인식되기 시작했다.[3] 관계 속의 위치와 행위자의 내면이 단순한 재현 관계에 있는 것 —뒤르켐의 용어로 '기계적' 유대— 이 아니라, 주체의 '자아'에 의해 조정되는 것으로 인식되기 시작한 것이다.

따라서 개인주의뿐만 아니라 다원주의 역시 개인화의 규범적 결과이다. 물론 이렇게 설명되는 개인화는 이념적 구성물인데, 실질적으로 개인화가 모든 인간 행위자에게 고루 다 가능하지 않았기 때문이다. 예컨대 여성은 개인화한 남성의 사생활 속에 묻혀서 성역할이라는 근대화한 신분제적 구속에 편입되었고, 무산자는 개인화한 권리를 보장하는 재산 소유로부터 소외되었다(페이트먼, 2001). 벡이 말하는 제2의 개인화는 이처럼 근대 개인화로부터 소외되었던 행위자들이 산업화의 성공과 함께 개인화의 물결에 2차로 포괄되는 과정을 말한다. 부와 교육수준의 향상으로 여성들이 사회·정치적으로 주체화하는 과정이 나타났고, '승강기 효과'와 복지국가 형성으로 노동자 역시 집단적 주체에서 개인 주체로 다원화했기 때문이다.[4] 물론 산업화 성공이 부의 창출뿐만 아니라 동시에 위

---

3   근대 사회학에서 개인화의 문제에 천착한 대표적 사회학자는 게오르크 짐멜이다. 뒤르켐이 개인주의화라는 '규범변동'을 중심으로 근대화를 설명했다면, 짐멜은 '개인'이라는 심리적 존재의 출현에 대해 다루었다. 이에 대한 자세한 내용은 이 책의 II부를 참조. 그런데 전근대 공동체에서 개인의 위치와 근대적 개인의 위치 간의 차이는 '성과 이름'의 변화를 통해서도 추측할 수 있다. 서구의 중세 지역 기록에서 개인은 성이 없고 이름만 있었다. 그런데 한 가족 내에서 동성은 대체로 같은 이름을 가졌으므로, 개인을 구별하기 위해서 기록자는 자신과의 관계에서 그 개인이 가진 위치를 '성'처럼 이름 뒤에 추가했다. 즉 개인의 성은 기록자와의 관계에 따라 가변적이었다(홍찬숙, 2020a). 그러나 그렇게 기록되기 시작한 성은 이후 아버지의 성으로 고정되며 자율화했다.

4   '승강기 효과'는 노동자 계급의 중산층화를 의미한다는 점에서 기든스의 '다이아몬드형 계층모형'이나 벡의 지도교수였던 볼테의 '양파형 계층모형'과 유사하다. 그러나 이상의 계층모형들이 단순히 '중산층화'를 강조한다면, '승강기 효과'는 그런 계층상승이 '계급구

험 생산으로 귀결되면서, 제2의 개인화 역시 주체화(=해방)라는 일면적 과정이 아니라 위험부담의 개인화와 결합한 양면성으로 나타났다.[5]

위험부담의 개인화는 다시 신자유주의화로 인한 생애위험의 개인화와 생태위험 생산에 의한 생활 및 소비 위험의 개인화로 나뉜다. 개인화로 계급연대가 약화된 상황에서 생애위험의 개인화는 정치세력화보다는 라이프스타일의 다양성 ─예컨대 혼인 지연, 비혼 확산, 출산 기피 등─ 으로 나타나므로 벡은 그것을 문화변동의 문제로 보았다. 반면에 생태위험에 대하여 개인화한 인식 및 정치화는 새로운 정치를 '발명'할 문제, 즉 산업사회에서와는 다른 새로운 형태의 사회적 연대가 출현할 가능성으로 보았다.[6] 이런 점에서 벡은 신자유주의적 양극화나 불평등의 악화보다 문화변동이나 정치변동 ─예컨대 신사회운동 또는 기후변화에 대한 대응─ 을 중심으로 자신의 이론을 발전시켰다. 말하자면 불평등과 같은 산업사회 의제로는 산업사회 이후의 새로운 사회적 연대형태의 발현을 가능할 수 없다고 보고, 위험사회 의제 ─생활문화 및 정치(문화)의 변동─ 에 천착했다.

필자는 벡의 개인화 이론에 기대어, 서구와는 다른 고유한 방식의

조의 변화 없이 진행'됨을 강조한다.

5   근대의 제1 개인화 역시 마르크스의 표현을 빌리면, 신분제로부터의 해방(=주체화)과 봉건적 공동체의 보호 박탈(=무산계급화)이라는 양면적 과정이었다. 그리고 이 양면성은 계급 양극화로 개념화된다. 반면에 벡의 제2 개인화에서 해방과 위험의 양면성은 모든 시민이 경험할 수 있는 사뭇 보편적인 '양가성'으로서 설명된다.

6   흔히 근대사회는 중세 공동체의 붕괴와 함께 발현한 새로운 집합적 연대의 형태로 이해된다. 즉 '사회'와 '공동체'는 이념형적인 대립물이다. 그러나 근대사회에서 공동체적 연대형태는 완전히 소멸하지 않아서, 민족주의의 발생과 함께 '국민국가'라는 정치공동체의 형성으로 이어졌다. 이러한 정치공동체를 벡은 '위험공동체'의 개념으로 재해석했는데, 이에 대해서는 II부를 참조.

'압축적 개인화'가 한국에서 진행되고 있다고 본다. 따라서 이 책에서도 신자유주의적 불평등 의제보다 문화변동과 정치변동 —사회운동의 문화변동이라는 의미에서— 에 초점을 둔다. 계급연대가 약화하고 개인화가 강화되는 상황에서, 불평등의 문제는 사회경제적 양극화뿐만 아니라 세대별, 성별 '차이들', 즉 문화변동의 문제로도 연결된다. 즉 '차이'의 문제는 단순한 문화적 다양성의 문제만이 아니라 불평등과도 관련된 것이다. 따라서 이 책에서는 '압축적 개인화'의 사회변동, 문화변동의 문제를 세대별, 성별 '차이'의 문제와 연관해서 다룰 것이다.

우선 개인화라는 '사회변동'과 개인주의화라는 '규범변동'의 차이를 설명하기 위해서, 이 책의 II부에서는 서구 근대의 사회변동 및 사회학의 태동에 대해 개괄적으로 설명한다. 근대 사회학자 중에서 게오르크 짐멜이 '개인화'를 근대화의 핵심으로 설명했으므로(Levine, 1971; 로자·슈트렉커·콧만, 2019), 특히 그를 중심으로 논의한다. 그러나 영미 사회학 중심으로 체계화하여 이후 유럽에 역수입된 현대사회학에서는, 처음에 파슨스에 의해 뒤르켐과 베버가 고전 사회학자로 인용되었고 이후에는 기든스에 의해 마르크스가 거기에 덧붙여졌다. 따라서 뒤르켐, 베버, 마르크스와의 비교 역시 소략하게 진행할 것이다.

다음으로 III부는 이 책의 본론에 해당한다. 우선 1장은 이론적 논의이다. 여기서는 한국의 '사회변동' 관점에서 '압축적 개인화'의 테제를 제시한다. 서구 근대화 과정에서 개인화가 사적 개인(사생활)과 공적 개인(공민 또는 정치 시민)의 이중적 형태로 진행되었듯이, 벡의 (제2) 개인화 테제에서도 여성과 노동자의 '사생활 문화변동'과 '시민정치 주체화'가 함께 고려되었다.[7] 사생활 문화변동은 특히 성역할 변화(가족변화)와 관련되고, 시민정치 주체화는 사회운동의 변화와 관련된다. 한국의 '압축적 개인화'

역시 사생활 영역(가족)의 구조변동과 정치적 참여 형태의 변화로 나누어 볼 수 있다. 따라서 여기서는 먼저 사생활의 행태 변화를 중심으로, 그리고 이어서 공공성의 변화를 중심으로 '압축적 개인화'에 대해 이론적으로 논의한다. 공공성의 변화에 대해서는 공론장의 변화와 사회운동의 변화로 나누어 논의를 진행한다.

　　II부와 III부 1장이 모두 이론적 논의였다면, III부 2장에서는 필자가 참여한 경험연구 결과를 통해 사회운동 속의 문화변동 양상 및 그것과 사회변동(압축적 개인화)의 관계를 설명한다. 여기서 사용한 필자의 경험연구 자료는 두 가지이다. 하나는 사회운동의 개인화를 명백히 드러낸 '촛불혁명'과 그것이 젠더정치 형태인 '미투운동'으로 연결되는 과정에 관한 조사연구의 결과이다. 그리고 다른 하나는 '미투운동' 이후 소위 '혜화역 시위' 형태로 청년여성의 정치세력화가 활발해지면서 점점 첨예해진 청년세대의 젠더정치에 관한 질적 조사연구 결과이다. 새로운 시민정치가 모든 세대의 촛불혁명에서 청년층의 젠더정치로 이어지는 과정을 통해,

---

7　　근대사회에서 사적 개인과 공적 개인의 분석적 구별 및 행위자로서의 통일성이 가능했던 기초는 시장이라는 사적 영역의 발전이다. 그러나 자본주의가 지배적 정치경제 제도가 되면서 시장행위는 단순히 사적 영역에 머물지 않고 예컨대 '사회권' 등을 매개로 공적 의미를 획득했다. 또 페미니즘에서는 시장과 산업을 공적 영역으로 분류하는데, 그 이유는 그것이 공민권을 인정받는 남성의 성역할과 핵심적으로 결합한 조직 영역이기 때문일 것이다. 그러나 자본주의 산업사회가 제도적으로 무르익은 이후를 문제 삼는 벡의 개인화 이론에서 시장 영역의 문제는 사생활의 문화변동과도, 공민 주체화 문제와 관련해서도 거의 거론되지 않는다. 그 이유는 아마도 산업조직이 복지제도보다 더 시민주체의 힘으로 변화시키기 어려운 제도 영역이기 때문일 것이다. 가족 관련 행태 변화와 같은 사생활 속 개인화의 양상은, 사실상 개인들의 힘으로 제도 변화가 불가능한 상태에서 일상을 바꿈으로써 임시방편으로 문제 해결을 모색하는 방식이다. 사회운동의 개인화 역시 마찬가지로, 변화하지 않는 정치제도에 맞서서 공/사 경계를 뛰어넘는 새로운 정치를 '발명'함으로써 문제 해결을 모색하는 방식이다. 그렇다면 결국 개인화를 추동하는 근본적 힘은 바로 부동하는 자본주의의 기본제도라고 할 것이다.

세대 및 성별로 구별되는 문화적·정치적 이질성을 가시화하고 설명한다. 마지막으로 이상의 경험연구에서 충분히 조사되지는 않았으나 일정 정도 드러난 문제로서, 청년남성 내부의 이질성 및 그것과 젠더정치와의 관련성에 대해 소략하게 살펴본다. 특히 위의 경험연구분석에 기초하여, 최근 첨예한 정치적 의제로 등장한 '젠더갈등' 프레임에 대해 분석한다.

결론인 IV부에서는 한국에서 진행되는 압축적 개인화의 결과, 한국의 청년남성들이 매우 고유한 역사적 도전에 직면해 있다고 결론 맺는다. 서구 페미니즘은 청년여성의 시대적 감수성과 매우 친화적이어서, 한국 청년여성은 서구 페미니즘 담론을 들여와 의지할 수 있다. 그러나 한국의 청년남성은 서구의 남성과 매우 이질적인 상황에 있으므로 스스로 담론을 창조해야 한다. 또한 서구의 사회학은 한국사회에 그대로 적용되기 힘들고, 서구의 남성성 연구는 페미니즘의 우산 아래 수행되는 경향이 있다.

서구 근대의 사회변동과
사회학의 탄생·발전

1장 공동체에서 사회로

1. 사회의 발생 Vergesellschaftung[8]

2013년 독일에서 2판을 찍은 『사회학 이론』의 저자들인 로자·슈트렉커·
콧트만(2019)은 책 속에서 근대 사회학자로 마르크스, 베버, 뒤르켐과 함께
짐멜을 소개한다. 그들은 여기서 마르크스를 '예속(길들이기)', 베버를 '합리
화', 뒤르켐을 '사회분화', 짐멜을 '개인화'의 프레임으로 각각 축약하여 설
명하고 있다. 사회학에서는 근대화의 시작을 대략 서구에서 산업혁명과
시민혁명이 발생한 18세기 이후로 보는 것이 정설이다. 그러나 공장제

---

8   여기에서 다루는 초창기 사회학자들은 뒤르켐을 제외하고는 모두 독일인이기 때
문에, 괄호 안에 독일어 핵심 개념을 표기했다. 'Vergesellschaftung'은 '게젤샤프트(사회) 되
기', 즉 사회로의 전환 또는 사회의 발생, 사회의 형성을 의미한다.

대공업과 함께 시작된 산업화가 아니라 자본주의화를 근대화의 핵심으로 볼 경우, 근대사회에 대한 이해는 달라진다. 아마도 그런 이유에서, 위 책의 저자들은 아도르노와 라투르를 마르크스의 예속 패러다임과 연결한 듯하다. 마르크스가 산업화가 아닌 자본주의화를 근대화의 핵심으로 보듯이, 이들은 계몽주의나 근대과학과 같은 세계관의 변화를 근대성의 문제로 보기 때문이다.

자본주의화를 근대화의 기점으로 볼 경우, 산업혁명이라는 기술 변화보다는 오히려 그 이전부터 진행된 소유관계의 변화나 시장 관계의 발전을 근대화라는 사회변동의 핵심으로 볼 수 있다. 대표적으로, 독일 사회학회의 초대 회장이자 20년 넘게 그 지위를 유지했던 퇴니스는 인간의 집합적 관계가 중세의 '공동체'로부터 시장에 기초한 '사회'로 변화한 것을 근대화라고 설명했다. 역사학자이자 경제학자였던 베버 역시 시장 관계에서 기인한 '합리성'을 근대성의 핵심으로 보았고, 뒤르켐도 결국 공장제 대기업의 생산방식으로 열매 맺은 분업화의 과정을 중시했다. 짐멜(2007a)은 르네상스에서 낭만주의로 발전한 근대 예술의 발전 속에서 개인화의 근대적 특성을 설명했다.

유럽의 근대 사회학을 집대성하여 현대 기능주의 사회학을 창시한 파슨스 역시 시장과 민주주의를 근대성의 보편적 제도로 보았다. 그러나 마르크스부터 짐멜까지 근대의 주요 사회학자들이 19세기에 활동했기 때문인지, 시장 관계가 공장제 대공업 중심으로 제도화한 '산업사회'는 당연하듯 근대사회와 동일시되었다. 이는 무엇보다도 산업사회라는 형태를 통해 '사회'라는 새로운 집합성의 특징이 명료하게 이해되었기 때문일 것이다. 파슨스가 '유형변수'라는 개념을 통해 전근대적 행위와 근대적 행위의 특성을 대비했듯이, '사회'란 사회적 행위들이 연결되는 근대적 패턴을 의미한다.

　사회학에서는 '사회'라는 이 새로운 관계의 패턴을 오랫동안 뒤르켐의 '유기체론'에 기초해서 이해해 왔고, 그것의 현대적 형태가 파슨스의 기능주의이다. 뒤르켐의 유기체론은 사회가 개인들의 단순한 합이 아닌 그 이상의 자율적 실체임을 주장하는 개념이다. 유기체가 세포라는 단위들로 이루어졌으나 기능적으로 분화한 기관들의 협력관계에 의해 생명을 유지하듯이, 사회 역시 개인주의를 주장하는 개인들을 단위로 하나 개인들의 의사가 아닌 사회적 기관, 즉 분화한 제도들 간의 협력관계에 의해서 유지된다는 것이다. 분화한 하위 관계를 토대로 전체 사회의 협력이 가능할 뿐만 아니라 그것이 오히려 개인주의라는 원심력 속에서 가능하다는 역설을, 뒤르켐은 유기체의 생명 원리와 유사한 과학적 원리로 이해하고자 했다.

　생명 원리와 유사한 항상성의 순환체계를 뒤르켐은 집합적 규범에서 찾았다. 즉 행위자들 사이에 규범적 합의가 존재하기 때문에, 개인주의가 초래할 수 있는 고립과 단절의 위험 —예컨대 '자살'(뒤르켐, 2019)과 같은— 에도 불구하고 사회가 붕괴하지 않고 연대할 수 있다는 것이다. 이런 원리의 사회적 연대를 뒤르켐은 '유기적 연대'라고 부르며 전근대적 공동체의 집단주의적인 '기계적 연대'와 대비시켰다. 뒤르켐이 개인주의의 원심력에도 불구하고 항상성이 유지되는 사회적 연대의 구심력을 사회학의 핵심문제로 보았다면, 짐멜은 근대적 '사회'의 성격을 갖는 관계의 '형식'(패턴)들이 생성하고 소멸하는 역동성에 주목했다.

　이것은 짐멜이 동시대의 다른 사회학자들보다 개인의 '창조성'을 강조했기 때문이다(Levine, 1971).[9] 그러나 그 역시 '사회'가 개인들의 단순한 합이 아니라, 개인들의 외부에서 작용하는 자율적 힘을 갖는다고 보았다. 짐멜은 특히 개인들 간의 상호작용으로부터 사회적 형식들과 동시에 개인성 역시 창발한다고 보았기 때문에, 그의 사회학적 관점은 '방법론적 상호작용주의'로 분류되기도 한다(로자·슈트렉커·콧트만, 2019). 과거 사회학에서는 뒤르켐의 방법론적 전체론과 베버의 방법론적 개인주의만을 대비시켜 보았는데, 짐멜의 관점은 이 둘의 경계를 뛰어넘는다고 평가되는 것이다. 뉴턴의 고전 물리학이 사회학에도 지대한 영향을 미쳤던 당시에, 짐멜은 오히려 오늘날 물리학의 새로운 패러다임으로 떠오르는 복잡계 관점을 제시한 것으로 평가되기도 한다.

2. 개인화 Individualisierung[10]

근대화는 공동체에서 사회로 집합적 연대형태가 변화할 뿐만 아니라, 그 과정에서 '개인'이라는 새로운 사회적 단위가 대두함을 말한다. 이는 짐멜뿐 아니라 19세기의 모든 사회학자가 주목했던 사실이다. 사실상 '사회'라는 새로운 개념 자체에 이미 '집합적 관계로부터 개인의 의식적 분리'가 전제되어 있기 때문이다. 그렇다고 해서 전근대의 공동체적 연대 속에서 개인이, 이를테면 히틀러나 스탈린 치하에서처럼 완전히 복속되었다고 볼 필요는 없다. 뒤르켐의 사회학과도 관련성이 큰 구조기능주의 인류학에서는 전근대적인 단순사회에서도 일정한 합리성이 존재했다고

9 　개인성에 대한 짐멜의 강조는 국내에 번역된 그의 개인주의 관련 저작들(짐멜, 2007a, 2007b, 2014) 참조.
10 　근대화가 거시적으로 '사회 되기'의 과정이라면, 미시적으로는 '개인 되기'의 과정이다.

주장한다. 베버 역시 중세의 신분공동체에서도 전통적 합리성이 지배했다고 보았다.

근대사회에서 개인이 집합체로부터 분리된 존재라는 관념이 형성된 계기를 사회학자들은 시장 관계에 기인한 사회의 분화에서 찾았다. 예컨대 짐멜은 대도시의 개인들이 상호작용 영역의 분화를 경험하면서, 그 다양한 상호작용들의 교차점에 있는 존재로서 '개인'이라는 개념이 창발했다고 보았다. 뒤르켐은 노동분업에 기초한 사회분화 속에서 그러한 분업의 영역들을 관통하는 행위의 실체적 단위로 '개인'을 이해했다. 베버는 분화된 사회적 조건 속에서도 신체적·심리적 통일성을 갖는 이러한 개인의 행위 특성을 합리성이라고 보았다. 뒤르켐의 전체론적 관점과 베버의 방법론적 개인주의는 이후 파슨스에 의해 '행위이론'으로 통합되었다. 사회의 기능적 분화 속에서 합리적 주체로서 행동하는 개인의 행위에 주목한 것이다.

뒤르켐은 개인주의가 미증유의 신앙처럼 확산하는 근대사회에서는, 공동체 도덕처럼 개인의 전체 인격을 지배하는 기계적 규범이 아닌 정치적 시민의 유기체적 규범에 기초하여 개인주의적 행위들이 성공적으로 제어될 수 있다고 보았다. 이런 전체론적 관점에서는 사회적 규범이 개인의 행위를 결정한다고 보는 데 반해서, 베버는 개인의 행위가 독자적인 합리성 판단에 기초해서 수행된다는 방법론적 개인주의를 주장했다. 이런 관점에서 보면 사회의 집합적 형태는 개인 행위들의 의도하거나, 또는 의도하지 않은 결과이다.

즉 근대사회의 합리성은 개인들의 합리적 선택의 결과 —의도와 반드시 일치하지는 않는다— 이다. 그리고 전근대사회의 '전통적 합리성'이 공동체의 가치에 합당하다는 의미에서 '가치 합리성'이라면, 근대적 합리성은 목적에 가장 효율적으로 도달하려는 계산이자 이익의 극대화를 위한 경제적 합리성을 의미한다.

뒤르켐과 베버는 이처럼 방법론적으로 거시와 미시의 사회적 세계들을 연결해서 설명하지 못했는데, 이런 문제는 마르크스에게서도 나타난다. 다만 마르크스는 규범이나 합리성과 같은 제도 또는 문화의 측면이 아니라, 생존을 위해 필요한 물질생산의 차원('유물론')에서 사회와 개인의 관계에 주목했다. 한편 이런 이유에서, '규범' 차원을 중심으로 기능주의 사회학이 발전하면서 마르크스의 사회학은 주변적 위치로 밀려난 바 있다. 뒤르켐과 베버가 개인을 규범이나 합리성의 지배를 받는 사회적 행위의 수행자, 즉 '행위자agency'로 보았다면, 마르크스는 근대적 개인을 '주체subject', 즉 지배로부터 자유로운 '해방된' 존재의 관점에서 판단했다. 말하자면 마르크스는 뒤르켐과 베버보다 한층 인문학적인 '개인' 개념을 가졌다.

따라서 마르크스의 '개인' 개념은 '개인주의'라는 규범 차원보다는 '해방'이라는 사회적 관계의 차원과 관련된다. 그러나 19세기에 사회학을 물리학과 같은 '과학'의 반열에 올리려는 야심을 가졌던 다른 고전 사회학자들과 마찬가지로, 마르크스 역시 뉴턴의 물리법칙과 같은 형태로 자본주의 사회관계의 법칙을 수립하고자 했다. 잘 알려진 대로, 초창기에 마르크스는 자본주의 시장원리가 개인들을 자유주의 주체로 해방하는 과정이 오히려 '소외'의 과정임을 설명하고자 했다. 반면에 후기에는 자본주의의 유사물리학적 법칙에 따라, 신분제로부터 개인의 해방이 두 개의 대립적 집합체 ―개인주의적인 소유자 계급과 집단적 예속의 대상이 된 무산자 계급― 의 양극화로 귀결된다고 보았다.

따라서 마르크스에게는 '사회' 개념보다 '계급' 개념이 더 근대적 집합체를 설명하기에 적합했고, 세계가 두 계급으로 양분되는 것이 근대화의 결과라고 보았다. 이렇게 마르크스는 정치적·법적 규범에 기초한 '국가'가 아니라 자본주의 양대 '계급'을 근대적 집합체의 존재 단위로 보았다. 즉 그에게 근대적 연대의 원리는 순수한 경제적 이익이다.

다시 말해서, 마르크스는 '사회'의 제도적 분화를 예상하지 못하고 국제주의적 시각을 가진 데 반해서, 뒤르켐과 베버는 '시민국가' 또는 '민족국가'를 사회와 동일시했다. 이들에 비해서 짐멜의 '사회' 개념은 '사회적 형식' —독일어로는 '사회 되기의 형식'— 이라는, 추상화한 '사회'관계의 패턴을 의미하는 것으로, "상하관계, 경쟁, 당파 형성, 대표 등"(로자·슈트렉커·쿳트만, 2019: 116)을 말한다.

말하자면 공화주의자였던 뒤르켐과 자유주의자였던 베버가 근대적 민족국가 또는 영토국가를 근대사회의 존재형태와 동일시한 것과 달리, 자연과학적 방법론을 더욱 적극적으로 사용한 마르크스와 짐멜은 사회를 집합적 관계의 추상적 법칙이나 패턴으로 이해한 것이다. 반면에 뒤르켐과 베버가 근대 물리학의 단선적 세계관에 기초하여 '근대사회=산업사회'라는 '동일성의 관점'을 보였다면, 마르크스는 자본주의 근대사회에서 개인화를 신분 지배로부터의 주체 해방과 동시에 공동체 보호로부터의 박탈이라고 보는 '이중성'의 관점을 가졌다. 이러한 이중성의 관점에 기초하여, 그는 자본주의 사회 내부에 성장과 자멸의 원리가 공존한다는 변증법적 논리를 폈다. 그런데 '변증법'은 근대 자연과학 모델에 기초한 실증적 연구에서 증명 —검증verification이나 반증falsification— 이 불가능한 논리 형태이므로, 비과학적인 것으로 치부되었다.

짐멜 역시 과거 미국의 시카고학파에서의 수용을 제외하면, 오랫동안 사회학의 변방에 머물렀다. 그 역시 단선적이지 않은 방식으로 사회를 이해하는데, 예컨대 『돈의 철학』에서 그는 시장의 교환관계를 상징하는 '돈'이 처음에는 근대적 주체의 해방을 가져오지만, 어떤 임계점을 넘으면 주체를 다시 지배한다는 논리를 폈다. 일정 형식(패턴)의 창발과 임계점 등에 대한 짐멜의 사고는 사물의 세계를 복잡계로 보는 현대 과학의 관점과 더욱 가깝다.

거시적 사회현상과 미시적 행위를 제각각 연구한 베버 역시 뒤르켐의 전체론에 비해서는 덜 결정론적이라고 볼 수 있겠으나, 그의 이론은 경제학적 결정론에 가까운 합리성 개념에 기초했다. 경제사를 연구했던 베버 역시 마르크스와 마찬가지로 근대적 개인의 '자유'를 이중의 자유 — 해방과 박탈— 로 보았다. 따라서 규범 중심적 사회통합을 중시하는 파슨스의 행위이론 안에 베버의 방법론적 개인주의가 포괄된 동안에도, 베버의 계급이론은 '갈등이론'의 중요한 한 갈래를 형성해 왔다.

또 뒤르켐의 유기체론에 대한 의식적 비판과 '의도하지 않은 결과'와 같은 개념의 사용 역시 단선적 결정론과는 배치되는 내용이다. 그러나 근대적 합리성을 근대 과학적 및 경제학적 합리성 개념으로 축소하여 전통적 '가치 합리성'과 단순 대립시키는 '이념형적 사고'에 기초함으로써, 그 역시 근대사회를 산업사회와 동일시하는 일면적 역사관에서 벗어나지 못했다.

반면에 개인화를 '해방과 박탈의 양면성'으로 본 마르크스의 변증법적 사고는, 산업사회 형태로 제도화한 근대화 과정에서 근대적 주체의 실패뿐만 아니라 회복 가능성에 대해서도 고민한 독일 비판이론에 영향을 미쳤다. 비판이론의 변증법은 실재와 잠재성 간의 변증법으로 이해되었으나, 이 역시 실증주의적 증명이 불가능하다는 이유에서 아도르노 이후 독일 사회학에서 '사회철학'으로 분류되거나 변방으로 밀려났다.

이와 반대로 짐멜의 창발적 사고는 현대사회학의 연결망 이론 및 신유물론 관점에 의해 재발견되고 있다. 또 신유물론 관점에서는 실재와 잠재성 간의 관계가 다시 중요한 문제로 떠오름으로써(들뢰즈·가타리, 2001), 변증법과의 비교에 대한 논의 가능성이 싹트고 있다.

2장 '사회=국민국가 정치체'의 동일시

1. 국가(민족) 공동체의 발명

이처럼 초창기 사회학의 연구대상은 '사회'이며, 그것이 당시에는 너무나 새로운 집합적 관계여서 여러 연구자의 이론적 호기심을 자극했다.[11] 그러나 이론적 개념인 이 '사회'가 실제 삶 속에서 구체적으로 무엇을 지칭하는가에 대해서는 그만큼 논의가 활발하지 않았다. 말하자면 '사회=국민국가'라는 동일시는 사회학에서 거의 이론적 논의 대상이 아니었고, 어느새 모두가 정답으로 느끼는 '자명성', 즉 상식이 되었을 뿐이다. 그리하

---

11 '근대'로 번역되는 'modern'은 원래 새롭다는 의미이다. 독일어에서는 그 말의 뿌리가 'Mode'인데, 이는 '유행'을 의미한다. 따라서 현대사회에 대해서도 'modern' 개념을 사용한다. 반면에 한국어의 '근대'나 '현대'는 그보다는 오히려 시대구분에 가깝다.

여 그 자명성이 비로소 사회학적 이론의 대상으로 대두한 것은, 신자유주의 세계화로 인해 '사회=국민국가'라는 등식이 위협받는 오늘날에 이르러서이다.

　　그러나 앞서 보았듯이 사회학의 출발점이 전근대적 '공동체'와 근대적 '사회'의 구별이었다면, 근대사회가 '국민국가'라는 일종의 새로운 공동체로 재개념화되는 과정에 의문을 품어 보는 것이 마땅하다. 마르크스는 '혁명의 시대'에 청년기를 보냈기에, 안정된 국민국가 중심보다는 국제주의적 시각을 가졌을 수도 있겠다.[12] 반면에 19세기 후반에 태어난 다른 고전 사회학자들에게 국민국가는 이미 더 이상의 논의가 필요치 않은 기정사실이었을 수 있다. 홉스봄(2005: 508)에 의하면, 19세기 전반은 파괴가 지배적이었고, 근대적 (대)도시의 생활방식이 만들어지려면 19세기 후반이 되어야 했다.

　　고전 사회학자들이 연구했던 19세기 사회, 특히 1848~1875년 사이의 시기를 홉스봄(2003)은 '자본의 시대'라고 칭했다. 그 이유는 이때 마르크스에 의해 '자본'이라는 개념이 처음 등장했을 뿐만 아니라, 당시 산업혁명이 정치혁명을 압도하기 시작했기 때문이다. 1848년 혁명 실패를 계기로 모든 사회제도는 경제발전에만 초점을 맞추게 되었다. 그리하여

12　　홉스봄은 1789~1848년까지의 시대를 '혁명의 시대'라고 칭했다. 이 시기에 산업혁명과 프랑스대혁명을 통해서, 17세기부터 준비되어 있던 산업자본주의가 본격적으로 기틀을 다진 것으로 설명된다. 그러나 프랑스혁명 자체의 정치적 성과는 보잘것없어서, 근대 자유주의 정치제도는 여전히 성취되어야 할 대상이었다. 1830년 혁명으로 자유주의적 정치체제가 들어서고 있었으나 아직 절대왕정이 압도적인 통치 형태였고, 1830년 혁명을 계기로 유럽에 민족주의가 전파되었다(김동택, 2005: 42-59). 부르주아 자유주의는 이미 17세기와 18세기에 매우 확고하게 완성된 반면, 이 혁명의 시대에는 보수주의와 공상적 사회주의, 낭만주의가 그것과 경쟁하고 있었다. 특히 낭만주의는 이 시대의 가장 특징적인 생활 및 예술 양식이었다(홉스봄, 2005: 437-508).

이 시대는 경제적으로는 자유주의가 확대되나 정치체제는 보수화하는 모순적 시대가 되었다(김동택, 2003: 38-40). 즉 근대성이 산업자본주의로 제도화된 시기인 것이다.

또 이 시기는 '국민'들이 형성되고 민주주의가 확대되어 국내정치가 안정된 반면, 국제정치는 전쟁에 휩쓸린 시대였다. 혁명을 두려워할 필요가 없어진 정부들은 전쟁을 정책수단으로 선택했고, 중공업의 발전으로 전쟁에서 대량학살의 가능성이 커졌다. 이런 국제정치의 추세는 홉스봄이 '제국의 시대'라고 부른 19세기의 마지막 시간으로 이어졌다. 말하자면 이제 근대사회는 영토국가로 실체화하고, 스스로를 국민으로 인식하는 대중들에 의해 민주주의가 안정화하는 근대적 '국민공동체'의 형태를 띠게 된 것이다.

홉스봄은 민족주의와 국민국가 형성에 대한 열망이라는 서로 다른 두 흐름에 의해서 근대적 국민 정체성이 형성된 것으로 보았다. 그리하여 '국민^{nation}' 개념을 이론적 근거나 역사적 실체가 없는 인공적 가공물이라고 설명했다. 즉 그것은 전근대적 공동체처럼 전통적 세계관을 공유하는 가치공동체가 아니라, 분화된 근대사회의 제도적 결과물 또는 '상상된 공동체'(앤더슨, 2018)인 것이다. 특히 국가적 교육과 병역이 그러한 제도의 중추로 작용했다. 또한 근대 민족주의의 발명은 민주주의적 대중동원과 맥을 같이했다. 중앙정치는 여전히 귀족들의 손 안에 있었으나, 귀족들은 불가피하게 자유주의적인 경제적·제도적 방향을 취할 수밖에 없었고 명목상으로라도 대의제를 수용했다. 바야흐로 물질적 이해관계의 시대에 진입한 것이다. 이러한 물질적 이해관계의 승리를 이끈 원동력을 홉스봄은 문화와 학문, 특히 철학을 과학에 종속시킨 경험주의 철학 및 진화론에서 찾았다(김동택, 2003: 48-62와 비교).

『사회학 이론』에서 로자·슈트렉커·콧트만(2019)이 근대 초 마르크스 사회학의 '예속' 패러다임을 현대사회학자인 아도르노와 라투르의 사회학으로 연결한 것은 이 시대의 상황과 관련된다. 2차대전 이후 아도르노는 근대성이 산업자본주의의 제도화로 귀결된 '계몽의 변증법'(아도르노·호르크하이머, 2001) 속에서 근대적 주체가 다시 예속되는 문제에 대해 천착했고, 현대 과학인류학자이자 신유물론자인 라투르는 근대과학의 객관주의적이고 결정론적 사고가 자연과 사회를 지배한 문제에 집중해 왔기 때문이다.

근대사회를 19세기 후반 이후와 동일시할 경우, '근대사회=산업사회=국민국가사회'라는 등식이 성립하고, 이로부터의 탈피는 '탈근대성' 또는 '비근대성'(라투르)의 과정으로 설정된다. 그러나 마르크스나 아도르노처럼 그 이전부터 진행된 근대사회로의 변화에서 근대성의 기원을 찾을 경우, 산업자본주의로부터의 탈피는 공산주의나 '부정변증법'(아도르노, 1999) 또는 벡의 경우처럼 '성찰적 근대성으로의 탈바꿈'으로 연결된다. 짐멜 역시 '돈의 철학'이 개인의 주체적 해방과 재예속이라는 이중성을 갖는다고 보았으므로, 근대성 내에서의 임계현상으로서 개인과 사회의 관계 변동을 설명했다고 볼 수 있다.

2. 개인화와 핵가족화, 계급화

중세 신분제 및 공동체가 붕괴하여 인간 이성과 개인, 이해관계가 그로부터 풀려나면서, '사회적인 것'이 소멸(폴라니, 2009)하는 듯 보였으나, 거시적으로 민족(국가)과 같은 새로운 집단화가 진행되었다.[13] 이와 함께 개인과 국가 사이의 중간 수준에서는 핵가족과 사회계급이라는 새로운 집단화가 진행되었다. 국민으로의 집단화는 '사적' 개인들에 의해 발명된 '정치적'(자유주의적 또는 공화주의적) 연대체로서, 전근대적인 가치공동체와 구별되는 다원주의적이고 '유기적'인 사회계약으로 이해되었다. 이처럼 근대사회의 정치적 연대가 사생활의 배후를 보호받는 '공민'들 간의 연대로 인식되었다면, 개인과 국가 사이를 매개하며 새로이 형성된 중간 집합체, 즉 핵가족과 사회계급은 오히려 전근대적 가치공동체의 성격을 일정 정도 보존했다.[14]

짐멜은 미켈란젤로, 렘브란트, 로댕의 예술세계를 비교하면서, 르네상스에서 싹튼 인본주의가 어떻게 개인주의로 변화해 나가는지를 설명했다. 렘브란트의 초상화에서 르네상스적 '보편법칙' 대신 근대적 '개인법칙'을 발견하면서, 짐멜은 렘브란트 초상화의 형식이 개인의 삶에 상응한다고 분석했다. 즉 내면에서 추진되는 삶, 개인적 유일성이 표현된다는 것이다. 여기서 더 나아가 로댕에게서는 '근대적 영혼'이 표현되는데, 그것은 단순히 유일할 뿐 아니라 불안정하고 변화무쌍하며 개인의 영혼을 넘어서는 운명에 의해 관통되고 압도된다. 즉 개인의 고유한 영혼에서 나오는 폭풍우가 표현된다는 것이다. 그것은 '불확정적'인 것으로서 사랑, 절망, 탐닉과 같은 것이다(짐멜, 2007a).

특히 '핵가족'이라는 새로운 집단화와 관련하여 사랑이 중요한 문제로 등장했다. 루만(2009)은 통속적인 대중소설분석에 기초하여, 17세기

---

13   근대 자본주의에서 '사회적인 것'이 소멸한다는 폴라니의 '사회적' 개념은, 고전 사회학자들의 '사회' 개념과 다르다.
14   물론 국가 역시 앞서 말했듯이 (상상의) 공동체로 변화하는 과정을 밟았다.

후반부터 비도덕적이며 변덕스러운 '열정으로서의 사랑'이 두드러지다가 19세기에 들어서며 '낭만적 사랑'으로 이행했다고 설명한다. 열정으로서의 사랑은 개인화를 위한 예비단계인데, 거기서는 체험이 아니라 행위만이 개인별로 귀속되기 때문이다.[15] 18세기가 되면 '인격 성장'의 개념이 형성되면서 사랑이 지속 가능한 것으로 여겨지며 결혼으로 이어질 수 있다고 생각되기 시작한다. 19세기가 되면 '낭만적 사랑'이 가능하도록 결혼이 자유로워진다. 그리하여 연인들은 핵가족이라는 '각별한 공동의 세계'를 구축하는데, 여기서 남성은 '사랑하기'를 사랑하며 여성은 남성을 사랑한다. 즉 여성이 남성에게 '사랑하기'를 가능하게 하는 비대칭적 역할을 맡음으로써, 낭만주의적 개인화가 남성의 경험으로 한정된 것이다.

　　　사랑의 의미변화에 의한 개인화가 남녀에게 비대칭적으로 일어나면서, 낭만적 사랑에 기초하여 제도화한 핵가족은 남성이 우위를 점한 신분제적 성격의 공동체가 되었다. 특히 19세기에 기혼여성이 남편의 성을 따르는 '가족성family name' 제도 및 남편이 기혼여성의 재산 처분권 등 제반 권리를 대행하는 제도coverture가 전 유럽에 확산하면서(홍찬숙, 2020a), 근대 가족은 새로운 신분제적 (성별) 위계질서에 기초한 사회경제적 공동체로 제도화했다. 그러나 '혁명의 시대'를 살았던 마르크스는 프롤레타리아에게 가족이 없다고 보았고, 그의 동료였던 엥겔스는 '열정으로서의 사랑'을 고수하며 낭만적 사랑에 기초한 가족제도를 유산계급의 허위의식이라고 비판했다.

15　　　외적인 행위와 달리 내적 경험인 '체험'은 심리적 현상이다. 즉 여기서 '개인' 개념의 핵심이 심리적인 것임을 알 수 있다. 짐멜(2007a: 189) 역시 근대의 본질을 심리학주의라고 보았다. 개인을 심리학적 현상으로 보지 않고 경제활동의 주체로만 본 마르크스는 결혼과 가족을 낭만적 사랑의 측면이 아닌 '재생산'의 측면에서 사유재산상속의 제도로만 보았다.

반면 19세기 중반 이후에 태어난 고전 사회학자들은 새로운 근대적 '공동체'인 소가족에 무관심하거나 그것을 근대적 사회분화의 한 제도적 영역으로 보았다. 특히 베버는 산업화로 인해 가족과 노동의 공간 분리가 일어난 사실을 강조했다. 산업화는 이렇게 노동자들을 공장으로 모으고 도시화를 가속화했다. 마르크스는 공장제로 인해 산업 노동자들이 단체 규율을 획득한다고 보았는데, 실제로 대규모의 철도회사와 항만에서는 군대식 또는 행정관료 방식으로 노동자를 규율했다. 홉스봄에 의하면 1870년 무렵부터 노동조합이 상시적이 되었는데, 노동자 계급의 조직은 국제주의적인 동시에 국가별로 존재했다. 유럽의 많은 노동조합운동이 마르크스의 국제 노동자 조직에 참여하였으나, 예컨대 1875년 결성된 노동자 정당인 독일 사회민주당은 인터내셔널에 가입조차 하지 않았다. 또 19세기 초반 '노동빈민'으로 균질화한 프롤레타리아는 노동자와 빈민으로 갈렸고, 혁명의 전망 역시 약화되었다(홉스봄, 2003).

　　계급을 소유관계에 기초한 연대체로 본 마르크스와 달리, 베버는 '사회계급'이라는 개념을 사용하며 계급 결속의 '사회적' 차원을 강조했다. '사회계급'은 계급이 단순히 경제적 이해관계의 결집체가 아니라 '사회적' 특성을 공유하는 집합체임을 강조한다. 예컨대 선술집 중심의 모임이나 축구 애호와 같은 노동자 생활문화가 계급 결속력에 중요하게 작용한다는 것이다. 같은 무산자 계급이라고 해도 사무직이나 하층 관료 등은 숙련노동자들과는 다른 생활문화나 정치성향을 보이기 때문이다. 다시 말해서, 핵가족이 전근대 공동체로부터 존재하던 가부장제의 변형과 새로운 신분제적 영역분리에 기초한 '근대적 공동체'라면, 계급 역시 전근대적 귀족, 농민 또는 도시민이라는 신분 문화의 재구성에 기초한 '근대적 공동체'라고 할 수 있다.

이와 같은 점에서 베버는 '사회계급'의 신분제적 성격을 강조했고, 그런 의미에서 베버의 계급 개념은 마르크스의 정치경제학적 계급에서는 찾을 수 없는 특유의 '사회적' 내용을 갖게 되었다. 이처럼 마르크스의 예상과 달리 자본주의가 모든 신분제적 관계를 파괴하지 않는다는 인식은, 이후 아도르노가 근대 가족을 '합리주의 세계 속의 비합리적 섬'으로 설명하는 방식으로 이어졌다(Adorno, 1986). 또 근대 계급사회의 신분제적 성격은 특히 독일과 같은 후발 자본주의 사회에서 관찰되는 '비동시적인 것의 동시성'(Bloch, 1978) 개념을 통해 강조되었다. 이것은 파슨스의 주장과 달리 자유주의 정치 또는 민주주의가 근대사회의 보편적이고 필연적인 현상이 아님을 알려 준다. 그러나 파슨스 역시, 근대사회의 계층 불평등이 개인적 성취뿐만 아니라 결혼이나 상속과 같은 가족관계에 의해서도 결정된다고 보았다.

3장 국민국가 정치공동체에서 위험공동체로

1. 탈바꿈: 산업사회에서 위험사회로, 국가공동체에서 위험공동체로

이상에서 보았듯이 홉스봄은 근대사회가 산업사회로 제도화하는 과정을 '장기 19세기'라는 개념으로 통일적으로 이해했다. 말하자면 '혁명의 시대'까지는 아직 산업사회로 제도화하는 과정이 나타나지 않으나 그 맹아가 싹텄다고 보았고, '자본의 시대'에 이르러 본격적인 제도화가 시작된 것으로 설명했다. 그러나 근대사회의 태동 및 산업사회화라는 과정을 홉스봄처럼 하나의 단선적인 과정으로 보지 않고 아도르노처럼 변증법적으로 볼 수도 있다. 즉 애초에는 주체의 해방을 의미했던 근대화가 산업사회의 제도화와 함께 '도구적 합리성'의 지배로 전환했다고 볼 수 있다. 또 여기서 한발 더 나아가서, '혁명의 시대'에 아직 태동 중이던 근대성은 제도적 측면에서 어떤 결정론적 과정과도 연결되지 않은 '비결정성'의 상

태였던 반면, '자본의 시대'에 이르러 자본주의 산업사회로의 궤도를 형성한 것으로도 볼 수 있다.[16]

이상의 세 가지 관점 중에서 벡은 비판이론의 변증법적 관점을 이어받아, '계몽의 변증법'으로 설명되는 산업사회를 '반쪽 근대'라고 불렀다. 말하자면 근대성이 산업사회의 제도들로 고착화하는 과정에서 '도구적 합리성'이라는 반쪽짜리 근대성으로 축소되었다고 보는 것이다. 또 마르크스의 예상과 달리, 산업자본주의는 모든 신분제 관계들을 파괴하며 양대 계급의 사회로 세계를 이분화하지 않고, 국민국가라는 새로운 공동체적 형태로 연결되었다.[17] 또 그 내부에서 신분제적 잔재와 새롭게 결합한 사생활(가족) 단위와 계급 불평등의 현실 —신분적 폐쇄성을 이어받은 계급 폐쇄성— 이 새롭게 조직되었다.

세계대전 와중에 안보공동체로 인식된 서구의 국민국가공동체는 이후 '복지국가'의 형태로 발전했다. 즉 국민국가 공동체의 성격은 경제적·군사적·사회적 안전security을 공유하는 정치공동체로서 안보공동체이다. 일국적으로 보면 '복지국가'는 사회권이 강화되어 분배정의가 향상된 형태이나, 세계 관계 속에서 보면 일국 단위의 새로운 폐쇄성을 의미한다. 그리고 그런 정치적 폐쇄성이 출생에 의한 귀속에 기초한 근대 민족

---

16   이 맨 마지막의 관점은 현재 새롭게 대두하는 '신유물론'의 관점이라고 할 수 있는데, 그에 대해서는 여기서 자세히 다루지 않는다.

17   하버마스가 주장하는 '헌법 애국주의'로서의 국가적 연대는 오히려 현대적 개념이고, 근대국가의 형성에는 (특히 후발 자본주의의 경우 더욱) 혈연에 기초한 낭만주의적 '민족' 개념 역시 크게 작용했다. 따라서 국민국가 역시 순수하게 정치적인 공동체가 아니라, 민족적이거나 인종적이거나 남성 중심적인 도덕적 가치공동체의 성격을 갖는다. 즉 전근대적 가치공동체와 근대적 정치공동체 간의 차이는 이념형적 차이에 불과하다. 그러나 다른 한편, 부족이나 씨족과 같은 종족 개념이 아닌 '민족'이나 '인종' 형태로 보편화한 '혈연공동체' 개념 역시 서구의 근대화 과정에서 새롭게 발명 또는 상상된 것이다.

주의와 결합한 상태이므로, 이 역시 세계의 수준에서 보면 새로운 신분제적 공동체라고 할 수 있다. 이처럼 근대사회 속에서 재편된 신분적 불평등 관계들을 벡은 '반쪽 근대' 현상으로 보았고, 그것은 결국 산업사회의 불평등한 '이익'의 분배 프레임과 관련된다고 보았다.[18]

따라서 벡은 산업사회의 (차별적인) 이익분배 프레임이 위험사회의 (무차별적) 위험분배 프레임으로 변화할 수밖에 없는 상태가 되면, 가족이나 계급 위계에서의 '타자'뿐만 아니라 민족적·인종적 '타자' 개념 역시 소멸할 것으로 보았다. 구체적으로는 산업사회의 성장이 그 절정기를 통과한 1960~1970년대 이후의 서구 사회에서 그런 탈바꿈이 시작되었다고 보았다. 즉 산업사회가 위험사회로 탈바꿈함으로써, '장기 19세기'의 결과물인 산업사회의 제도들이 근대성의 개념과 결별하는 '부정변증법'(아도르노, 1999)의 시점에 도달했다고 말할 수 있을 것이다.

특히 산업사회의 새로운 신분제적 공동체들로부터 개인들이 풀려나면서(='개인화'), 집단적 '타자' 범주 자체가 더는 근대성의 개념으로 정당화되지 못할 것으로 보았다.[19] 그렇게 개인화한 개인들이 지구 수준에서 권력을 행사하는 위험에 대항하여 새로운 정치적 연대, 즉 수평적 연대를 모색할 것이라고 벡은 내다봤다. 이런 점에서 벡은 애초부터 '세계시민주

---

18   이렇게 보면 근대적 이익분배의 프레임은 계급 갈등의 일면뿐 아니라, 나치의 반유대주의와 같은 인종적인 '집단적 타자화'와도 연결된다. 즉 나치의 '근대적 야만' 역시 산업사회의 결과물인 것이다. 그러나 사회학의 '산업사회' 프레임에서는 계급 갈등이나 민주주의라는 일면만을 산업사회의 제도적 결과물로 인식했다. 그리하여 '집단적 타자화'의 문제는 2차대전 이후에야 비로소 정의론 철학에서 '차이'(영, 2017)나 '인정'(프레이저·호네트, 2014)의 문제로 재발견되었다.

19   벡은 『위험사회』에서 사용한 '개인화' 개념을 이후 근대 초의 (제1의) 개인화와 비교하여 '제2의 개인화'로 재차 설명했다(벡, 2013).

의 위험공동체'를 염두에 두었다고 할 것이다. 이처럼 근대성의 개념이 개인들을 어떤 집단 귀속적 존재가 아닌 동등한 개인들로만 인식하게 됨에 따라서, 근대성은 스스로 —즉 1차 제도화의 형태인 산업사회— 를 더욱 근대화하는 '성찰적 근대성' 또는 '제2의 근대성'으로 탈바꿈한다고 개념화했다.

거시 사회학적으로 볼 때 이것은 '사회'가 국민국가라는 안보공동체와의 동일시를 벗어나서, 국가수준을 양방향으로 탈피한 지구-현지 수준의 위험공동체 관계로 재편됨을 말한다. 이제 근대 정치공동체의 발생이유인 '안전'문제와 관련하여, 치안이나 사회경제적·군사적 안보보다 생명·생태의 안전이 더 중요한 문제로 부상한다고 본 것이다. 그런데 이런 새로운 위험은 다름이 아니라 바로 산업사회가 그와 같이 국가의 안전을 추구하며 성장한 결과, 즉 산업사회의 부산물이다. 이렇게 스스로가 생산한 부작용에 의해 근대적 정치공동체는 일국적 안보공동체에서 지구-현지 수준의 위험공동체로 탈바꿈한다.

새로운 위험공동체를 상상하여 발명하는 행위자는 지구적 위험 앞에 평등을 강요당한 개인화한 개인들이므로, 위험공동체는 국적이나 계급이해, 성별과 같은 '근대화한 신분적 귀속'의 필연적 결과물이 아니다.[20] 그것은 오히려 '당사자의 참여와 연결'이라는 형태로 나타난다. 즉 위험사회의 사회변동인 개인화의 정치적 결과는 '당사자 중심주의'이다. 한편으로는 개인화하는 위험 당사자들에 의해서 개인별 연결의 형태로

---

20   벡은 위험사회에서 근대성의 이념에 기초하여 여하한 종류의 신분적 구속도 정당화되지 못한다는 측면과 함께, 지구적 위험에서 누구도 벗어날 수 없는 만큼 그로 인해 개인들에게 평등이 강요된다고 보았다. 물론 현재 지구를 떠나 우주에 식민지를 건설하여 지구적 위험을 탈피하려는 소수의 움직임은 있다.

현지의 위험공동체들이 발현하며('신사회운동'), 다른 한편으로는 기후변화와 같은 세계 수준의 위험을 매개로 세계시민주의가 (단순한 규범이 아닌) 지상명령으로 등장한다. 즉 이제 산업사회의 '이해관계' 중심적인 집단화에서 벗어나야만, 인간이 지구 위에서 생존할 수 있게 되는 것이다.

2. 제2의 개인화: 탈표준가족화, 탈계급화

앞서 19세기를 통과하며 (제1차) 개인화한 개인들이 핵가족화 및 계급화를 통해, 일부만이 주체화하고 다수가 새롭게 '타자' 집단에 속하게 되었다고 설명했다. 예컨대 여성은 남성의 사생활 관리자 신분으로, 노동자 계급은 경제적 착취 대상으로 집단화했다. 그런데 국민국가의 일국적 연대를 통해 국민경제가 성장하면서, 현대사회에서 여성은 가족형성 회피를 통해서, 노동자 계급은 중산층화('상승기 효과')의 결과, 각각의 집합적 규범 및 생활방식에서 벗어나게 되었다. 이로써 근대 산업화 속에서 (제1의) 개인화가 제한되었던 여성과 노동자 계급을 중심으로 제2의 개인화라는 새로운 사회변동이 진행되었다. 그러나 산업화 초기의 개인화가 '이중의 해방'이었던 바와 마찬가지로, 산업사회의 발전이 신자유주의화로 연결되면서 제2의 개인화 역시 '경제적 위험의 개인화', 즉 계급위험의 '생애위험'으로의 전환을 수반했다. 이 과정에서 빈곤 역시 더 이상 특정 계급의 운명이 아니라, 다양한 개인들에게 닥치는 사회적 위험으로 변화('신빈곤')했다.[21]

---

21   '위험사회'는 성장의 절정기를 통과한 (후기) 산업사회의 사회정치적·규범적 형태라

그리하여 빈곤의 여성화나 구조조정으로 인한 대량실업의 발생, 불안정 노동의 증가 등을 경험하며, 과거의 '정상적' 생활양식에서 풀려난 개인들이 다양한 생애위험의 짜깁기^{DIY, Do it yourself} 형태 속으로 각각 재구속된다. 이와 같은 경제적 위험의 개인화뿐만 아니라, 새로운 생활위험들 역시 발생하면서, 위험의 당사자성은 더욱 복잡해진다. 한편으로는 스스로 선택하거나 선택이 강요되는 생활방식에 따라서, 다른 한편으로는 다양한 위험의 당사자가 되면서, 개인들은 산업사회 제도인 핵가족이나 계급조직을 벗어난 새로운 형태의 관계들을 경험한다. 낭만적 사랑과 성관계, 인구 생산, 소비 단위의 기능을 통합했던 제도인 핵가족으로부터 사랑과 성, 인구 생산, 경제공동체 기능이 분리된다. 또한 계급 결속의 상징인 노조의 영향력은 축소되고, 노동자들 또는 피고용자들 내부의 경쟁과 차이가 증가한다.

개인화는 이렇게 성공적 산업화를 경험한 서구 사회 내부에서 발생한다(벡, 1997). 그러나 한편으로는 국가공동체의 결속력을 약화시키는 신자유주의 세계화의 결과, 다른 한편으로는 기후변화와 같은 위험으로 인해 세계 수준에서 이동성이 증가하며, 개인화는 더욱 촉진된다. 물론 그 과정에서 다시 종족, 민족, 종교, 국적 등에 기초한 재집단화의 과정 —근본주의, 테러리즘, 테러와의 전쟁, 보호무역주의, 극우세력의 부상

고 볼 수 있을 것이다. 이는 산업사회의 사회경제적 원리가 신자유주의로 변화하여 지속하기 때문이다. 그러나 산업사회의 사회경제적 갈등('구사회운동')이 정치에서 차지하는 의미는 신사회운동과의 관계 속에서 계속 상대화하므로, 벡은 신자유주의화를 위험사회의 핵심적 요소로 보지 않았다. 단지 위험의 지구적 성격을 가속화하는 계기로만 보았을 뿐이다(벡, 2011). 이런 관점에서는 디지털화 역시 신자유주의화와 유사한 경제적 변화를 말할 뿐이다. 따라서 디지털화의 결과로 거론되는 '사회운동의 네트워크화'(카스텔, 2014) 역시 벡은 위험사회의 신사회운동과 근본적으로 다르지 않은 것으로 보았다(벡, 2011).

등— 이 나타나지만, 그것은 파괴를 부채질한다는 점에서 오히려 문제를 키울 뿐이다. 또 세계적 인구이동이 증가하면서 사랑과 가족의 사생활 영역 역시 세계화한다. 벡은 특히 성·사랑·생식이 세계화하여 무질서 속으로 빠지면서, 세계시민주의적 문제 해결이 점점 더 불가피해진다고 보았다(벡·벡-게른스하임, 2012).

이처럼 타 종족이나 외국인과의 상호작용이 증가하는 사회적 관계의 초국(가)화뿐만 아니라, 무엇보다도 기후변화와 같은 지구적 위험으로 인해서, '세계시민주의적 문제 해결이냐 자멸이냐?'의 양자택일은 점점 더 불가피해진다.[22] 이제는 점점 더 많은 사회문제와 위험이 세계를 점점 더 긴밀하게 연결하기 때문이다. 이처럼 1) 일국적 산업사회가 초국적 위험사회로 탈바꿈하고 2) 그 속에서 서구 사회에서는 (제2의) 개인화가 진행되고('개인화 테제'), 3) 세계 수준에서는 세계시민주의적 문제 해결이 불가피해진다고('세계시민화 테제') 봄으로써, 벡은 전통적인 독일 비판이론에 '낙관적 전망'을 불어넣고자 했다.

벡은 아도르노의 '동일성 테제 비판'에 기초하여 '근대성=산업사회 제도'라는 등식을 깨고 또 다른 근대성, 즉 생태적인 '제2 근대성'의 전망을 제시했다. 또 '생활세계의 식민화'라는 하버마스의 현대 정치 진단과 정반대로, 생활세계로부터 개인들이 자신만의 목소리를 내며 새로운 공론장을 열고 있다고 평가했다.[23] 그 새로운 공론정치를 벡은 '위험사회'의 개념으로 설명했고, 그것을 가능하게 한 사회변동으로서 여성의 성역할

---

22   이런 추세는 2019년 말부터 시작된 코로나19 팬데믹으로 더욱 명확해졌다.
23   이 점에서 벡은 마찬가지로 '변증법'에 기초한 '차이의 정치'(영, 2017)나 '인정의 정치'(프레이저, 2017)와 맥을 같이한다.

변화와 계급적 생활문화의 약화 또는 생활문화의 다양화를 들었다. 벡의 '개인화 테제'는 이런 사회변동의 내용을 담은 것이다. 벡이 개인화 테제를 사회변동에 대한 설명이라고 말한 이유는, 성역할 규범 변화나 생활문화의 다양화가 의식적인 '성찰'의 결과나 도덕 변화의 결과가 아니라 오히려 '반사적' 행위들이 누적되어 초래된 결과이기 때문이다(벡, 2010).

한국의 사회변동과
문화변동

Ⅲ부

1장 이론적 논의

1. 한국의 사회변동: 압축적 개인화

서구에서 개인화는 중세 자유도시가 발전하며 농촌공동체를 파괴하는 자본주의화로 촉발되었다. 시장 관계를 통해 자본축적에 성공하면서 시민계급은 중세 지배체제 속의 신분지위로부터 이탈하거나 대립하였고, 사회·정치적으로 봉건제로부터 풀려난 '개인 주체'로서 성장했다. '개인 주체'란 앞서도 말했듯이, 집단과 개인 간에 뚜렷이 경계가 형성되면서 개인의 자율적 결정이 '정상'으로 인식될 때 가능하다. 그러나 앞서 보았듯이, 이러한 과정은 '자유 주체' 형성의 일면적 과정이 아니라, 공동체적 보호의 박탈이라는 이면을 갖는 이중적 과정이었다.[24] 또 현대 페미니즘

24   여기에는 서구 봉건제 말에 귀족계급이나 농촌공동체에서 일어난 상속제도의 변

에서 비판하듯이, 무산자뿐만 아니라 여성과 타 인종(노예), 타 민족 역시 배제된 특권적 과정이었다.

따라서 서구에서 개인화는 영국, 프랑스와 같이 일찍부터 국민경제가 형성된 사회에서 순조롭게 진행되었고, 독일처럼 국민경제의 형성이 지연된 후발 자본주의 사회에서는 그러지 못했다. 거기서는 낭만주의적 공동체 복구의 정서에 기초하여 오히려 혈연 개념에 의존하는 집단주의적 민족주의가 발흥했다. 제국주의적으로 팽창한 국가에 의해 식민지화를 경험한 한국 등에서도 근대적 '주체화'는 '민족' 개념 중심의 집단주의적 형태로 나타났다. 다만 독일처럼 제국주의 후발세력으로 산업화를 추격한 사회에서는 민족주의가 나치즘 같은 공격적 형태를 보였다면, 식민지가 된 사회에서 그것은 방어적 성격을 가졌다.

민족국가 정체성에서 자유주의적 국민경제나 공화주의적 정치이념보다 '피'라는 신화적 요소가 강했던 후발 자본주의 사회들에서는, '개인'을 부정하는 나치즘·파시즘과 같은 '근대적 야만'이 나타났다. 이후 복지국가 발전과정에서도 이들 나라는 에스핑-앤더슨(2007)이 '보수적'이거나 '가족주의적familialism'이라고 부른 형태로 발전했다.[25] 반면에 식민지화

___

화가 크게 작용했다. 공동 상속제에서 장자 상속제로 상속제도가 변하면서, 토지나 귀족 신분이 장자 개인의 소유로 변화했기 때문이다. 따라서 토지소유 가족의 장자를 제외한 다른 자녀는 상속에서 배제되어 생계의 기회를 찾아 타지로 이동해야 했다. 그 결과 귀족의 차남 이하는 귀족 신분을 상실하여 시민계급을 이루게 된다. 당시에 성(surname)은 토지소유의 계통을 의미했으므로, 차남 이하에서는 성 역시 바뀌었다(홍찬숙, 2020a).

25   에스핑-앤더슨은 프랑스와 함께 독일을 '보수적' 복지국가로 분류하는데, 여기서 '보수적'이란 여성에 대한 보수성을 의미한다. 그러나 같이 '보수적'이라도 세속적 공화주의가 강한 프랑스와 달리 독일의 보수적 사회연대는 가톨릭의 '보충성 원칙'에 기초한다. 보충성 원칙에 대해서는 홍찬숙(2017e) 참조. '가족주의'는 에스핑-앤더슨이 이후 이탈리아 등 남부 유럽 사회를 서유럽의 보수적 복지국가와 구별해서 재분류한 개념이다.

를 겪은 한국사회의 경우, 민족주의가 지향한 것은 후발 제국주의화가 아니라 오히려 식민지배로부터의 탈피였다. 식민지화 및 그로부터의 해방 과정에서 민족주의는 나치즘과 같은 공격적 형태로 발전하지 않은 대신에, 2차대전 후 독일처럼 후발 개인화(서구화)의 과정으로 수렴되지도 않았다.

따라서 뒤늦게 서구화에 성공한 독일을 포함한 '현대 서구 사회'를 대상으로 벡이 제기한 '개인화' 이론은 한국사회에 들어맞지 않는다. 즉 한국사회에서는 산업화와 (제1) 개인화가 동시적으로 발생하지 않았으며, 오히려 산업화의 성공에 힘입어서 현재 뒤늦게 개인화가 진행되는 것으로 관찰되고 있다.[26] 말하자면 벡은 서구의 개인화가 근대 시민혁명과 현대 신사회운동(68혁명)을 거치며 두 단계에 걸쳐 진행되었다고 보았다. 반면에 한국에서는 '개인화 없는 산업화'를 거친 후 산업화 성공과 함께 뒤늦게 정치 민주화를 이룸으로써, 서구의 두 단계 개인화가 압축적으로 진행된다고 볼 수 있다.[27]

벡이 설명하듯이, 서구의 제2 개인화에서는 세대 간, 성별 문화변동이 서로 유사한 정도로 중요하다. 구사회운동과 신사회운동 간의 사회 정치적 변화가 세대 간 문화변동의 핵심이라면, 성역할 변화에 대한 남녀 간의 불화는 성별 문화변동에서 핵심이다. 그런데 서구와 비교할 때, 한

---

26   물론 독일 역시 앞서 본 대로, 산업화와 개인화가 동시에 성공적으로 진행되었다고 할 수 없다. 근대 사회학에서 '동시적인 것'으로 설명하는 이 두 현상의 '비동시성'은, 앞서 말한 '비동시적인 것의 동시성'과 다르지 않다.
27   파슨스의 사회학 이론으로 대표되듯이, 서구의 근대화는 산업화, 민주화, 개인주의화가 동시에 진행된 과정으로 설명된다. 그러나 앞서 보았듯이 민주주의의 발전 없이 산업화가 위로부터 추진된 사회들에서는 개인주의 대신 집단주의적 민족주의가 산업화에 수반되었다. 따라서 파슨스의 정식화는 지나치게 보편주의적인 단순화라고 할 수 있다.

국에서는 전근대적 가부장제로부터 시민계급 '남성'들이 해방을 성취한 제1 개인화(페이트먼, 2001과 비교)가 성공한 적이 없다.[28] 따라서 현상적으로 현재 한국에서 서구의 제2 개인화와 매우 유사한 현상이 관찰되고 있으나, 그것의 사회적·역사적 맥락은 전혀 다르다. 이런 한국적 근대화 경로의 특수성으로 인해서, 한국에서는 현재 세대 간 문화변동과 성별 문화변동이 단순히 동반될 뿐만 아니라, 오히려 서로 격렬하게 충돌하는 양상이 나타난다.

이것은 무엇보다도, 1990년대 'X세대' 담론을 통해 표출된 세대 간 문화변동 의제가 IMF 위기 및 신자유주의화를 겪으며 휘발했기 때문일 것이다. IMF 위기 이후 '아버지 기 살리기' 담론이 확대되었고, 기성세대에 대한 문화적 도전은 경제적 생존의 프레임 속으로 사라졌다. 이어서 신자유주의 물결 속에서 세대 담론이 '88만원세대', 'N포세대' 등 경제적 몰락의 프레임 속에 재배치되었다. 이렇게 세대 담론이 주로 청년남성의 경제적 곤란에 집중하는 사이에, 청년여성들은 새로운 페미니즘 정치세력으로 성장했다. 이런 일련의 과정을 겪으면서, 현재 문화변동은 '청년세대의 젠더갈등'과 동일시되거나 그런 청년세대를 이해하지 못하는 기성세대의 무지와 같은 것으로 호도되고 있다. 세대 간 문화변동의 문제가 성별 문화변동의 문제에 지나치게 압도된 것이다.

그리하여 압축적 개인화의 주체가 X세대 이후의 청년세대 전체가 아니라, 청년여성으로 성별화하는 현상이 진행 중이다. 특히 현재 20~30대 연령층을 중심으로 문화변동이 두드러지게 가시화되는데, 이들 중 여성

---

28   아버지로부터 근대 시민계급 남성의 해방을 표현하는 핵심은 '친부 살해', 즉 오이디푸스 콤플렉스이다. 그러나 한국에서는 '효'가 산업화의 바탕 윤리로 작용했다.

은 '페미니즘 대중화'로 표현되는 새로운 정치세력으로 공론장에 등장한 반면에 남성은 '88만원세대', 'N포세대', '헬조선' 등 '루저' 프레임(안상욱, 2011)에서 벗어나지 못하면서, 배려받아야 하는 '대상'이 되고 있다. 주·객관적 시선에서 청년남성이 새로운 '주체'로 인지되기보다는 '피해자'로 그려지는 것이다. 그러나 청년세대의 '주체적' 면모보다 '피해자적' 면모를 강조하는 세대 담론은 주체적 참여보다 오히려 '사회적 폐쇄'의 움직임을 촉진할 수 있다. 예컨대 소위 '인천국제공항 정규직화 사건'이나 '의대생 파업'처럼, 청년층의 '공정성' 개념이 '능력 절대주의'의 폐쇄성으로 연결되는 과정이 나타나고 있다.

청년세대를 단순히 '피해자'로만 인식하는 경제주의적 관점은 기성세대의 생존전략과 관련되어 있다. 식민지 시대부터 발전주의 산업화 시대까지 한국에서 '근대화 추격'의 명령은 민족주의나 가족주의와 같은 집단주의 도덕과 결합해 있었다. 특히 발전주의 산업화 과정에서, 민족주의적으로 재해석된 유교 가부장제('충')와 '효'에 근거한 가족주의 이념은 공/사 구분을 흐리는 집단 연줄망을 생존에 필요한 비공식적 연대형태로 정착시켰다. 또 유교 관료제에 독특한 경쟁과 성취의 기제가 산업화를 위한 성취동기로 전환하면서, 개인의 능력을 집단의 재산으로 간주하는 규범을 지속했다.

이렇게 집단주의 도덕이 산업화의 바탕이었으므로, 한국에서 개인화는 우선 유교 가족주의로부터 개인들이 풀려나는 과정이 될 수밖에 없다. 그런데 한국에서는 산업화를 거치는 동안에도 개인주의를 서구적 이기주의 문화로 규정하여 적대시했으므로, 개인화에 따르는 규범 변화가 쉬울 수 없다. 이것은 한편으로 기술은 서구의 것을, 정신은 유교를 따른 메이지유신 이후 일본의 경우와 유사하다(박훈, 2020). 다른 한편으로 근대 독일의 교양시민 계급은 자신들의 숭고한 정신문명과 서구의 천박한 기술문명을 대비시키면서 근대화를 추격했는데, 이와도 비교되는 측면이 있다.

일본의 경우든 독일의 경우든 서구의 고전적 경로와 구별된다는 점에서, 산업화와 개인주의 규범 발전 간에 괴리나 이질성, 시차는 존재할 수밖에 없다. 즉 근대화에 수반되는 규범 변화에서, 고전적인 (자유주의/공화주의) 개인주의보다 낭만화한 집단주의가 한층 더 정당화되기 쉽다. 따라서 한국에서 개인주의를 당연시하는 세대가 등장한다고 해도, 상당 기간 아노미가 불가피하다. 벡이 서구의 경우 문화변동이 아노미로 연결되지 않는다고 판단한 이유가 바로 이것이다. 서구에서는 이미 개인주의가 당연시되므로, 또 한 번의 개인화가 심각한 규범적 충돌을 초래하지 않는다는 것이다.

그러나 한국은 심각한 규범적 충돌이 불가피하다. 특히 기성세대의 집단주의 규범과 청년세대의 개인주의 성향은 매우 비대칭적으로 대치할 수밖에 없다. 기성세대의 규범이 조직과 제도 등의 권력 자원과 강력히 결합해 있기 때문이다.[29] 따라서 청년층의 새로운 규범적 태도가 사회적으로 취약하며, 순조로운 규범 변동보다 아노미로 연결되고 있다. 그러나 한국에서는 독일 나치나 일본 극우 민족주의와 달리 극우 성향이 민족주의와 결합하는 방식으로 나타나지 않으므로, 아노미로 초래되는 집단적 타자화의 경향 역시 다른 형태를 취할 것이다. 현재 가장 눈에 띄는 현상은 '젠더갈등'의 프레임이 조장된다는 것이다. 이런 여러 사정상, 한

---

[29] 소위 '산업화세대'의 집단주의가 민주화 세력에 의해 '연고'나 '연줄망'으로 비판되었다면, '민주화세대'의 집단주의는 '네트워크 권력'(이철승, 2019)이라고 비판받은 바 있다.

국에서 개인화의 결과 형성될 '개인주의'의 개념과 내용 역시 서구의 고전적 개념과는 다를 것이다.[30]

1) 유교 가족주의로부터의 개인화: 가족 관련 행태 변화를 중심으로

근대 초의 서구 자본주의 경제가 시민계급의 개인화를 추동하는 동력이었다면, 벡은 2차대전 이후 현대사회에서 제2 개인화를 추동한 것은 산업화의 발전 및 산업사회 제도의 부동성이라고 했다. 산업화의 발전으로 여성의 교육수준 향상 및 노동계급의 중산층화가 진행되었다면, 산업사회제도는 그런 변화에 즉각적으로 발맞추지 못하는 경직성을 보이며 자기생산autopoiesis을 유지했다. 즉 교육받은 여성들의 새로운 요구, 탈산업화 (서비스사회로의 변화)로 인한 기혼여성 노동의 증가, 탈물질주의로의 문화변동 및 그것을 초래한 새로운 위험의 문제 등 일련의 변화에 대해 제도적으로 효율적인 대응을 하지 못했다. 후기 산업사회의 정책적 처방으로 실행된 신자유주의화는 오히려 양극화와 개인의 생애위험을 키웠을 뿐이다. 그리하여 스스로 문명 위험과 생애위험을 생산하면서도 그것을 인지조차 못하는 산업사회의 제도적 맹점이 계속 유지되었다.

이처럼 자본주의 산업사회 체제가 사회적·생태적 변화를 감지하지 못하는 관성 아래 재생산되는 것은 문제가 되었다. 자본주의 산업사회

---

30   한국에서는 '개인화' 개념을 푸코의 통치성 개념에 기초하여 '신자유주의적 개인화'의 일면만을 의미하는 것으로 사용하는 경우가 많다. 이런 경우, 현재 한국 청년층의 개인화가 '생존주의'(김홍중, 2015)에 기초한 '자기계발의 규율'이라고 보는 경향이 강하며 특히 청년여성 페미니즘에 대해 그런 비판을 하는 경향이 있다. 그러나 필자는 현재 청년층의 개인주의 성향에서 어떤 특정 (예컨대 신자유주의 친화적) 경향이 (예컨대 민주적 참여의 경향보다) 더 지배적이라고 평가하지 않는다.

는 한결같이 이윤추구의 동력에 의해 작동한다. 근대 초에는 그것이 봉건적 지배체제로부터 시민 개인의 삶과 노동을 해방하는 방식으로 작동했다. 반면에 세계대전과 나치즘의 총력전 시대로 접어들면서, 바로 그 해방적 동력은 적/동지의 이분법 속에 '정치적인 것'을 박제했다(슈미트, 2012). 또 화석원료가 산업생산의 기반이 되고 현대 과학이 인공적 물질세계를 주조하면서, 동시에 그렇게 생산된 핵·생물학·화학적 위험과 기후변화가 제도적으로 '외부화'됨으로써, 산업사회는 마르크스가 예견했던 '공황'이 아닌 다른 방식으로 자멸을 준비한다. 그러나 이윤추구를 여전히 '진보'나 '해방'과 동일시하는 단선적 근대성의 관점으로 인해서, 그러한 전환에 대한 인식은 체계적으로 억압된다.

　　탈산업화나 신자유주의화 등 자본주의의 '자기혁신'은 이윤추구와 병행 가능한 한계 내에서 제2 개인화를 지원한다. 예컨대 기혼여성의 노동력을 상품화하고 남성의 표준노동 모델을 약화함으로써, 노동시장의 가부장성을 완화하는 것이다. 즉 산업구조 변동 자체로부터 성역할 변화의 동력이 생겨난다. 그러나 여성의 교육수준 향상과 페미니즘의 부활('제2의 물결') 등 여성의 주체화가 가세하면서, 가부장제에 대한 비판은 자본주의 산업사회 제도의 프레임을 넘어서 정치적 흐름을 형성하게 된다. 반대로 표준노동 모델을 박탈당한 남성들은 성역할로부터 해방을 요구하는 새로운 주체로 거듭나기보다 오히려 증가하는 생애위험에 대한 불안에 휩싸이게 된다.

　　한편 해방을 지향하든 아니면 불안 때문이든, 변화된 조건에서 새로운 삶을 모색해야 하는 개인들은 산업사회의 낡은 제도들과 부딪칠 수밖에 없다. 따라서 개인들은 스스로 자신의 삶을 짜깁기하는 운명에 내던져져 'DIY의 삶'을 살아야 한다. 이것이 벡이 말하는 '반사적' 과정으로서의 개인화이다. 그런데 개인들이 스스로 찾는 과정은 사생활 영역에 한정된다. 예컨대 성역할 규범 변화를 당연시하면 사생활의 관계에서 변화를 꾀할 수 있을 뿐이며, 산업조직이나 복지제도의 성역할 규정까지 개인이 바꾸지는 못한다. 따라서 공적 영역에 제도화된 규범을 바꾸기 위해서는 사회운동과 같은 방식으로 정치적 요구를 해야 한다. 이러한 새로운 정치적 요구에 제도가 반응할 수 있으려면, 제도에 대한 사회적 성찰이 요구된다. 산업사회의 제도들이 충분히 '근대적(=새롭다는 의미)'인지 성찰하여 제도 변화가 정당화되어야만 변화가 가능해진다. 이런 의미에서 벡은 '성찰적 근대성'을 주장했다.[31]

이처럼 제도 변화가 지난한 과정을 요구하므로, 성역할 규범의 변화는 우선 남녀 간 관계의 변화라는 '사적인 문제'로 인지되는 경향을 갖는다(벡·벡-게른스하임, 1999). 즉 제2 개인화는 제도 변화보다는 문화변동이나 개인 선택의 문제인 것처럼 인지된다. 공/사 영역 간의 이런 비대칭성은 한국의 압축적 개인화 과정에서 더욱 증폭되어 나타났다. 애초부터 계급조직력이 약했던 탓에, 한국에서는 노동시장의 가부장성 약화가 남성 가장의 권력 약화(비정규직화 및 취업기회 상실)라는 일면으로만 진행되었기 때문이다. 여성의 노동시장 통합은 매우 더디게만 진행되어, 서구와 달리 여성 경제활동이 빠르게 증가하지 않은 반면에 여성의 대학 진학률 증가속도는 세계 최고수준이다. 따라서 젊은 여성들의 페미니즘적 요구는 한층 더 커질 수밖에 없다. 반면에 남성의 가부장권 약화 속도는 서구보

---

31   벡의 '성찰적 근대성' 개념은 기든스나 래쉬에 비해 정치적 의지의 개입을 강조한다. 기든스는 근대성의 원리 자체가 '성찰성'이므로 성찰적 근대성이 자연스럽게 가능하다고 보았다. 반면에 래쉬는 '성찰성'이 의식 영역의 작용이 아니라 미학적 반응 또는 감정적 반사를 말한다고 보았다(기든스·벡·래쉬, 2010).

다 한층 빠른 동시에 여전히 집단주의 규범이 지배적이므로, 젊은 남성들의 기득권 상실 역시 더 크게 인지된다. 이런 특성으로 인해서, 한국에서 압축적 개인화의 아노미는 소위 '성대결'이라는 왜곡된 방식으로 흐를 수 있다.

그리하여 남녀 모두에게 생애위험이 서구보다 훨씬 더 크게 느껴질 상황에서도, 여성은 한층 더 급진적인 개혁을 요구하는 미래 지향적 태도를, 남성은 '상실'을 두려워하는 과거 지향성을 드러낸다. 물론 양성 간의 이러한 상반된 지향성은 기본적으로 서구와 크게 다르지 않다. 게다가 한국의 '압축적' 개인화에서는 개인이 집단의 구속성에서 벗어나려는 제1 개인화의 경향 역시 동시에 나타나는데, 이 과정에서도 여성의 주체적 성향은 더욱 강하게 표출된다. 이는 서구보다 한층 더 노골적으로 여성을 배제하며 발전주의 산업화전략, 즉 집단주의적이고 군사주의적인 조직문화와 관련된 한국노동시장의 특성 때문이다. 따라서 여성의 경우 성역할 규범 변화(제2 개인화)뿐만 아니라, 가부장적 집단에서 벗어나려는(제1 개인화) 경향 역시 한층 강하다. 반면에 남성은 가부장적 집단지배의 구조와 타협할 경우 '상실'의 과정을 다소 완화할 수 있다. 즉 세대갈등의 '꼰대' 담론에서 '남성연대'나 '반페미니즘'의 '젠더갈등' 담론으로 옮아갈 가능성이 마련되어 있다.

따라서 아래 살펴볼 전통적 유교 가족주의로부터의 개인화는 서구의 제1 개인화와 달리, 남성이 아닌 여성의 주도하에 일어날 것이다. 또 노동시장이나 조직 등 강고한 제도적 영역보다, 결혼과 가족이라는 사생활의 영역에서 더욱 두드러질 수밖에 없다.[32]

---

32   아래의 해당 내용은 홍찬숙(2017c)을 기반으로 했다.

유교 가족주의의 특성

유교 가족주의의 핵심은 '효' 사상으로서, 중국으로부터 유래한 부계조상에 대한 숭배(제사)와 제도적으로 결합해 있다. 한국에서는 17세기에 와서 민간에서까지 조상숭배가 중국식 친족제도인 종법제와 결합하면서, 유교 가족주의가 '전통'으로 인식되기 시작했다. 종법제에 기초한 유교 가족주의의 기본원리는 1) 부계 친족 체계가 개인에 우선한다는 부계혈통$^{descent\ system}$의 집단주의 원리, 2) 유교의 충효 윤리를 통한 위계관계의 사회적·우주론적 정당화이다.

최봉영(1998)에 의하면, 유교의 '가家'는 혈통집단을 의미하는 '본가本家', 직업집단을 의미하는 '업가業家', 왕조를 의미하는 '국가國家'를 포괄하는 매우 광범위한 개념이다. 이처럼 혈연관계, 직업, 정치적 지위가 일가一家를 통해 귀속되는 신분적 집단주의는 유교사회에서만 나타나는 현상이 아니고, 전근대사회의 일반적 현상이라고 볼 수 있다. 다만 서구에서는 근대화를 통해 혈연·신분·직업지위·정치적 지위가 가족·경제·정치의 영역으로 각각 기능적으로 분화했다. 그리하여 영역마다 자율적 원리를 갖추고, 개인주의 규범에 근거하여 '사회'라는 이차적 집단관계가 형성되었다. 반면 한국에서는 서구 개인주의 규범에 대한 반발로, 산업화가 진행되는 동안에도 유교 가족주의가 지배적 규범으로 존속해 왔다.

따라서 현대 한국사회에서 나타난 유교 가족주의는 '가족문화'로 한정해서 이해할 수 없다. 오히려 그것은 서구 기능분화사회의 핵심적 사회 원리인 개인주의에 맞서서, 동북아식 근대화의 방향을 조율하는 최종적 사회 원리로 이해될 수 있다(홍찬숙, 2017b). 즉 유교 가족주의는 단순히 유교적 특성을 갖는 '가족문화'만을 의미하는 것이 아니다. 그것은 한국사회의 독특한 근대화 과정에서 가족·경제·정치로 각각 분화되는 영역들의 상호작용을 '가^家'의 원리에 기초해 조율하는 일반적인 조직원리로 이해될 수 있다.

이상에서 설명한 유교적 '가^家' 개념과 현대의 유교 가족주의, 서구의 개인주의 기능분화의 성격을 도식적으로 비교하면 아래의 그림들과 같다. 먼저 〈그림 1〉은 유교적 '가^家' 개념을 도식화한 것이다. 여기서 국가란 왕조의 지배를 의미한다. 왕조가 곧 국가를 의미하고, 국가의 영토역시 왕의 영역('왕토')으로 여겨지므로, 사회의 모든 구성원은 국가의 지배하에 놓인다. 국가의 지배 아래 개인은 '본가'와 '업가'에 귀속됨으로써 신분을 취득한다. 미야지마 히로시(2014)에 의하면, 본가와 업가 중에서 본래는 업가가 우선이었다. 과거에 급제하여 공직을 얻으면서 비로소 본가의 계통을 족보로 구성하기 시작했기 때문이다. '종친'이라는 말이 애초에 왕가의 혈연들을 칭했듯이, 본가의 개념은 지배계급에 한정된 것이었다.[33] 따라서 본가와 업가는 대체로 일치하므로, 아래 그림에서 겹치는 부분이 넓게 표시되었다. 여기서 '본가'만이 친족 혈통을 의미하며, 업가와 국가는 신분제적 관계이다.

---

33   중국 송대의 신유학인 주자학은 제왕론이었던 구유학의 종법제 원리를 관리인 사대부층에게까지 확대 적용하는 혁신을 가져왔다고 할 것이다. 한국에서는 17세기 이후 종법제가 일반 농민에게까지 확대되었는데, 그것은 양반과 농민이 신분제적으로 구별되는 범주가 아니었기('양천제') 때문에 가능했다. 양반은 신분이 아니라 관직 진출을 의미했으므로 원칙적으로 양민 신분인 농민층에서 충원될 수 있었고, 무반의 경우에는 신분적 허용성이 더욱 커서 천민 신분으로도 충원될 수 있었다.

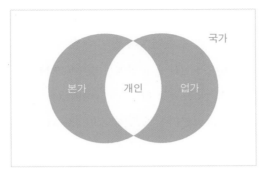

그림1　유교적 '가(家)' 개념

〈그림 2〉는 현대의 유교 가족주의를 표현한 것이다. 개인의 자율성이 미약하고 개인이 자율적으로 결정할 수 있는 권한이 크지 않기 때문에, 개인을 표시한 동그라미의 크기가 작고 점선으로 그려졌다. 굵은 화살표는 제도적 영역 간의 상호작용을 표시했으며, 굵기가 가는 화살표는 개인과 제도와의 상호작용을 표시했다. 여기서 개인이 제도에 미치는 영향력은 상대적으로 미약하므로 점선으로 표시했다. 또한 전반적인 상호작용이 왕조시대와 달리 '사회' 속에서 이루어지므로, 〈그림 1〉과 달리 테두리의 네모는 사회로 표시되었다.

과거의 '본가'는 가족(친족) 개념으로 바뀌어서 서구적 공/사 경계를 관통한다.[34] 유교적인 '연줄망' 개념은 현대사회의 '연결망network' 개념과

34　근대적 '공/사 구분' 원칙을 강조한 1980년대 후반 민주화 이후 유교적 '연줄망'이 적폐로 인식되면서, 그리고 산업화 및 민주화로 인한 '사회'적 관계의 강화로 유교적 친족 관계가 약화하면서, 현재 과거와 같은 '친족공동체' 개념 및 그에 기초한 연줄망은 약화했다. 반면에 신자유주의화와 함께, 서구 산업사회에서와 유사한 '핵가족 신분공동체'의 결집력이 부유층에서 오히려 강화되는 현상이 동시에 나타난다. 특히 자녀교육에 대한 핵가족의 투자 및 기혼여성 역할이 자녀교육 관리자로 규정되는 현상은 그러한 변화를 잘 드러낸다. 이런 과정은 마르크스와 베버가 말한 '이중의 해방'에 비견될 수 있다. 즉 전통적 친족공

달리, 개인 간 관계의 결과라기보다는 집단주의적인 소속의 관계를 반영한다. 즉 서구의 공/사 구분 개념에는 잘 들어맞지 않는다. 과거의 '업가'는 기업이나 직장이 되어 신분제 규정에서 벗어났으나, 여기서도 '가家' 개념에서 유래하는 '연줄망'은 중요하다. 국가정책 역시 점점 더 민주적 절차에 의해 정당화되나, 마찬가지로 '연줄망'이 중요하다.[35] 말하자면 모든 화살표에는 '합리적 기능분화'나 이익집단뿐만 아니라 '연줄망'의 작용 역시 동시에 포함된다.

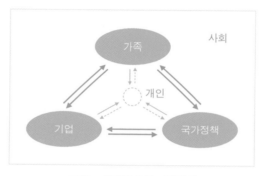

그림2   현대의 유교 가족주의

〈그림 3〉은 근대사회의 이념형인 기능주의적으로 분화된 서구의 개인주의적 사회를 표현했다. 원리상 개인을 독립된 존재로 보는 개인주의 규범에 기초하므로, 개인을 실선으로 표시했고 개인을 표시하는 동그

동체로부터의 해방이자 동시에 그에 기초한 보호로부터의 박탈이라고 할 수 있다.

35   이철승(2019)은 소위 '586세대'를 '네트워크 권력'으로 규정하고, 이들이 '산업화세대'와 공통점과 차이를 다 갖는다고 보았다. 그러나 구체적으로 어떤 공통점과 차이를 갖는지는 설명하지 않았는데, 586의 '네트워크 권력'은 그들이 비판한 '연줄망'의 사적 성격을 완화한 것이라고 할 것이다. 즉 연줄보다는 능력이나 학력, 정치이념 등에 의해서 형성된 관계망을 말한다. 그러나 여기서도 개인주의가 관계 형성의 중심 규범으로 작동하지는 않는다.

라미의 크기 역시 〈그림 2〉에 비해 크다. 개인과 제도와의 상호관계는 대체로 자율적이고 쌍방적인 것으로 설명되므로, 모두 실선으로 표시했다. 마찬가지로 모든 상호작용이 사회 속에서 이루어지므로, 네모는 사회를 의미한다. 서구 사회에 대한 최근의 연결망 이론에서는 개인을 관계로부터 독립한 베버식의 '합리적 행위자'로 보지 않는다. 그보다는 오히려 연결망 관계 속에서 상호작용을 주고받는 짐멜식 '상호작용 행위자'로 본다. 즉 2차 집단 내에서도 이익관계뿐만이 아니라 연결망이 작동한다고 보는 것이다. 그러나 이 경우에도 관계 형성의 기초가 되는 규범은 근대 개인주의이다.

그림3   서구 개인주의

위에서 〈그림 2〉와 〈그림 3〉의 차이는, 개인과 제도와의 상호관계가 조율되는 방식의 차이를 보여 준다. 한국사회에서 개인은 제도나 관행에 집합적으로 종속되며, 개인의 자율성이 제한되어 있다. 이것은 여전히 가족이 〈그림 1〉의 '본가'(제사 의무)와, 기업이 〈그림1〉의 '업가'와 유사하게 가족주의적으로 이해되고, 국가정책 역시 그러한 가족주의 이념에서 탈피하지 못하기 때문이다(장경섭, 2018과 비교). 이에 비해 서구에서는 개인주의 규범이 전근대적 집단주의를 대체한 것으로 설명되며, 사회의 구조적 영향력에도 불구하고 개인들이 자율적인 의사결정을 하는 것으로 인식된다.

한국의 유교 가족주의에서 '가족문화'를 지배하는 가족주의의 가치는 유교적 '효' 사상에 의해 정당화되므로 여기에는 중국의 영향이 크다.[36] 반면 '기업문화'를 지배하는 가족주의는 전통적인 중국의 문화적 영향뿐만 아니라 일본 '기업가족주의'의 영향을 배제할 수 없다. 일본이나 한국의 경우 '회사는 가족'이라는 구호 아래 기업복지를 중심으로 온정주의적 복지 제공이 시작되었으며, 그러한 '시혜'에 대한 대가로 기업에 대한 인신적 종속 및 장시간 노동이 당연시되어 왔다.[37]

한국 여성의 개인화

이처럼 서구적 공/사 분리를 관통하는 유교 가족주의가 여전히 지배 규범으로 정당화됨으로써, 한국 여성의 경제적·정치적 지위 상승 노력은 제도와 매우 강하게 충돌하고, 또 제도로부터 매우 강한 저항을 부를 수밖에 없다. 예컨대 경력형성의 길을 선택할 경우 여성들은 '가족문화'와만 충돌하지 않는다. 오히려 그들은 기업가족주의에 의해 정당화된 장시간 노동체제로 인해서, 생활 자체를 포기해야만 한다.[38] 따라서 노동

---

36   물론 일제강점기를 경험한 사회에서는 가족법이 근대적으로 체계화하는 데에 일본 식민주의 정책의 영향이 크게 작용했다(양현아, 2011; 이정선, 2011; 최우영·마수다 카즈미, 2013).
37   일본 특유의 기업문화에 대해서는 시마다 히로미(2011) 참조.
38   한국에서 이처럼 '생활을 포기'하도록 하는 장시간 노동체제의 효과는 젊은 남녀들의 경우에도 나타나서, 우명숙(2014)에 의하면 현재 한국에서는 여성보다 남성들이 오히려 출산을 포기하려는 경향이 크다고 한다. 우명숙은 이것이 장시간 노동이 구조화된 사회에서 남성들의 일 중심주의가 초래한 결과라고 해석했다.

시장 경력을 중시하는 여성들은 동거나 대안적 형태의 가족'생활'이 아니라, '생활' 자체를 최소화할 수 있는 독신이나 비혼을 선택할 가능성이 크다. 이와 같은 경향은 여성, 특히 고학력 여성의 독신 기간이 늘어나고 비혼 역시 증가하나, 그러면서도 동거나 비혼 출산이 억제되는 일본과 한국 특유의 가족변화 양상으로 귀결된다.[39]

이렇듯 장시간 노동체제 속에서 여성에게 경력형성은 곧 생활의 포기를 의미하므로, 교육수준이 향상되면 사회적 지위 역시 향상된다는 근대화의 시나리오는 한국 여성에게 들어맞지 않는다. 그리하여 한국 여성의 지위를 가늠할 때, 어떤 국제지표를 사용하는가에 따라 놀랍도록 다른 결과를 마주하게 된다. '여성발전'을 중심으로 국제적 순위를 매기는 유엔 여성개발지수[GDI]에서 한국은 상위권이다. 이것은 한국 여성이 보건이나 교육 측면에서 상당한 '발전'을 경험했음을 보여 준다.

반면 '권한'을 중심으로 측정하는 여성권한척도[GEM]에서 한국은 하위권이어서, 특히 여성의 경제적·정치적 권한이 뒤처져 있음을 드러냈다. 또 남녀 간 지위 격차 자체를 측정하는 세계 성 격차지수[GGGI]에서 한국은 일본과 함께 계속 최하위권을 점하고 있다. 즉 '발전'과 '평등'이 꼭 양립하지는 않는 것이다. 이렇게 보면, 오늘날 산업화한 한국사회에서 가장 가부장적인 유교적 가족주의는 가족규범의 문제가 아니라 오히려 기

---

39   서구와 달리 일본과 한국의 저출산에서 나타나는 특성에 대해서는 린드푸스 (Rindfuss, 2004), 린드푸스 외(Rindfuss, Bumpass, Choe, and Tsuya, 2004), 레이모 외(Raymo, Iwasawa, and Bumpass, 2004) 참조. 현재의 코로나19 상황에서 서구의 경우에는 가정폭력이 증가하는 데 비해 한국에서는 아동학대가 증가하는 현상이 두드러지는데, 이 역시 자녀양육의 '생활'이 경제활동과 양립하기 힘든 현실과 유관한 것으로 보인다. 특히 방임 형태의 아동학대는 한부모 가족과 같은 여성가장 빈곤가구에서 많이 나타나며, 이는 여성의 경력형성뿐만 아니라 생존을 위한 경제활동 자체가 자녀양육과 양립하기 어려움을 말해 준다.

업문화의 문제임을 알 수 있다.

이렇게 기업문화나 노동시장 구조와 같은 산업사회 핵심 영역의 가족주의 가치가 근본적으로 변화하지 않는 상태에서, 가족주의에 대한 저항은 개인이 독자적으로 시도할 수 있는 '가족' 영역에서만 미시적으로 나타난다. 그리하여 가족부담을 최소화하는 방향으로, 서구의 제2 개인화와 같은 가족변화의 양상 —비혼, 출산포기, 저출산— 이 한층 더 심각하게 나타나는 것이다. 그러나 서구에서와 달리 한국에서 그와 같은 미시적 개인화 전략들은 노동시장의 '제도화된 유교 가족주의'에 의해 더욱 불안정한 성격을 갖는다. 게다가 국가의 복지정책 역시 '유교 가족주의' 가치에 의해 정당화됨으로써, 개인화 전략이 빈곤화로 연결될 가능성이 매우 크다.

가족생활을 포기하고 경력형성에 몰입하는 고학력 여성은 유리천장을 경험하기 쉽고, 홀로 생존을 책임져야 하는 여성가장의 경우에는 일도 가족생활도 모두 불가능해지는 무능력 상태에서 사회적 고립에 빠지기 쉽다. 여기에 신자유주의 경쟁이 강화되어 그것이 '정상'으로 인지되면, 개인화 전략은 생애위험을 키울 수 있다. 이런 위험에 대응하기 위해서, 여성들은 정치적 주체임을 선언하고 사회변화를 요구하던가 아니면 개인화를 포기하게 될 것이다. 현재 한국에서의 경향을 보면, 특히 청년 여성들은 개인화를 포기하기보다 정치적 주체가 되는 길을 선택하는 것으로 나타난다.

청년여성들의 높은 학력, 상대적으로 권위주의가 약화된 학교교육, 능력주의를 강조하는 사회 분위기 때문에 여성들은 일차적으로 자신의 능력에 의해서 그리고 페미니즘적인 수평적 연대에 기초하여, 주체가 되는 길을 모색하는 것으로 보인다. 그리하여 자유 주체가 되기 위해 가장 기본적 요건인 신변안전의 문제 —성적 위협으로부터의 안전— 를 최우선적 의제로 국가에 요구한다. 이것은 근대화 과정에서 국가에 부여된 최초의 역할이 '치안'이었음을 상기해 준다. 인신의 자유 중 가장 기본적인 자유는 폭력으로부터의 자유이기 때문이다. 그런 이유에서 근대국가는 베버가 말한 바와 같이 법치에 기초한 '폭력 독점 기구'가 되었다. 현재 청년여성들이 국가에 요구하는 내용 역시 법치에 합당한 국가의 폭력 독점이라고 할 수 있다.

한국 여성에게 나타나는 개인화 양상

벡은 전후 서구 사회에서 진행된 제2 개인화를 핵가족 및 계급연대의 약화 및 그에 따른 개인별 다양성 증가로 설명했는데, 한국에서 가족과 관련된 개인화는 특히 청년여성에게서 두드러진다. 청년남성에게도 역시 혼인 지체, 비혼, 무자녀 성향 등이 증가하나, 그런 행태 변화가 여성의 경우와 같이 근대적 성역할 규범에 대한 저항과 결합하지는 않는다. 즉 청년여성에게 근대 가족공동체로부터의 개인화는 제도화된 '정상성'으로부터의 탈피라는 규범변동을 수반하나, 청년남성의 경우는 단순한 행태 차원의 변화에만 제한되는 경향이 있다. 이처럼 규범변동이 수반되지 않는 행태 변화는, 변화에 대한 내적 욕구보다는 오히려 원하지 않는 변화를 강요받는 '상실감'이나 '패배의식'으로 연결되기 쉽다. 즉 개인화가 '외부로부터의 압력'이자 '기회와 자원의 상실'을 표현하는 것으로 인지될 수 있다.

따라서 서구에서와 마찬가지로 또는 서구보다 한층 더 분명하게, 한국에서 '가족공동체로부터의 개인화' 및 대안적 친밀관계의 추구는 남성보다 여성에 의해 주도될 것이다.[40] 그러나 한국의 청년여성들은 한국 특유의 남성 중심 집단주의적 제반 관계로부터도 벗어나려는 경향이 크다. 따라서 서구의 개인화가 범주적 확대 —남성 범주에서 여성 범주로도 확대— 의 성격이 강하다면, 한국 여성들이 주도하는 개인화는 질적 변화 —집단중심에서 개인중심으로 관계 형성의 변화— 도 역시 수반하는 '압축적' 양상을 보일 것이다. 여기서 '압축적'이란, 서구의 제1, 제2 개인화 양상의 압축을 의미한다. 그러나 앞서 이론 부분에서 강조했듯이, 질적으로도 고유성을 보일 것이다.[41]

　　한편 '계급공동체로부터의 개인화' 측면에서는 서구와 한국이 명확히 다르다. 한국사회에서는 계급이익에 기초한 집단적 대립 자체가 매우 미약했기 때문이다. 80년대 후반 한국에서는 중공업 노동자 가족을 중심으로 포드주의 시대 남성 중심 노동계급 문화가 형성되는 듯했다. 그러나 90년대 말부터 신자유주의화 속도가 빨라지면서 계급의식 자체가 성립하지 못했다. 따라서 계급 관련 개인화는 한국에서 거의 사회적 저항에 걸리지 않으며 빠른 속도로 진행되었고, 서구 노동계급의 중산층화에 기초한 '생활문화의 다양화' 현상(기든스, 2001)보다 지위 불안정화와 취약성 강화라는 불평등 측면으로 쏠려서 진행되었다.

　　말하자면 한국에서는 노조나 노동자 정당 등의 계급연대체가 미약하거나 부재한 상태에서 오히려 IMF 이후에 노동시장 분절이 강화하

40　　일본의 히키코모리나 고독사 현상처럼, 가족공동체뿐만 아니라 어떤 지속적 사회 관계로부터도 고립되는 경우 역시 있을 수 있다. 예컨대 현재 청년의 고독사 문제 역시 등장한다. 그러나 한국에서는 사회적 고립이 '사회적 관계 맺기 패턴의 변화'인 개인화보다 오히려 빈곤과 관련된 것으로 보인다.

41　　그뿐만 아니라 한국의 청년여성문화는 서구 자유주의 및 개인주의에 대해 비판적인 페미니즘과 크게 관련되므로, 그들의 개인화가 서구적 개인주의화로 귀결되리라고 보는 것은 적절치 않을 것이다.

고, 상층 노동자층에서만 중산층화가 제한적으로 나타났다. 이후 노동자 계급 내부의 이권싸움은 계속 두드러졌다. 이처럼 남성 노동자들 역시 계급조직에 의해 보호받지 못함으로써, 남성의 경우 이 문제에서도 개인화가 '패배'로 인식될 가능성이 증가했다. 반면에 여성의 경우에는 애초부터 노조 등 계급조직에서 주변화한 상태였으므로, 개인화가 오히려 생존을 위한 새로운 도전 또는 '성취명령'으로 인지될 가능성이 크다. 따라서 계급으로부터의 개인화 역시 여성에게 한층 더 자연스럽게 받아들여질 가능성이 크다.

한국에서는 이렇게 개인화와 관련해서 여성이 남성보다 더 능동적이고, 그 속에서 주체화하려는 경향 역시 강하게 나타날 것으로 기대할 수 있다. 특히 여성이 주체화하려면 유사신분제적인 성역할 규범으로부터의 해방이 우선적이므로, 또 기업이나 국가정책보다 사적 관계에서 그런 변화가 더 실현 가능하므로, 여성의 경우에는 기존 제도 가족으로부터의 개인화가 중요한 문제로 등장한다. 아래에서는 그러한 개인화의 의제들에 대해 살펴본다.

(1) 결혼의 당위성

한국의 혼인건수는 2007년 이후 지속적인 감소세를 보이는데, 흥미롭게도 '결혼이 필요하다'는 의견에서는 변화가 그처럼 단선적이지 않았다. 2003년에는 15~64세 기혼남녀의 54.4%만 결혼이 필요하다고 답변했지만, 이후 이 수치가 오히려 증가했기 때문이다. 그리하여 2012년에는 기혼남녀의 63.3%가 결혼이 필요하다고 했다. '결혼은 개인보다 가족 간의 관계가 우선'이라는 전통적 견해 역시 2012년 기혼여성이 78.2%, 기혼남성이 80.6%로 매우 높았다(김승권 외, 2012: 101-122). 미혼인구의 결혼 의향에서도 2013년 남성의 90.6%, 여성의 85.8%가 결혼할 의향이 있다고 말했다(조성호·변수정, 2014: 4). 즉 남녀를 불문하고 결혼을 당연시하는 문화가 당시까지 여전히 지배적이고 결혼에 대해 가족주의적 가치관이 유지되고 있었음을 알 수 있다.

그러나 2015년 이후에는 사정이 다시 달라졌다. '결혼이 필요하다'는 기혼여성의 비율은 2015년에 50% 미만(이삼식 외, 2015: 67), 2018년에는 39.4%(이소영 외, 2018: 70)에 불과했다. 20~44세 미혼의 경우 2015년 남성은 60.8%, 여성의 경우 39.7%가 결혼이 필요하다고 했는데(이삼식 외, 2015: 331), 2018년에는 각각 50.5%, 28.8%로 계속 줄었다(이소영 외, 2018: 313). 미혼남성의 결혼 의향 역시 2015년에는 74.5%, 2018년에는 58.8%로 감소했고, 미혼여성의 경우 각각 64.7%, 45.3%였다(이소영 외, 2018: 321). 또 2017 청소년 통계에 따르면 당시 13~24세 청소년의 51.4%는 '결혼이 단지 선택사항일 뿐'이라고 보았다(통계청·여성가족부, 2017). 말하자면 2010년대 중반부터, 혼인건수 감소라는 행태 변화뿐만 아니라 결혼의 정상성 규범 역시 약화했음을 알 수 있다.[42]

비혼 출산에 대해서는 2013년 기혼여성의 82.7%, 기혼남성의 81.0%가 반대했고, '결혼 전 동거'에 대해서는 각각 36.0%, 33.2%가 찬성했다. 그러나 여성의 경우 30세 미만에서는 동거에 대한 반대보다 찬성이 더 많았다(김승권 외, 2012). 2015년에는 기혼여성의 43.9%가 혼전동거에 대해 찬성했고, 2018년에는 57.5%로 계속 증가했다. 2018년, 특히 25세

---

42   2010년대 이후 젊은 여성에게는 결혼뿐만 아니라 연애에 대해서도 회의적 관점이 증가하여, '비연애' 담론이 등장하게 된다(임국희, 2020).

미만 기혼여성은 83.0%가 찬성했다(이소영 외, 2018: 75-76).[43] 반면 '혼인과 무관한 동거'에 대해서는 2015년 기혼여성의 27.1%, 2018년에는 36.8%만이 찬성하여, 훨씬 부정적이었다(이소영 외, 2018: 78).

'혼외 성관계'에 대해서는 2013년 기혼여성의 38.2%, 기혼남성의 40.8%가 찬성했다. 40대 미만의 연령층에서는 남녀를 막론하고 찬성이 반대보다 많았고, 특히 남성이 여성보다 더 찬성하는 경향을 보였다. 즉 젊을수록 대체로 '혼전 성관계' 및 '결혼 전제 동거'를 수용하는 방향으로 문화가 변화하고 있었다(김승권 외, 2012: 123-138). 그러면서도 동거가 결혼으로 연결되어야 한다는 의식 역시 두드러졌다. 또 '결혼하지 않아도 자녀를 가질 수 있다'에 대해서는 2018년에도 부정적 의견이 78.9%였다(이소영 외, 2018: 80). 결국, 개인 욕구의 수준에서는 가족의 정상성이 쇠퇴하고 있으나, 그것의 사회적·제도적 압력은 여전히 크다는 사실을 알 수 있다.

2013년 아직 결혼이 당연시되면서도 만혼과 비혼이 확대되는 현상에 대해, 미혼남녀 모두 '결혼자금'을 가장 중요한 이유라고 꼽았다. 그러나 이렇게 대답한 남성이 절반에 가까운(49.5%) 데 비해서 여성은 1/3 정도(32.9%)로, 남녀 간 격차가 상당히 컸다. 이는 여성이 '학업'이나 '직업'을 남성의 2배 정도로 언급했기 때문이다(조성호·변수정, 2014: 6). 2015년도 조사에서는 특히 30~44세 미혼남녀에서, 결혼하지 않은 이유가 성별로 매우 달랐다. 해당 남성의 41.4%가 소득 등 경제적 이유를 든 반면, 여성은 32.5%가 '본인 기대치에 맞는 사람을 만나지 못해서'라고 대답하는 등 대다수가 오히려 비경제적 이유를 들었다(이삼식 외, 2015).

---

43   여기서는 학력이 낮을수록 긍정 비율이 높아서, 규범 문제만이 아니라 현실적 여건들이 함께 작용한 것으로 보인다.

실제로 조혼인율(인구 1,000명당 혼인건수)은 1980년 최고치를 기록한 이래 계속 감소했고, 특히 90년대 후반에 급격히 감소했다. 그리하여 2015년 성별·연령별 혼인율이 가장 높았던 남성 30~34세의 경우 조혼인율이 62.4, 여성 25~29세의 경우는 72.9였다. 그런데 2015년 혼인율이 가장 높았던 이 연령대의 여성은, 1990~2010년의 20년 동안 여성 중 가장 급격한 유배우 비율 감소를 기록한 범주이다. 1990년에는 유배우 비율이 80%에 근접했으나 2010년에는 40% 이하였다. 20~24세와 30~34세 여성의 유배우 비율 역시 급격하게 감소했으나, 35세 이후 여성의 유배우 비율은 단지 완만하게만 감소해서(이철희, 2011: 124), 비혼보다는 만혼이 더 빠른 속도로 증가했음을 알 수 있다.

(2) 불만족스러운 결혼생활에서 퇴장할 자유 또는 권리

자유주의 페미니스트 정치철학자 오킨(Okin, 1989)은 양성 간 지위의 공정성을 확보하기 위해서는 여성에게 불만족스러운 결혼생활을 그만둘 자유가 실질적으로 보장되어야 한다고 주장했다. 이것은 여성에게 단순히 이혼 제기의 권한을 허용하는 형식적 기회균등의 의미가 아니라, 롤즈(2003)가 말한 '결과로서의 평등'이 이혼에도 적용되어야 함을 주장한 것이다. 이혼의 실질적 기회균등이란 1) 여성이 주체적으로 이혼을 제기할 수 있을 뿐만 아니라,[44] 2) 이혼이 여성의 사회적 취약성을 증폭하는 계기가 되어서는 안 됨을 말한다. 일반적으로 이혼 증가가 '빈곤의 여성화'로 연결되기 때문에, 그러한 결과적 불평등으로 인해 여성에게 사실상 이혼의 자유가 제한되어서는 안 된다는 것이다.

---

44   예컨대 한국에서 1990년대 이후 이혼율의 증가는 여성에 의해 주도되었다.

이와 같은 '빈곤의 여성화'뿐만 아니라, 한편으로는 고학력 여성의 '결혼 후 노동시장 퇴출 및 재진입 곤란'이라는 노동시장 특성, 다른 한편으로는 결혼 후 '내조'의 재산형성 기여분을 인정한 1989년 개정 가족법의 영향으로, 한국에서는 이혼의 양상이 매우 독특하게 전개되었다. 한 연구에서는(Park and Raymo, 2013), 한국의 독특한 이혼 패턴이 일본과 매우 유사하다고 설명했다. 단선적 근대화 모델에 기초한 이 연구에 의하면, 여성의 학력과 이혼 성향은 높은 상관성을 보인다. 즉 이혼의 법적·사회적·경제적 비용이 크면 고학력 여성이 이혼을 주도하지만, 이혼의 비용이 적어지면 저학력 여성이 이혼을 주도한다는 것이다. 이것은 서구의 근대화 모델에 기초한 설명이다.

그런데 일본과 한국에서는 노동시장의 성별 불평등, 전통적 성역할 분업, 상대적으로 강한 전통적 가족규범 등에 의해 이혼 비용이 매우 크다. 그럼에도 이혼이 저학력 여성 위주의 현상인 것이다. 한편 서구에서 이혼 비용이 클 때 고학력 여성과 이혼의 상관관계가 큰 이유는, 고학력 여성이 그 비용을 감수할 만한 유리한 위치에 있기 때문이다. 즉 고학력 여성의 대체자원동원 능력에 의해 이혼이 발생한다. 그러나 이혼이 확산하여 그 사회적 비용이 감소하면, 자원동원 능력이 약한 저학력 여성들에게서 이혼이 더 빈번해지는 것이다.

그런데 이런 설명을 일본이나 한국에 적용하면, 일본이나 한국의 고학력 여성은 이혼 비용을 상쇄할 자원동원 능력이 부족하다고 추론할 수 있다. 말하자면 '여성 고학력'이 제공하는 이점이 이혼 감수의 비용보다 작은 것이다. 예컨대 이혼 후 빈곤을 비껴갈 수 있는 노동시장 지위 또는 사회적 원조가 특별히 고학력 여성에게 유리해야 고학력 여성이 이혼율 증가를 주도할 수 있을 것이다. 그러나 일본과 한국은 그렇지 못하다고 할 것이다.

특히 한국에서는 여성의 고학력이 노동시장에서의 지위향상으로 연결되지 못한다. 흔히 인용되는 'L자 곡선'은 고학력 여성이 결혼이나 출산과 함께 노동시장에서 퇴장하며, 이후 재취업이 매우 어려움을 말해 준다. 즉 고학력 여성의 경우 오히려 이혼 후 계층 하락의 폭이 더 클 수 있다. 이처럼 한국에서는 여성의 학력 자본이 노동시장에서 제대로 보상되지 않는다.[45] 그뿐만 아니라 비혼이나 동거관계에서의 양육이 '비정상'으로 인식되기 때문에, 자녀를 양육할 경우 심리적, 사회적 타자화의 문제까지 수반된다. 또 아내의 내조가 경제적 기여로 인정되기 때문에, 계층 내 혼인으로 고소득 남성과 결혼했을 확률이 높은 고학력 여성의 주부 역할은 경제적으로 더 많이 보상받는다. 이런 구조적 영향으로 한국(과 일본)에서는 '황혼이혼'이라는 독특한 현상이 출현했다.

한국(과 일본) 고학력 여성의 취약한 경제적 지위 및 제도 가족 구속력은 1) 대안가족 형태에 대한 신뢰를 억제하며, 2) 이혼에 긍정적인 '태도'와 이혼의 실제 '행태' 간 괴리를 초래한다. 일반적으로 고학력 여성들이 이혼에 대해 한층 긍정적인 태도를 보이지만, 실제 이혼율 증가는 저학력 여성이 주도한다는 것이다. 이것은 학력에 따른 가구소득의 격차를 벌릴 뿐만 아니라, 고학력 여성의 결혼 만족도를 낮추고 그들을 '의존적 존재'로 낙인찍는 효과를 초래할 수 있다.[46]

45　현재 20대 남성들은 여성이 노동시장에서 우대받는다고 주장하는 경우가 많으나, 실제로는 그렇지 않다(김창환·오병돈, 2019 참조).

46　실제 한국에서 여성혐오의 어법은 '된장녀' 담론처럼, 소득이 있는 여성을 기생적 존재로 폄훼한다. 그러나 서구에 비해 성별 임금격차가 월등히 큰 한국사회에서, 여성의 소득은 생존을 목적으로 하는 것이 일반적이다.

실제로 고학력 전문직 이혼여성에 대한 한 심층면접 연구(박형숙 외, 2016)에 의하면, 직업이 의사, 학원장, 공무원, 초등교사 등인 이혼여성 중 절반이 월수입 400만 원 이하였다. 이들은 친정의 도움을 받으며 자녀를 키우고 있었는데 그렇게 도움을 받아야 하는 처지라 새로운 삶을 시도하지 못하고 사회적 낙인을 의식하며 살았다. 반면에 대부분 대졸 학력이지만 이혼 후 대체로 안정적인 직장을 갖지 못한 여성들을 조사한 다른 연구(김순남, 2009)에서는, 경제적 곤란 속에서도 오히려 '자유로움'을 만끽하며 '가족'에 대한 대안적 시도를 하는 사례들을 찾을 수 있다. 이러한 두 연구를 통해, 고학력 여성 역시 이혼 후 비용이 만만치 않음을 알 수 있다.

앞서 잠깐 언급했듯이, 이혼에 대한 태도와 행태 간에도 괴리가 있다. 2011년 여성가족패널조사 자료를 이용한 한 연구(오지혜, 2015)에 의하면, 이혼에 대한 기혼여성의 태도에는 연령, 가구소득, 남편의 학력 등 객관적 요인뿐만 아니라 여성의 개인주의 가치관 역시 크게 영향을 미친다. 그런데 개인주의 가치관은 학력과 밀접하게 관련되므로, 대체로 고학력·고소득 여성들이 이혼에 대해 더 긍정적이라고 할 것이다. 실제로 한국보건사회연구원의 2012년 실태조사에서, 기혼여성의 '이혼 필요성'에 대한 긍정적 의견은 대졸 이상 학력에서 더 높았다.[47]

그러나 한국에서 이혼에 실제로 영향을 주는 요인들을 보면, 대졸 이상 학력은 오히려 부정적 영향을 주는 반면 여성의 경제적 독립성은 긍정적으로 작용한다(Lee, 2006; Lee and Bumpass, 2008; Park and Raymo, 2013). 또 2012년 실제로 이혼율이 가장 높았던 여성의 연령대는 앞의 '태도'에서와 달리 30대가 아니라 40대로서, 30대 이혼율은 이미 그 이전부터 큰 폭으로 감

---

47   반면 기혼남성의 경우에는 대졸자보다 고졸자들이 이혼에 대해 더 허용적이었다.

소하고 있었다. 반면에 40대 이혼율은 오히려 증가해서, 2015년 이혼율이 가장 높은 여성의 연령층은 40~44세였다(통계청, 2016a: 23).[48]

이상의 사실들을 볼 때, 한국 고학력 여성의 경우 이혼에 대한 태도는 매우 허용적인 데 비해서, 실제로 이혼을 감행하는 경향은 약하다고 할 것이다. 이것은 이혼 시 고학력 여성들의 자원동원 능력이 제한되어 있어서, 이혼 비용이 저학력 여성보다 상대적으로 더 클 수 있기 때문일 것이다. 다른 연구에 의하면 한국에서는 서구와 다르게, 여성이 이혼 또는 사별의 상처에서 심리적으로 회복하는 속도가 남성보다 빨랐다. 이는 여성의 결혼 만족도가 남성보다 낮음을 말해 준다(Rudolf and Kang, 2015). 이런 상황에서 고학력 여성이 이혼에 대한 태도와 행태 사이에 괴리를 보인다면, 그것은 다음의 두 가지 중 하나에 해당할 것이다. 1) 고학력 여성의 결혼 만족도가 평균 이상으로 높아서 자신 말고 남들의 결혼이 불행하면 이혼할 수 있다는 의견이거나, 2) 이혼 비용이 결혼생활의 불만족을 상쇄할 만큼 큰 경우이다. 만일 후자라면, 제도 결혼을 거부하지는 못하면서 동시에 냉소하는 아노미적 상황으로 이어질 가능성이 크다.

(3) 본인을 위한 삶이냐 내조, 부모 부양, 출산·양육·교육의 의무냐

여성이 가족들에게 어떤 방식으로 자신의 존재를 인정받는가는 여성의 가족 내 지위에서 매우 핵심적이다. 산업사회의 핵가족 제도가 불

---

[48]   물론 이것은 특히 1997년 외환위기 이후 이혼의 원인이 '여성들의 의식변화'에서 '경제문제'로 옮아간 현상과 관련될 것이다(이주홍, 2003). 외환위기는 가족생활 유지비용을 상승시키는 효과를 초래했다. 이것은 이혼율 증가의 양상에도 변화를 가져와서, 경제위기 이전까지 1990년대의 이혼율 증가는 1970~1980년대보다 가파르나 대체로 1997~2003년에 비해서는 완만했다(Park and Raymo, 2013: 112).

평등한 성역할 규범에 기초하기 때문에, 서구에서는 서비스 산업의 팽창과 함께 기혼여성의 노동시장 기회가 증가했고 제도 가족에 대한 회피 역시 증가했다. '가족을 위한 존재'라는 전통적 여성의 역할보다 '자신을 위한 삶'을 선택하는 경향이 커졌기 때문이다(벡-게른스하임, 2000). 여성개발지수GDI 순위가 보여 주듯이, 한국에서는 특히 산업화 이후 여성의 교육수준이 획기적으로 향상되었다. 그 결과 여성의 주관적 '개인화' 욕구가 증대되었을 것으로 예상할 수 있다.

서구와 달리 한국에서는, '가족을 위한 존재'라는 전통적 여성의 역할이 남편 내조와 미성년 자녀양육이라는 역할에 제한되지 않는다. 유교문화권에서는 '효' 개념에 기초한 부모 부양이 주부의 의무로 인식되고, 주부는 자녀를 정서적·생물학적으로 돌볼 뿐 아니라 지적으로도 훌륭하게 교육하여 가문을 빛내야 한다. 그뿐만 아니라 현대 한국 가족법이 개정되어 혈연 개념이 부계를 벗어나 여계로까지 확대되면서, 주부의 '효'는 전통적인 시부모만을 대상으로 하는 것이 아니라 친정부모에게로 확대되고 있다.

먼저 남편 내조는 대체로 가사노동 분담 관련 연구를 통해 그 변화의 정도를 확인할 수 있다. 일반적으로 가사노동은 자녀양육이나 노인 돌봄보다 '탈가족화'가 더 어려운 부분이다. 자녀양육이나 노인 돌봄은 복지제도를 통해 국가부문으로 이전될 수 있으나, 가사노동은 사회서비스보다는 대체로 시장에 의존하는 방식으로 경감된다. 말하자면 가사 도우미나 외식업체에 의존하는 식이다. 맞벌이가 증가하고 구조조정에 의한 실업이 증가하면서 한국에서는 외식업체가 팽창했다.[49] 그러나 외식업체가 팽창하고 보육시설 역시 획기적으로 증가했음에도 불구하고, 한국에서 가사노동 규모는 스트레스에서 해방되거나 결혼 만족도를 높일

만큼 줄지 않았다(Oshio, Nozaki, and Kobayashi, 2013; 정혜영·서운석, 2015).

1990년대 이후 패널자료에 기초하여 한국·일본·대만의 가사노동 분담을 비교한 연구(Kim, 2013)에 의하면, 이들 3국 중 여성의 가사노동 시간이 가장 긴 나라는 산업사회 핵가족의 전통이 여전히 공고한 일본이다. 일본 전업주부의 주당 가사노동 시간은 67시간이었고, 취업주부는 그 절반 정도인 31시간이었다. 한국은 전업주부 41.4시간, 취업주부 21.2시간으로, 보육시설 확대의 현실이 반영되었음을 보여 준다. 보육시설보다 노부모의 손주 돌봄에 더욱 의존하는 대만에서는 여성의 가사노동 시간이 일본이나 한국보다 획기적으로 짧아 전업주부 25.2시간, 취업주부 15.6시간에 불과하다. 아마도 저임의 외국인 가사 도우미 사용과 외식이 일상화되어 있기 때문일 것이다(Ochiai, 2014).

남성은 3국 모두에서 여성과 비교가 되지 않을 만큼 짧은 가사노동 시간을 보였고, 특히 남성의 가사노동 시간은 아내의 취업여부와 무관했다. 한·중·일 3국의 가사노동 시간을 비교한 또 다른 연구(정혜영·서운석, 2015)에서는 한국 남성의 가사노동 시간이 주당 7.77시간, 일본 남성은 4.42시간, 중국 남성은 2.39시간으로 한국 남성의 가사노동 시간이 상대적으로 길었다. 이 연구에서도 여성의 가사노동 시간은 일본이 가장 길어서, 일본 24.28시간, 한국 21.65시간, 중국 2.92시간이었다. 한국 남성의 가사노동 시간은 일본·중국 남성의 2배 가까이 된다고 해도, 한국 여성과

---

49   그러나 2019년 맞벌이 가구 비율은 46%로, 맞벌이가 아직 지배적 현상은 아니다 (e-나라지표, 검색일: 2021.1.22). 또 가구주의 직업이 관리자·전문가 또는 숙련 육체노동자일 경우 맞벌이의 비율이 상대적으로 낮다. 동시에 맞벌이 비율이 가장 낮은 관리직 가구주 가구에서도 그 비율이 40%를 넘어서, 맞벌이가 예외적이라고도 할 수 없다(통계청, 2016b). 즉 맞벌이는 가장의 직업지위가 불안정한 경우에 더 선호되는 경향이 있다고 할 것이다.

비교하면 1/3 정도이다. 그러나 일본과 비교하면 한국의 가사노동 분담 정도가 오히려 평등에 가깝다고 할 것이다.

가사노동 시간과 달리 '의식' 차원에서는 상당한 변화가 보인다. 이미 2012년의 조사결과에서, '남편은 돈을 벌고 아내는 가족을 돌본다'는 규범에 반대보다 찬성이 많은 경우는 기혼남성뿐이었다. 기혼여성과 미혼남녀 모두에서 찬성보다 반대가 많았다. 또 '남성들은 가사를 더 많이 분담해야 한다'는 당위성에서도 마찬가지로 기혼남성만 찬성보다 반대가 컸다(김승권, 2014). 따라서 전반적으로 당위성 차원에서는 성역할 변화가 필요하다고 인식하면서도, 그것을 실현하는 데에 장애가 있다고 볼 수 있다. 한국 기혼남녀 모두가 가족생활 불만족이 높은 것을 보면,[50] 이와 같은 '의식 따로, 행동 따로'의 문제는 서구처럼 단순히 남성의 립서비스 차원(벡·벡-게른스하임, 1999)이 아니라, 오히려 좀 더 구조적인 문제일 수 있다.

한편 한국·중국·일본·대만의 부모 부양을 비교한 연구(조지현·오세근·양철호, 2012)를 보면, 일본은 다른 아시아 나라보다 좀 더 서구적인 경향을 보였다. 여기서 '서구적'이라 함은 고령화 정도가 높고 부모에 대한 정서적 부양 행위가 약하다는 것이다. 반면 한국·중국·대만은 고령화가 한창 진행 중이며, 부모에 대한 정서적 부양 행위가 강했다. 그러나 이 연구에서 고령화의 정도를 무시하고 부모에 대한 정서적 부양 행위만을 보면, 일본·대만은 독일·오스트리아 등과 마찬가지로 약한 정서적 부양 행위를, 한국·중국은 스위스·프랑스·핀란드·노르웨이·덴마크·캐나다·미국

---

50   신승배·이정환(2015)에 의하면, 한·중·일 3국 중 한국에서 가족생활 만족도와 행복감이 가장 낮았다.

등과 같이 중간 정도의 정서적 부양 행위를 보이는 것으로 나타났다. 특히 중국은 미국에 가까워서, 영국·핀란드 수준의 한국보다 더 정서적 부양 행위가 큰 것으로 나타났다.[51]

4개국 중 부모 부양의식이 가장 전통적인 순서는 '한국 > 대만 > 중국 > 일본'이었다.[52] 그러나 부모에 대한 실제 부양 행위는 대만이 가장 많았고, 다음으로 '한국 > 중국 > 일본'의 순서였다. 이렇게 한국과 대만은 엎치락뒤치락하면서도, 본인의 부모냐 배우자의 부모냐에 따라서 대조를 보였다. 대만은 본인 부모에 대한 정서적·경제적 서비스 부양과 배우자 부모에 대한 정서적 부양 행위 둘 다 최고값을 보인 데 반해서, 한국은 배우자 부모에 대한 경제적 서비스 부양 행위에서 최고값을 보였다.

그러나 위의 연구는 2006년의 자료를 대상으로 한 것이고, 2015년 출판된 통계에 따르면, '가족이 부모를 부양해야 한다'는 인식은 2006년 63.4%에서 2014년 31.7%로 반감했다. 반면에 정부·사회가 가족과 함께 노인을 부양해야 한다는 인식은 26.4%에서 47.3%로 급증했고, 정부·사회가 가족을 대신해야 한다는 의견도 2.3%에서 4.4%로 2배가량 증가했다. 부모 스스로 해결해야 한다는 '개인주의적' 태도 역시 7.8%에서 16.6%로 늘어났다. 의식에서뿐만 아니라, 실제로도 '자식들이 봉양한다'는 노인의 비율은 1980년 72.4%에서 2003년 31.1%로 가파르게 감소했고, '스스로 벌어서 생활한다'는 노인은 같은 기간 16.2%에서 30.4%로 증가했다(주재

---

51   여기서 '정서적 부양 행위'란 '부친·모친과의 대면·비대면 부양'을 의미한다. 이 연구에서 사용한 자료는 동아시아사회조사(EASS) 2006년 자료와 국제사회조사프로그램(ISSP) 2001년 자료이다.

52   그러나 흥미롭게도, 김영미(Kim, 2013: 22)에 의하면 부모와 함께 사는 부부의 비중은 한국이 가장 낮아서 대만은 39%, 일본은 33%인 데 반해서, 한국은 8%에 불과했다.

선·송치선·박건표, 2015).

　　이상의 사실을 종합하면, 주로 배우자 부모를 중심으로 했던 여성
의 '효' 의무가 규범적으로나 실제적으로 급격히 축소되면서, 부모 부양을
복지제도나 부모 개인의 문제로 인식하는 경향이 커졌음을 알 수 있다. 즉
전통적 가족주의의 핵인 '효'와 관련하여 가족연대가 붕괴하며 친족 결속
으로부터 개인화가 진행되는 근대적 핵가족화의 과정이라고 볼 수 있다.
서구의 산업사회 발전 속에서 이것은 일면적 보호의 박탈만이 아니라, 노
인 부양이 공적 의제(사회복지)가 되는 전환점이기도 했다.[53] 한편 한국에서
는 이와 같은 핵가족화의 과정이 여성의 성역할 규범 약화와 동시에 진행
됨으로써, 서구와는 구별되는 '압축적' 개인화의 양상으로 나타난다.

　　한편 자녀교육에 대한 여성의 의무는 여성이 전일제로 취업해도
별로 감소하지 않는 경향이 있다(조주은, 2008, 2013).[54] 반면에 가계계승을 위
한 여성의 출산 의무는 상당히 완화되어, 2012년 15~44세 유배우 여성 중
'자녀는 반드시 가져야 한다'는 비율은 46.3%, '반드시 가질 필요는 없다'
는 53.3%였다. 과거 자녀가 꼭 필요하다는 의견이 다수였던 상황이 뒤집
힌 것이다. 또 부계 종법제의 핵심인 남아선호를 보여 주는, '아들이 꼭
있어야 함'에 동의한 유배우 여성은 8.2%에 불과했다. 자녀의 성별에 선
호를 표현한 여성은 22.4%에 불과했고, 여성의 이상적인 '딸' 수는 평균
1.33명으로 이상적인 '아들' 수인 1.14명보다 많았다(김승권 외, 2012: 203-214).

53　　한국에서는 부모 부양의 문제가 '탈가족화'하나, 그것의 방향이 복지 부문으로의 흡
수가 아니라 노인 개인의 일자리에 의존하는 '개인 리스크의 증가'로 감으로써, 노인 인구에
대한 사회적 지원이 약하다. 즉 압축적 개인화가 신자유주의화와 연결되면서, 개인화가 신
자유주의화의 방향으로 강화되고 공적 연대의 제도화는 매우 뒤처진 상태라고 할 것이다.
54　　그러나 유교 가족주의가 약화하면 자녀교육의 목적이 변화할 수밖에 없다. 즉 가
문 지위의 유지에서 핵가족 계층 지위의 유지로 변화할 것이다.

그리하여 2012년에 이미 "'남아선호'는 불식된 것으로"(김승권 외, 2012: 214) 선언되었다.

2015년에는 15~49세 기혼여성 중 '자녀가 꼭 있어야 한다'고 응답한 비율이 60.2%, '있는 것이 없는 것보다 나을 것이다'가 29.0%였다. 이 둘을 합치면 89.2%인데, 이들 중 1.2%만이 '가문(대)를 잇기 위해' 자녀가 필요하다고 답했다(이삼식 외, 2015: 101). '자녀가 꼭 있어야 한다'는 2018년 49.9%로 더욱 감소하고, '있는 것이 없는 것보다 나을 것이다'는 32.8%로 조금 증가했다. 이 둘을 합친 값은 82.7%로 약간 줄었다. '결혼해도 자녀를 가지지 않을 수 있다'에 찬성한 기혼여성은 2015년 46.2%, 2018년에는 61.5%에 이르렀다(이소영 외, 2018: 80-104). 결국 출산의 의미가 유교 가족주의 규범을 벗어났을 뿐만 아니라, 특히 여성의 경우 출산의 정상성 자체가 분명히 약화했다.

(4) '모두를 위한 페미니즘'

과거 서구의 제1 개인화에서 전근대적 공동체로부터 개인들이 풀려나면서, 개인주의 규범이 사회적 관계의 새로운 기초가 되었다. 그러나 개인주의 규범은 폴라니가 예측한 '사회적인 것의 붕괴'가 아니라, '인간 집합성의 재배치'로 연결되었다. 그리하여 개인주의적 보호를 받는 사적 영역과 개인들 간의 공적 협력형태인 공공성 영역이 분리되었다. 제도적으로 사생활은 핵가족, 종교 등 인격적 관계와 동일시되었고, 공공성은 지방정치에서 국가에 이르는 시민적 정치기구의 과제가 되었다. 과거 공동체 귀속감을 보장한 도덕적 통일성은 사생활 영역 안으로 축소되며 도덕적 다원주의가 선포되었고, 공적 가치는 민주주의라는 '정치' 수준의 가치로 제한되며 '공공성' 문제가 등장했다.

그러나 앞서 보았듯이, 사생활 영역에서는 인격적 관계가 여전히 신분제적 지배에서 벗어나지 못했고, 정치영역에서는 이익집단화에 기초한 권력 불균등으로 인해 사적 영역(가족과 경제)과 맞물리는 지점에서 사회계급의 새로운 집단화가 제도화했다. 한편 근대사회가 국민국가로 영토화하면서 공통의 경제와 안보에 기초한 '민족주의' 이념이 발생하고, 국민국가 역시 단순한 정치적 공공성의 단위가 아닌 문화적·역사적 공동체로 재인식된다. 이렇게 제1 개인화는 미시, 거시, 중간 차원에서 새로운 공동체적 결집을 초래했다.

따라서 제2 개인화는 위와 같이 근대적으로 발명된 신분적 공동체 —핵가족, 사회계급, 국민국가— 로부터 개인들이 다시 풀려나는 과정을 의미한다. 그러나 이 역시 개인들의 고립이 아닌 '사회관계의 재배치'로 연결될 수밖에 없다. 제2 개인화가 어떤 새로운 사회관계들로 재배치될 것인가와 관련하여, 벡은 다음의 두 차원을 구별했다. 하나는 개인과 국가 사이의 제도적 차원이다. 여기서 벡은 새로운 친밀성 형태의 등장이나 신사회운동과 같은 새로운 정치적 형태의 등장으로, 공/사 영역이 재배치될 것으로 예상했다.[55] 즉 여기서는 개인화의 결과, 친밀성 관계 및 일국 내의 정치적 참여 형태가 다양화한다.

다음으로는 세계화와 관련된, 개인과 세계 사이의 차원이다. 여기서 제도적 변화의 속도는 경제 세계화의 주도로 빨라졌으나, 신자유주의 세계화는 오히려 금융위험과 테러위험과 같은 초국적 위험을 강화할

---

55   실제로 새로운 친밀성 형태의 문제는 '인정의 정치'(프레이저, 2017) 프레임 속에 제기되어, 서구에서는 현재 동거가족이나 동성애 가족이 대체로 정상화하는 방향이다. 신사회운동은 독일의 경우 녹색당 결성으로 연결되어 단순히 공론장 정치에 머물지 않고 제도정치에 진입했다. 그러나 다른 서구 나라의 경우에는 그런 경향이 독일만큼 뚜렷하지 않다.

뿐이다. 따라서 여기서도 사회관계의 재배치는 경제영역이 아니라, 친밀성(초국적 가족) 및 지구행성 정치(기후변화 정치)의 영역에서 진행된다고 보았다. 즉 여기서는 개인화와 초국화의 결과, 근대적 국민국가 안보공동체의 연대를 뛰어넘는 세계시민주의적 연대 및 규범이 발생할 수밖에 없다고 보았다. 여기서 벡은 장차 세계시민주의 규범과 결합할 수밖에 없다고 본 '위험공동체'의 개념을 공동체주의의 '공동체' 개념과 다른 의미로 사용한다. 벡은 문화적·도덕적 가치공동체를 의미하는 공동체주의적 '공동체' 개념에 반대하며, '위험공동체'를 근대 국민국가공동체와 마찬가지로 '안전을 목적으로 발명된 실용주의적' 공동체로 보았다(Beck, 1999; Beck, Blok, Tyfield, and Zhang, 2013).[56] 즉 공동체가 공유하는 가치는 민주주의와 안전이 결합한 '공공성'의 가치일 뿐이다.

말하자면 벡은 '정상가족'은 다양한 사적 친밀성 형태 속에서, 계급정치의 사회적 연대는 신사회운동의 새로운 정치 속에서, 국민국가의 일국적 연대는 세계시민주의적 위험공동체 속에서 상대화할 것으로 예상했다. 이것은 기존 연대형태 및 그것을 정당화한 규범의 상대화만을 강조한 것이 아니라, 동시에 새로운 연대형태 및 규범의 창발을 예상한 것이다. 18~19세기를 통해 근대사회 속에 제도화한 낭만적 사랑의 핵가족공동체, 이념적 계급공동체와 민족주의 국민국가공동체가 탈정상화한다는 점에서 이것은 '반근대적' 또는 '탈근대적' 현상이라고 할 수도 있다. 그

---

56   벡은 존 듀이의 실용주의 관점을 인용하며, 위험공동체가 과거의 가치공동체와 달리 도덕적 '선'이 아니라, '해결해야 할 문제'를 중심으로 실용주의적으로 형성된다고 설명했다. 벡은 세계시민주의적 위험공동체의 발생원리를 근대 민족주의의 발생원리로부터 유추한다. 이를 통해 필자는 그가 근대 민족주의 공동체 역시 안보나 경제성장 등 국가적 '문제 해결을 위한' 실용주의적 공동체로 여겼다고 추론했다.

러나 그것이 동시에 근대 이념인 개인 인권의 강화, 민주주의 원칙의 강화를 의미한다는 점에서, 벡은 그것을 '또 다른 근대성으로의 탈바꿈'으로 개념화했다.

벡의 이와 같은 이론을 참고할 때, 현대 한국 여성의 개인화 역시 단순한 개인주의 규범만의 문제가 아니라 '사회관계의 재배치'라는 관점에서 볼 필요가 있다. 즉 '사회변동'의 측면에서 보아야 한다. 일단 한국에서 명백히 관찰되는 것은 '가족'과 관련된 친밀성 형태의 변화이다. 그런데 앞서 확인했듯이, 제도 가족에 대한 여성들의 저항이 강하여 그로부터 이탈하려는 경향 및 행태가 나타남에도 불구하고, 친밀성의 대안적 형태와 관련된 주장이 정상화하거나 신뢰가 형성되지는 않았다. 즉 제도 가족의 규범에서 이탈하려는 경향이 강한 것은 사실이지만, 그것은 젊은 층의 제한적 현상일 뿐 제도적 재배치로 이어질 만큼 사회적 인정(또는 권력)을 확보하지는 못하고 있다. 그리하여 혼인과 무관한 동거나 비혼 출산에 대한 심리적 저항 ―아마도 두려움― 이 강하게 나타났다.

이런 경우, 제도 가족을 대체할 만한 지속적 친밀성의 관계 자체가 사회적으로 불가능한 상태가 된다. 따라서 '결혼이냐 비혼이냐' 또는 '제도 가족 내 출산이냐 출산포기냐' 중 양자택일이라는 부자유를 경험하게 되고, 그 결과 전대미문의 초저출산이 지속 또는 악화하는 현실이 계속된다. 이렇게 친밀성 제도 변화의 측면에서 안정적인 친밀성 관계가 지속할 가능성 자체가 미약해지면, 제도적 연대의 재배치보다 오히려 고립적 생활방식(1인 가구) 또는 친밀성 관계 자체가 불안정화 또는 감소(예컨대 '비연애') 하는 방향으로 '유동화'할 가능성이 크다(임국희, 2020). 청년여성들은 주관적 측면에서는 기성세대나 또래 남성보다 대안적 친밀성 관계에 대한 인정욕구가 크지만, 그러한 제도적 변화를 주도하기에는 취약한 위치인 것이다. 그리하여 현재 청년여성층에서는 페미니즘 확대라는 문화변동이 진행되고 있으나, 그것은 서구처럼 '성찰적 개인화(=제2 개인화, 또 다른 개인화)'로 규범적으로 안정화하지 못한다. 오히려 사회 구석구석의 가족주의 제도 및 청년남성문화와 충돌하면서, 불안정한 상태를 지속한다.

즉 '여성주도 개인화'라는 유사한 양상이 서구와 한국에서 진행되는 듯이 보이지만, 서구와 한국 간의 차이가 단순히 일부의 행태 차이 — 동거나 비혼 출산의 미약함 — 로만 그치지는 않는다. 서구의 경우에는 제2 개인화가 제1 개인화의 결과인 개인주의 규범의 양적 확대 또는 질적 탈바꿈이라고 정당화될 수 있으나 한국의 경우에는 그렇지 않다. '압축적 개인화' 과정에 서구 제1 개인화의 핵심인 규범변동 —공동체적 가치 공유에서 다원적 개인주의로— 이 포함되기 때문이다. 따라서 앞서 본 독일 등 후발 산업국의 경우처럼, 개인주의로의 규범변동이 안정화하지 못하고 아노미가 정상화할 수 있다. 그리고 현재 한국이 바로 이런 상황에 있다고 판단된다. 한국의 산업화는 서구의 개인주의를 이기주의나 아노미와 동일시하는 규범 속에서 성공했기 때문이다. 따라서 산업화 성공 이후, 어떤 형태든 간에 개인주의를 수용하기는 쉽지 않다.

서구와의 또 다른 차이는, 서구의 제1 개인화가 '아들'의 반부권제 주장에 의해 주도되었다면(페이트먼, 2001), 한국의 압축적 개인화는 '여성'의 반부권제 주장에 기초한다는 것이다. 따라서 한국 남성의 세대 간 관계에서는 서구의 오이디푸스 콤플렉스와 같은 친부 살해의 계기가 필연적으로 존재하지 않는다. 즉 서구의 제1 개인화와 달리 반부권제 규범변동에서 부자간 갈등보다 페미니즘이 두드러지므로, 남성 간에는 오히려 '형제연합brotherhood'을 넘어 세대 연합이 가능하다. 즉 한국의 개인화에서는 서구의 제1 개인화보다 오히려 제2 개인화의 페미니즘적 특성이 더 두드러진다. 한국에서 동거나 비혼 출산과 같은 대안적 이성애의 연대형태가 발현하기 어려운 데에는, 이러한 세대 및 성별 간의 독특한 갈등 구조가 작용한다.

가부장적 집단 규범으로부터 개인의 유일성 및 다양성을 인정하는 규범으로 성공적인 변동이 억제되는 상태에서, 한국의 압축적 개인화는 (특히 여성의) '이기주의'로 낙인찍혀서 도덕적 비난의 대상이 되기 쉽다. 또는 '신자유주의 개인화'라는 일면적 특성이 과도하게 강조되기도 한다. 한국에서 정보화가 시작된 1990년대에 고학력 여성을 중심으로 개인화 욕구가 나타나고 페미니즘 정책이 일부 수용되면서, 당시 컴퓨터 가상 세계를 중심으로 청년남성 사이에서 '여성혐오' 문화가 시작되었다. 그리하여 온라인 세계에서 페미니즘을 둘러싼 양성 간 갈등이 진행되었을 뿐만 아니라, 이후 페미니즘 내부에서도 '생물학적 여성주의'와 '모두를 위한 페미니즘' 간에 갈등이 나타났다.

말하자면 개인화로 인한 사회관계의 재배치가 현재 한국에서는 성별 집단화(페미니즘/반페미니즘)나 페미니즘 내부의 양분화를 중심으로 거론되고 있다. 물론 1990년대부터는 서구의 제2의 물결 페미니즘뿐만 아니라 신사회운동 형태의 새로운 위험사회형 저항운동 의제들이 등장했다. 그러나 특히 온라인매체의 발전과 함께, 그리고 2015년 메르스 사태를 계기로(홍찬숙, 2019), 사회 전체 수준에서 페미니즘을 둘러싼 의제가 빠르게 확산되었다. 그리하여 아래 경험연구 부분에서 볼 수 있듯이, 세대와 성별, 이념을 아우르며 '시민정치'로 통합했던 '촛불혁명' 역시 이후에는 '미투운동'과 '혜화역 시위'로 연결되었다. 이후 메르스와는 비교가 안 되는 양상의 코로나19 팬데믹으로 국가적 '위험공동체'가 강화하기 전까지, 성별 집단화는 한국의 언론이나 정치권에서 가장 많이 문제 삼은 사회적 갈등이었다.

　　그러나 그런 성별 집단화는 서구 제1 개인화의 결과인 계급 집단
화와 달리 한층 개인화한 네트워크 형태이고, 집단 내부의 이질성과 개체
성을 강조하는 시대적 흐름 속에 놓여 있다. 반페미니즘 남성 집단화는
온라인매체를 중심으로 익명화한 개인접속에 기초하여 대부분 오락화한
형태이고, 심각한 경우 성매매·성폭력 네트워크로 조직되어 있다. 또는
청년남성 단톡방처럼 남성 집단연대 강화를 위해 여성을 대상화하기도
한다. 반면에 여성의 페미니즘 집단화는 온라인을 매개로 오프라인 공론
장을 열며 한층 정치화되어 있다.[57]

　　이처럼 페미니즘 집단화를 겪으며, 개인화는 1인 가구 증가라는
사적 고립화에 제한되지 않고 시민정치의 공공성 강화로 연결되는 '공민
정치'의 양상을 보인다. 단지 현재 제기되는 이슈가 국가에 대한 가장 초
보적 요구인 '개인의 신체 및 이동의 자유' ―성폭력으로부터의 자유― 에
머물지만, 그것은 또한 서구 제1 개인화의 근대적 공/사 분리와는 다르게
공/사 영역을 재배치하려는 시도이기도 하다. 말하자면 보호받는 사생활
의 영역이 서구 제1 개인화처럼 '핵가족 집단'이 아니라 '개인 인격체'이며,
그에 기초하여 공적 참여의 정당성을 주장하는 것이다. 이것은 한국의 압
축적 개인화가 규범적 단절로 인해 아노미로 연결될 가능성만을 갖는 것
이 아니라, 서구의 근대적 공/사 분리 및 민주주의 정치형태를 재편할 가
능성 역시 갖고 있음을 의미한다. 즉 벡이 말한 '성찰적 개인화'가 아니라,
전혀 새로운 형태의 '개인화'를 발명할 가능성을 갖는다.

57　　이런 측면에서, 남성의 개인화 또는 자유주의화는 주로 '성적 자유주의'의 사생활
방향으로 진행되었다는 지적이 있다(김소라, 2019).

개인화와 동시적으로 진행되는 새로운 연대('사회형성')에 대한 담론이 이처럼 현재는 페미니즘을 중심으로 수렴되고 있다. 이것은 한국에서 압축적 개인화의 주도세력이 청년여성이기 때문이기도 하고, 한국 고유의 담론이나 서구 담론 모두에서 현재 한국의 개인화를 설명할 만한 다른 기성 담론이 존재하지 않기 때문이기도 하다. 그러나 청년여성이 주도한다고 해서 개인화가 궁극적으로 특정 성에 제한되어야 하는 것은 아니며, 또 개인화는 한국의 산업화 성공 및 한국형 위험사회로의 탈바꿈으로 인해 불가피한 측면도 있다. 따라서 페미니즘이 전반적 사회연대를 아우르는 방식으로 확장되든가, 아니면 페미니즘을 뛰어넘는 새로운 연대의 담론이 필요하다고 할 것이다.[58]

현재 한국에서 청년여성들을 중심으로 주장되는 '급진 페미니즘'은 두 방향으로 나뉜다.[59] 하나는 '생물학적 여성'을 연대의 범주로 고정하는 방식이고, 다른 하나는 다양한 사조 —특히 '교차성 페미니즘' 및 퀴어 이론 등 탈근대적 페미니즘— 의 영향을 받은 '모두를 위한 페미니즘'이다. 최근 한 언론의 조사결과에 의하면, 한국의 페미니스트들은 페미니스트가 아닌 경우보다 난민에 대해 오히려 덜 적대적이었다(정한울·이동한, 2021). 페미니즘 내외부에서 '생물학적 여성주의'에 대한 비판뿐만 아니라 페미니즘의 난민혐오 경향에 대한 비판이 나오는 가운데(김보명, 2018; 김선혜 외, 2019), 위 언론의 조사에서는 생물학적 여성주의가 한국에서 과대하게

---

58   최근 남성에 의한 남성성 논의(최태섭, 2018)가 진행되고 있으나, 대부분의 남성성 연구 역시 아직 페미니즘 내부에서 진행되는 형편이다.

59   '급진 페미니즘'이란 성폭력 등 '성적 지배' 또는 '가부장제' 문제를 핵심이슈로 제기하는 페미니즘으로, 서구 '제2의 물결' 페미니즘의 시작을 알렸다. 한국에서 급진 페미니즘 이슈들은 1990년대 '반성폭력 운동'의 형태로 제기되기 시작했다. 현재는 그와의 연관성이 확실하지 않은 상태에서 청년여성들이 자신들을 급진 페미니스트(소위 '랟페')로 지칭한다.

대표되고 있다고 결론을 내렸다.

'성폭력으로부터의 자유'는 페미니즘의 두 방향 모두에서 출발점으로 삼는 이슈이다. 그러나 그것이 새로운 사회적 연대형태의 발현을 위한 전제인지 아니면 그 자체가 목적인지에 따라서, 페미니즘이 위험사회에 합당한 새로운 사회연대 ―예컨대 세계시민주의 위험공동체 등― 를 촉발할지 아니면 성별 정체성의 정치로 굳어질지가 결정될 것이다. 아래의 경험연구 부분에서 확인되겠지만, 현재 한국 청년층의 페미니즘은 '성' 범주와만 관련된 의제가 아니라, 사회경제적 불평등과 문화적 차별, 군대 문제 등 다양한 불평등 의제에 대해 문제를 제기하는 경향이 있다. 아래에서는 '성' 범주와 함께 작용하는 불평등의 한 예로서 '집'을 둘러싼 불평등 및 그와 관련한 개인화의 감수성에 대해 살펴본다.

부동산으로서의 집: 계층별·세대별 부동산 격차 확대

정부 국정홍보처에서 발표한 2007년 자료에 의하면, 1967~2007년까지 한국에서 40년 동안 땅값·집값이 상승하고 하락하는 '부동산 경기 순환주기'가 네 차례 있었다. 땅값이 가장 많이 오른 시기는 1차 순환기인 1978년이고, 집값이 가장 많이 오른 시기는 3차 순환기인 1990년이다. 반대로 집값이 가장 안정되었던 시기는 1991~1995년까지이고, 외환위기가 일어난 1998년에는 폭락했다. 외환위기의 이런 영향으로, 그전까지 가계금융에 의한 주택 구매를 제한하던 정책이 방향을 전환했다. 그리하여 2001년부터 주택 가격이 다시 반등하고 부동산 불패신화가 시작되었다. 또 이를 통해 주택이 '사용가치보다 교환가치'를 갖는 것으로 인식되기 시작했다(이현정, 2009: 59).

2002년이 되면 전국적으로 주택보급률이 100.6%를 달성하지만,

서울과 경기도 일대에는 주택난이 해소되지 않았다(이현정, 2009). 서울의 경우 1975년부터는 자가점유 비율이 오히려 감소한다. 2017년에는 서울시 가구의 자가점유율이 42.9%였고, 전국 수준에서는 57.7%였다(뉴시스 2018.05.08. 기사). 자가보유율은 2017년 전국 수준에서 61.1%였고 수도권에서는 54.2%였다(국토교통부, 2017: 41). 주택보급률이 이미 100%를 넘었음에도 자가보유율이 50~60% 수준이라는 것은, 주택소유의 불평등을 말해 주는 것이다. 2017년 자가보유율을 소득계층별로 보면, 고소득층은 79.9%, 중소득층은 63.8%로 다수가 유주택인 반면, 저소득층은 49.3%로 절반 이상이 무주택이다. 특히 2012년 이후 중·고소득층의 자가보유는 상승했으나, 저소득층의 경우에는 하락함으로써 불평등이 확대되었다(국토연구원, 2018: 2).

주기적인 땅값 및 집값의 상승뿐만 아니라 한국에서 자산으로서 집이 얼마나 중요한지를 보여 주는 또 다른 지표는 가계자산 중 부동산의 비중이다. 2018년의 한 금융권 보고서에 의하면, 한국의 가계자산 중 부동산의 비중은 51.3%로 미국의 43.8%, 영국의 37.4%, 호주의 50.4%, 네덜란드의 45.5%보다 높다. 또 가계 총자산 중 '거주주택 외 부동산 비중'은 평균 13.5%로 미국 3.2%, 영국 2.8%, 호주 7.9%, 네덜란드 2.2%에 비해 몇 배나 크다. 가계 총자산 중 금융자산의 비중은 41.7%로 대체로 30%대인 비교대상국들에 비해 오히려 높은데, 그 이유는 금융자산에 전세보증금이 포함되어 있기 때문이다. 금융자산의 1/4 이상이 전세보증금이다(심현정, 2018).

결국 한국에서는 외환위기 이전에도 주기적으로 땅값과 집값이 상승하며 주거 불평등이 커지고 있었으나, 외환위기 이후 그 주기가 훨씬 빨라지면서 집이 단순한 가계자산이 아니라 자산증식을 위한 투기의 대상으로 정착한 것이다. 집이 자산으로서 부각하고 특히 실질적 주거와 무관한 투기의 대상이 될 때, 가장 큰 문제는 계층 격차, 즉 주거 양극화 또는 주거빈곤이 대두된다는 것이다. 앞서도 보았듯이, 2012년 이후 소득계층별로 자가보유율 격차가 꾸준히 벌어졌지만, 자가점유율 격차 역시 대체로 중·고소득층과 저소득층 간에 확대되어 왔다. 주택소유나 자가점유에서의 계층별 불평등뿐만 아니라, 보유주택의 자산가액 및 보유주택 수에서도 불평등이 확대되었다. 2016년 평균 주택자산가액은 2.27억인데 하위 10% 소득계층의 경우에는 0.24억 원으로 평균의 1/10 수준이었다. 반면 상위 10% 소득계층의 경우 8.11억으로 평균의 3.6배이다. 특히 상위 1.2%는 12억을 초과하는 주택을 소유했고, 주택소유 가구의 78.4%는 3억 원 이하의 주택을 가졌다. 또 보유주택 수에서도 불평등이 커서, 저소득층 절반 이상이 무주택인데 상위 1.2%는 평균 5.26호의 주택을 소유했다. 2016년 전체 주택의 31.5%가 다주택자 소유였다.

임차가구의 경우에는 주거비 부담의 양극화 역시 확대되었다. 저렴한 단독주택의 전월세 전환이 다른 경우보다 더 빨리 진행되어, 저소득 가구의 경우 주택소유의 불평등뿐만 아니라 주거 안정성 역시 악화되었다(국토연구원, 2018). 주거비 부담의 문제는 양극화뿐만 아니라 주거빈곤 문제와도 연결된다. 일반적으로 주거빈곤은 1) 최저 주거기준 미달이라는 절대적 빈곤과 2) 주거비 부담이 과도한 상대적 빈곤으로 나뉜다. 한국의 경우 절대적 주거빈곤에는 주택법상의 최저 주거기준 미달 주택 거주자뿐만 아니라 지하 주거, 판잣집, 옥탑방 등 '불량 노후 주택' 거주자와 노숙 및 비거주용 건물 거주자도 포함된다(박신영, 2012).

주택법상 최저 주거기준 미달 가구의 비율은 1995~2010년 사이에 크게 감소해서, 2010년에는 전체 가구의 10.6%를 기록했다. 지하·옥

탑방·판잣집의 비율 역시 2005~2010년 사이에 4.3%에서 3.4%로 감소했다(박신영, 2012). 반면 주택 이외의 거처에 거주하는 가구는 2005년 이후 비약적으로 증가했다.[60] 2005~2015년 주택에 거주하는 일반 가구 증가율이 20.3%인데 반해서, 주택 이외 거처의 가구는 590.1% 증가했다. 그리하여 2015년에는 전체 일반 가구 수의 2.1%를 차지하게 된다. 무엇보다도 1인 가구가 거주하는 고시원이 2010년 전후로 급격히 증가했다. 2018년 국토교통부 조사에 의하면, 주택 이외 거처 거주자 중 41.0%가 고시원·고시텔에, 39.0%가 일터의 일부 공간과 다중이용 업소에 거주하는 것으로 나타났다(국가인권위원회, 2018: 28-29). 말하자면 비주택 거주자의 대부분이 1인 가구나 노숙의 형태로 변화하고 있었다.[61] 비주택 거주자의 경우에도 32.7%는 주거비가 '부담스러웠다'고 한다(국가인권위원회, 2018: 34).

집이 자산으로 인식될 경우, 계층별로 집의 의미 역시 달라질 수밖에 없다. 다주택자인 고소득층에게 집은 단순한 거주지이거나 재산일 뿐 아니라 가족의 취향과 문화를 반영하는 문화자본 또는 세력 과시의 사회자본이 된다. 반면에 저소득층에게는 주거지의 기본적 기능조차 기대하기 어려운 경우가 많다.[62] 또 중산층의 경우에는 거주지가 자녀교육의 최

60　여기서 '주택 이외의 거처' 또는 '비주택'이란 '불량주택'으로도 분류되는 판잣집을 포함하여 비닐하우스, 숙박업소(여관·여인숙)의 객실, 고시원·고시텔, 쪽방, 일터의 일부 공간, 기타(PC방·만화방·찜질방 등 노숙자들의 거처로 사용되는 다중이용 업소, 종교시설·마을회관 등에서 제공하는 거처, 컨테이너 등)를 말한다. 이들 중 판잣집·비닐하우스 거주는 감소했다(국가인권위원회, 2018).

61　'노숙인 등의 복지 및 자립 지원에 관한 법률'에 의하면 노숙인 개념은 주거가 없거나 노숙인 시설에서 생활하는 사람 외에 '상당한 기간 동안 주거로서의 적절성이 현저히 낮은 곳에서 생활하는 사람'을 포함한다(국가인권위원회, 2018: 18).

62　불량주택이나 비주택 거주자뿐만 아니라 대체로 저소득층인 1인 가구의 경우 거주지에 만족하는 비율이 54.4%이고, 42.6%가 2년 안에 이사 갈 의향이 있는 것으로 조사되었다(정인·김희민, 2018: 21-22).

전선으로 생각되어 모든 불편을 감수하면서까지 소위 '교육특구'로 이사하는 일이 당연시된다.

동일 계층 내에서 문화적 분화가 활발하면 집의 의미도 계층 내에서 다양해질 수 있으나, 한국의 경우 문화변동은 수평적 분화 형태보다는 세대 간 또는 성별 간 격차의 확대로 이해되는 경향이 있고 그것은 동시에 경제적 격차의 확대와도 관련되어 있다. 즉 청년세대나 여성들은 과거의 규범으로부터만 멀어지는 것이 아니라, 중산층의 지위로부터도 멀어질 위험에 처해 있다.[63]

개인화 감수성의 성별 차이

(1) 1인 가구에게 집의 의미

앞서 보았듯이, 청년남성과 비교해도 청년여성에 있어서 전통적 가족형태에 대한 기피 경향이 한층 더 크다.[64] 그리고 한국사회에서는 전통적 가족형태에 대한 회피가 대안적 가족형태의 정착으로 연결될 가능성보다는 1인 가구로 귀결될 가능성이 압도적으로 높다. 2015~2019년에 1인 가구 비중이 27.2%에서 30.2%로 증가했는데, 남성은 30대 > 20대 순

---

63   일반 청년의 경우 경제구조의 변화로 인한 일자리 문제 및 주거비 상승 등이 빈곤으로 연결되고, 특히 여성의 경우에는 청년과 노인 중심의 1인 가구 증가가 빈곤문제와 연관된다.

64   20~30대의 결혼·출산 가치관에 대한 한 연구(진미정·한준·노신애, 2019: 179)에 의하면, 가장 전통적인 태도를 보이는 유형 ─전체 설문대상의 30.15%─ 에서 여성의 비율이 가장 낮고(35.48%), 탈전통적 태도를 보이는 유형 ─전체의 27.07%─ 에서 여성의 비율이 가장 높았다(64.67%). 그뿐만 아니라 친밀성 관계 자체에 대해 부정적 태도를 보인 범주에서도 여성이 대다수(62.07%)였다.

으로 가장 많고, 여성은 60대 > 20대 순으로 많았다. 여성 중 1인 가구 비중이 남성의 경우보다 큰 연령층은 60세 이상의 고령층이다(통계청, 2020). 그러나 서울시의 경우 1990~2015년 사이에 여성 1인 가구 수가 4.3배 증가했는데, 그중 43.7%가 20~30대였다. 이들의 주거지역 역시 강남구, 관악구 등 전통적 1인 가구 밀집지역에서 서울의 전 지역으로 확대되었다(장진희·김연재, 2016).

서울시 1인 가구 여성에게 집의 의미는 이들이 1인 가구로 유입된 이유를 통해 추측할 수 있다. 그 이유로서, 이들 중 61.5%는 직장이나 학교와의 거리를 들었고, 26.4%는 '가족 및 주변으로부터의 사생활 보장' 등 개인적 편의를 들었다. 앞의 이유는 여성의 이동성이 증가했음을, 뒤의 이유는 더 많은 여성에게 '자기만의 방'이 중요해졌음을 말해 준다.[65] 여성의 이동성 증가는 사실 산업화 초기부터 관찰된 현상이므로, 그것을 단순히 개인화로 단정하기는 어렵다. 과거 산업화 초기에도 가족의 부담을 덜어 주기 위해서, 또는 남자형제의 학업을 지원하기 위해서 많은 미혼여성들이 도시로 나와 취업했기 때문이다. 그러나 이들이 1인 가구로 생활한다는 것은 과거와 달라진 점이다.

같은 연구에서 1인 가구 생활에 만족한다는 20~30대 여성의 비율

---

[65] 버지니아 울프는 1928년 케임브리지의 두 군데 여자대학에서 "여성과 픽션"이라는 제목의 강연을 했는데, 1년 후 그에 기초해 『자기만의 방』이라는 에세이를 출판했다. 거기서 그녀는 "숙모님이 쓴 작품의 대부분은 공동의 거실에서 온갖 종류의 방해를 받으며 쓰여야 했기 때문이다. 숙모님은 자신이 하고 있는 일이 하인들이나 방문객, 또는 가족의 범위를 넘어선 사람들에게 눈치 채이지 않도록 조심했다"라는, 19세기 여성 작가 제인 오스틴의 조카가 한 말을 인용했다. 책의 제1장에서 그녀는 "내가 할 수 있는 일이라고는 고작 별로 중요해 보이지 않는 한 가지 의견, 즉 여성이 픽션을 쓰기 위해서는 돈과 자기만의 방이 있어야 한다는 의견을 제시하는 것입니다"라는 말로, 강연의 요지를 요약했다. 『자기만의 방』은 현재 한국 청년여성들에게 많이 읽히는 페미니즘 서적 중 하나이다.

(63.9%)은 중장년(45.8%) 또는 고령 여성 1인 가구(30.4%)에 비해 월등히 높았다. 이를 통해 청년여성들의 1인 가구 생활이 자발적 선택일 가능성이 크다고 볼 수 있다. 또 1인 가구 생활을 성별로 비교한 다른 연구에 의하면, 남성 1인 가구에 비해 여성 1인 가구에서 '자유로운 생활과 의사결정'을 장점으로 꼽는 비율이 다소 높았다. 향후 혼자 살 의향이 있다는 대답도 남성(39.3%)보다 여성(63.1%)이 훨씬 많았다(서정주·김예구, 2017: 12-15).[66] 1인 가구 중 셰어하우스에 거주할 의향은 남녀를 불문하고 낮았으나(약 15%), 여성이 한층 더 부정적이었다(정인·김회민, 2018: 22).

　　이상을 볼 때, 빠른 속도로 증가한 1인 가구 청년여성들에게 집이란 가족공동체의 생활영역이 아니라, 자신의 인적자원 개발 및 취업경력, 사생활 향유 등 개인화한 필요를 위한 장소임을 알 수 있다. 물론 이렇게 변화하는 집의 의미가 계속 실현 가능한지의 여부는 그들의 경제적 지위나 주거안전 등 객관적 조건과 관련되어 있다. 그러나 여성 취업률이 남성 취업률보다 높고 또 여성의 경력단절이 일어나기 이전인 20대에서도, 노동시장 소득에서는 여성이 남성보다 불리하다(김창환·오병돈, 2019). 그뿐만 아니라 여성 1인 가구는 소득이 낮아도 안전문제 때문에 더 고가의 거주지를 선택하는 경우가 많다. 또 남성 1인 가구의 우려대상은 외로움 등 심리적 문제나 식사 해결 등이지만, 여성 1인 가구는 안전과 주거침입에 대한 두려움이 매우 크다(서정주·김예구, 2017: 12-13).

　　결국, 여성에게 집의 의미는 점점 더 개인화하는 추세이나, 이는 아직 여성 개인들의 욕구 수준의 변화일 뿐 장기적 실현 가능성에서는 불안정성이 내포되어 있다고 할 것이다. 그것은 1) 집이 주거지라는 기능적

<hr>

66　　이 조사의 대상 연령층은 20~40대이다.

대상일 뿐만 아니라 자산이며, 따라서 경제적 자원의 분배 문제와 밀접히 관련되어 있기 때문이다. 2) 또한 문화적으로 여성이 자율적 주체로 인식되기보다는 남성의 보호가 불가피한 대상, 즉 남자 보호자가 없으면 언제든 침입 가능한 대상으로 인식되기 때문이기도 하다.

젊은 세대가 많이 분포하는 1~2인 가구의 경우, 저소득층 비율이 상당히 높으므로 무주택자 역시 많을 것이다. 그리하여 최근 '영끌(영혼까지 끌어모아)'로 집을 사려는 경향이 30대를 중심으로 불어닥친 적이 있다. 그러나 청년들의 경우 현재 같은 무주택자라고 하더라도 앞으로 주택을 소유할 가능성까지 모두 똑같지는 않다. 주택자금 마련을 위해 부모 집에 거주하는 비교적 고소득 '캥거루족'도 있고, 시간이 지나면 부모의 집을 물려받을 수 있는 계층의 청년들도 있기 때문이다.[67] 특히 고소득층의 경우 다주택자가 많으므로, 그 자녀들은 언제든 주택소유자가 될 가능성이 있다.

청년세대의 전반적으로 낮은 경제적 지위와 부모세대의 주택소유 양극화 현상을 교차해 보면, 청년세대에서 나타나는 집의 의미변화가 문화변동의 영향만 받는 것은 아님을 알 수 있다.[68] 게다가 앞서 보았듯이 젊은 여성의 경우 남성보다 규범 변화 욕구가 강하기 때문에, 청년세대에

---

[67]　9억 이상의 강남3구 아파트 거래에서 매수자의 절반 이상이 30~40대라는 언론보도가 있었다(한국경제, 2019.04.30. 기사). 청년 빈곤에 부모의 경제력과 본인의 저임금이 함께 작용한다는 내용은 김수정(2010) 참조.

[68]　흔히 주거 양극화를 계층 간뿐만 아니라 세대별로도 진행되는 것 ―"이미 고도성장기의 소득 상승과 부동산 매매차익을 경험한 세대와 그렇지 못한 세대 간의 불균등의 문제"(강미나, 2016: 11) 또는 "저소득을 넘어 '주거불안 세대'로 확대"(진미윤, 2016: 30)― 으로 설명하지만, 필자가 청년들을 대상으로 인터뷰한 경험에 의하면 부모가 고소득층인 남성 청년들의 경우에는 주거불안이 나타나지 않았다. 아래 경험연구 부분 참조.

게 집의 의미는 상당히 다양하게 분화되어 나타날 것이다. 즉 청년세대에게 집의 의미는 개인화 등 문화적 규범 변화, 계층 양극화, 성별 격차 모두와 관련될 수 있다.

예를 들어 장래 주택소유의 가능성이 큰 고소득층 출신 남성의 경우에는 집의 의미변화가 크지 않을 수 있고, 주택소유 가능성이 적은 저소득층에서는 성역할 규범의 차이로 인해 의미변화의 양상이 성별로 다를 것이다. 또 성역할 인식변화가 크지 않은 남성의 경우에 집의 소유는 주류 세계로의 진입을 의미하겠지만, 성역할 변화를 원하는 여성이나 소수의 남성에게 집의 소유는 주류 문화로부터의 자유를 의미할 것이다.

다른 한편, 세대 간 문화변동에 초점을 두면 남성들에게도 개인화 경향을 관찰할 수 있다. 특히 남성 1인 가구 대다수는 1인 가구 생활의 장점으로 '자유로운 생활과 의사결정'을 꼽기 때문이다. 그러나 1인 가구 중 성별로 가장 이질성이 드러나는 내용은 1인 가구 생활에서 가장 우려하는 대상이다. 여성은 대다수가 1, 2위의 우려 대상으로 '안전/위험 요소'를 꼽은 반면에, 남성은 '외로움 등 심리적인 요소'를 꼽았다(서정주·김예구, 2017: 12). 또 1인 가구 생활에 만족하는 비율에서는 남성 중에서도 20대가 가장 높은데(71.2%), 그 수치는 여성 50대(72.6%)에서보다도 낮다. 이와 관련하여 1인 가구 청산의 의지, 즉 '언젠가는 결혼하겠다'는 의견이 남성은 20대(50.5%)에서 30대(53.0%)로 오면서 다소 증가한다. 그런데 여성의 경우에는 오히려 46.3%에서 31.7%로 감소했다(정인·김회민, 2018: 14-15).

결론적으로, 1인 가구 형태를 선택하고 또 거기에 만족하는 '개인화' 방향의 변화는 세대 간에도 나타나지만, 특히 남녀 간 상이한 속도로 진행됨을 알 수 있다. 따라서 개인화의 속도 및 양상에 따라서, 또 그러한 변화를 실질적으로 지지 ─또는 강요─ 하는 자원분배의 현실에 따라서,

청년 내에서도 집의 의미는 제각각 다를 것이다. 사회의 주류를 꿈꾸거나 주류가 될 수 있는 경우에 집은 제도 가족의 보금자리이거나 그에 기초한 경제적·사회적·문화적 자본으로 의미화될 것이다. 그러나 주류 규범에서 벗어나려는 욕구를 갖는다면, 자신의 진정성을 실현할 수 있는 '자기만의 공간'이거나 가족 이외의 '대안적 친밀성' 관계를 실현하는 장소로 인식될 것이다.[69]

(2) 친밀성 관계에 대한 태도

제도 가족으로부터의 탈피는 주거형태의 변화라는 행위 선택의 형태로만 나타나는 것이 아니라, 친밀성 관계에 대한 주관적 의미 또는 기대의 변화로도 나타난다. 20~30대 청년층을 연구한 김은지 외(2019)에 의하면, 청년층에서는 남녀를 불문하고 결혼의 당위성이 매우 약화했으며 비혼 동거에 대한 수용성 역시 높아졌으나 비혼 출산이나 개인주의적 결혼관('결혼은 개인들 간의 관계')에 대해서는 여전히 동의하지 않는 분위기이다. 앞서 말한 바 있듯이, 이것은 개인들의 주관적 결혼관은 크게 변화하나, 사회적 결혼 규범이 변화하지 않음을 말해 주는 현상이다. 즉 혼인, 동거, 출산, 이혼 등의 행위 자체는 개인적 선택의 문제라고 볼 수 있고 또 점점 더 그렇게 인식되고 있다. 그러나 그런 행위에 대한 사회적 제재 —인정 또는 처벌— 는 제도적 '정상가족'의 압력과 굳건히 결합해 있는

---

69   예컨대 권현아·조성진(2016)과 박진희(2014)는 집의 의미에서 개인화 경향을 탈물질주의 가치나 웰빙 추세에서 찾는다. 반면에 청년 주거문제의 핵심을 주거빈곤으로 규정하는 경우 역시 적지 않다(임하은·김원미, 2017; 강미나, 2016; 진미윤, 2016). 이에 반해 이태진·우선희·최준영(2017)은 청년세대 내부의 양극화 가능성을 지적하며, 청년세대에 속하는 김창인·전병찬·안태언(2019)은 '청년은 힘들다'는 프레임이 오히려 선입견의 표현일 뿐이라고 비판한다.

것이다.[70]

　또 가사노동과 같은 가족 내 성별 분업에 대해서는 2017년 이후 생각의 변화 속도가 빨라져서, 2018년에는 청년층 여성의 약 19%, 남성의 약 26%만이 가사가 여성의 책임이라고 보았다. 반면 여성이 '가정일에 관계없이 취업하는 것이 좋다'고 응답한 비율은 여성의 59%, 남성의 52%로, 여전히 여성의 취업이 가정 내 의무와 충돌한다. 그리하여 결혼이 '원하는 일·직업을 가지고 유지할 가능성'에 주는 영향에 대해, 여성은 가장 많은 수(절반)가 부정적 태도를 보였다. 반면에 남성은 가장 많은 수(약 40%)가 그에 대해 긍정적 태도를 보였다. 직업과 가정의 양립 가능성에 대해 남녀가 서로 다른 태도를 보이는 것이다.

　이렇게 여성의 일과 가족 내 역할이 충돌하는 상황에서, 청년기 삶의 중요한 과업으로 일과 개인생활을 꼽은 경우는 남성보다 여성이 조금 더 많았다. 반대로 파트너십과 자녀를 꼽은 경우는 남성이 더 많았다. 물론 성별과 무관하게 '일 > 개인생활 > 파트너십 > 자녀' 순으로 중시하여, 전반적으로 청년의 삶에서 '자기 자신'의 일과 생활이 중요해지고 친밀성 관계는 그에 비해 덜 중요하게 인지되는 경향을 보였다. 그런데 그런 경향이 여성에게 좀 더 분명하게 나타나는 것이다.

　일견 '이기주의'로 풀이될 수도 있을 이런 변화에는 개인주의화라

70　파슨스는 베버의 행위이론과 뒤르켐의 유기체론을 연결하여 규범과 제도를 '사회적 체계'로 이해했으나, 한국의 현재 개인화 속에서는 '행위' 차원과 제도적 '체계'의 차원이 서로 괴리되어 행위의 규범에 대한 '사회적 합의'가 존재하지 않는다. 따라서 파슨스가 당연시한 '사회적 통합' 역시 이 문제에 있어서 불가능하다. 또 다렌도르프는 '갈등이론'을 통해, 사회적 합의의 이면에서도 갈등이 불가피하고, 갈등을 조정할 수 있는 자유주의적 제도화를 통해 '합의'와 '갈등'이 유기적으로 공존하는 것이 근대사회라고 주장했으나, 이 역시 현재 한국의 개인화 추세와는 들어맞지 않는다.

는 문화변동뿐만 아니라, '개인화한 생애위험'에 대한 인식 또는 '생애위험과 주체화의 관계'에 대한 인식 역시 크게 작용했을 것이다. 먼저 생애위험과 관련해서, 가정환경, 학벌, 성별로 기회가 공정하지 않다는 의견에서 성차가 나타났다. 특히 성별 기회격차에 대해 남성이 동의한 정도는 낮은 데 비해, 여성은 다수가 동의했다. 즉 여성은 개인적 성취를 이루기 위해서는 자신이 남성보다 더 많이 노력해야 한다고 인식하므로, 여성이 '자기 자신'을 더 중시할 가능성이 있다. 반면에 '생애위험과 주체화의 관계'를 보면, 여성은 청년세대에서 보이는 3대 관계(연애·결혼·출산)의 포기가 포기이자 또한 '선택'이라고 보는 경우가 많았다. 그에 비해 남성은 '포기'라고만 본 경우가 많았다. 즉 여성은 생애위험을 '주체화에 수반되는 부대 위험'으로 판단하는 경향이 강하여, 그 선택의 책임을 스스로에게 부과하는 경향이 크다고 할 수 있다.

청년남성과 여성은 자녀를 가질 의향이나 '자녀를 가지기 위한 전제조건'에 있어서도 차이를 보였다. 그러면서도 '자녀를 가질 계획이 없다'에 여성 61.4%, 남성 52.0%가 동의하여, 자녀 출산이 청년층 남녀 모두의 인생에서 '쓰기 힘든 비용'임을 알 수 있게 했다. 그러나 그 비용을 감수하도록 만들 전제조건에서 남녀가 매우 달랐다. 여성은 파트너의 적극적 양육과 가사 참여 및 평등한 관계를 위한 노력을 가장 중요한 전제조건으로 꼽았다. 반면에 남성은 경제적 요인 ─'나보다 나은 삶', '나의 경제적 준비', '나의 안정적인 일', '안정적인 집'─ 을 최우선의 전제조건으로 꼽았다. 그런데 흥미로운 점은, 여기서 판단의 기준이 남성에게는 '나'라는 사실이다. 말하자면 여성은 출산비용 해결을 위해 '돌봄공동체 관계'를 가장 중요한 선결과제로 인지하는 반면, 남성은 자신과 자녀 개인의 '경제적 능력 및 계층상승 가능성'을 가장 중시했다. 이처럼 개인과 관계에 대한 강조점이 성별로 매우 다르게 나타났다. 즉 남녀 모두 어떤 면에서는 자기 자신을, 또 어떤 면에서는 관계를 더욱 중시하는 경향이 공존하고 있었다. 이 역시 개인화가 '관계의 단절'과 동일시될 수 없고, 새로운 관계 지향성을 의미함을 말하는 것이다.

결국 자녀양육과는 무관한 역할 규범을 내면화한 남성이 자녀와 가족 돌봄을 '개인주의적 성과'의 문제로 본다면, 돌봄에 대해 훨씬 구체적 감수성을 갖는 여성은 그것이 단순한 경제적 자원분배의 문제가 아니라 관계와 인격의 문제라고 보는 것이다. 그러나 그러면서도 남성 역시 자녀양육이 단순한 사회경제적 분배의 문제가 아님을 상당히 인지하는 것처럼 보인다. 왜냐하면, 여성의 일·가족 양립과 관련된 항목 ―'파트너의 출산휴가·육아휴직', '파트너의 안정적인 일', '파트너의 근무 유연성' ― 의 중요성에 대해 남성도 60% 이상이 동의했기 때문이다. 즉 남성들 역시 육아가 돌봄이라는 관계의 문제임을 알고 있으나, 자신이 그 관계 수행의 1차 책임자라고는 생각하지 않는 것이다. 동시에, 여성의 성역할을 육아로만 한정하지 않고 일·가족 양립의 이중적 역할로 인식하며, 또 그를 위해서는 여성 개인의 성과가 아니라 제도적 뒷받침이 필요함 역시 인식하고 있었다.[71]

여성이 육아의 1차 책임자라는 규범은 여성들에 의해서도 인지되고 있으나, 그것은 '자연스러운' 규범보다는 오히려 '생애위험'으로 인지되었다. 즉 자녀가 자신의 삶 ―특히 경제적 상황과 취미·여가를 누릴 가능성― 을 위협할 가능성에 대한 질문에 긍정한 경우가 70%를 넘어서, 남성보다 크게 높았다. 앞서도 보았듯이, 청년여성에게 출산은 '자신을

---

[71]   남성들의 이런 인식은 후반부의 경험연구 결과에서도 드러났다.

위한 삶과 양립하기 어려운 부당한 요구로 인지되는 것이다. 그뿐만 아니라 약 40%의 여성들은 출산을 '사회적 리스크'에서 더 나아가 '건강 리스크'로서 인지했다. 그러나 남녀 모두 60% 이상이 '삶의 즐거움'에 자녀가 긍정적 작용을 할 것으로 봄으로써, 출산 리스크가 개인적 선호의 문제가 아니라 사회적 문제임을 보여 주었다. 즉 자녀를 가지면 인생이 더욱 즐겁겠지만, 그 즐거움을 상쇄하고도 남을 비용이 특히 여성에게 삶의 위협으로 느껴지는 것이다.

2) 공론장의 구조변동: 유교 공론장에서 시민 공론장으로

앞서 보았듯, 개인화라는 근대적 사회현상에는 공민화라는 정치적 차원이 있다. 공동체에 묶인 신분적 존재에서 자유시민으로 개인화하는 과정은 사생활이 사회적으로 인정받는 과정일 뿐 아니라, 공민으로서 정치참여가 정상화하는 과정이다. 여기서 공동체에 묶였다는 표현은 집단에 대한 예속보다는 집단관계에서 개인과 집단이 분리되어 인식되지 않는 방식을 이른다고 할 것이다. 즉 개인과 집단이 도덕적으로 동일시됨을 의미한다. 반면에 개인화한 근대적 연대는 분화한 사회관계 속에서 다양한 영역에 걸쳐 존재하는 개인들 간의 정치적 협력이라는, 개인중심의 다원주의적, 공적 형태를 취한다. 그리하여 근대 초 개인화는 구체제로부터 시민정치로 정치변동을 이끈 동력이 되었다. 그러나 제1 개인화가 시민계급 남성에게만 유효했기 때문에, 시민정치는 계급정치와 가부장제, 국민국가 정치라는 갈등과 합의의 변증법적 과정으로 연결되었다.

　　2차대전 후 사회학자 파슨스는 근대사회의 그와 같은 개인 간 '합의'를 강조하여 기능주의 사회학을 제창했고, 독일 출신의 영국 사회학자

다렌도르프는 그에 비해 '갈등'을 강조하며 갈등이론을 제안했다. 이들보다 한 세대 뒤의 사회학자인 벡은 현대의 (제2) 개인화 개념에서 시작하여, 산업사회의 계급정치(이후에는 일국적 정치)에서 위험사회의 또 다른 (지구 차원의) 시민정치로 탈바꿈하는 과정을 포착했다. 그러나 산업 등 경제적 제도와 마찬가지로 정치제도는 그런 사회변동에 탄력적으로 대응하지 못하고, 스스로 (재)생산하는 관성 아래 놓여 있다.[72] 따라서 제2 개인화 역시 '제도' 수준이 아닌 자발적 공론화라는 정치적 '상호작용' 수준에서 일어나게 된다.[73] 벡이 서구 사회에서 관찰한 '새로운 공론화 정치'는 68운동 이후의 신사회운동이었다. 그러나 이후 세계화의 복잡한 흐름 속에서, 그는 기후변화를 의제로 한 초국적 공론화가 그런 일국적 공론화를 이을 것으로 예상했다.

서구와 비교할 때, 한국에서는 1990년대에 구사회운동 논리와 신사회운동 의제가 결합하면서 시민운동이 크게 성장했다. 2000년대 이후에는 특히 '촛불'의 등장과 함께 사회운동이 네트워크화하며, 한층 뚜렷이 신사회운동 방향으로 변화했다. 그런데 처음에 '촛불'은 여중생들의 자발적 참여로 '촛불소녀' 이미지로 표현되었고, 이후에는 '유모차부대'나 '사회운동의 팬덤 문화' 등 신세대 주부 또는 여성 소비자의 이미지와 연결되었다. 이처럼 한국의 사회운동이 민주화운동 등 구사회운동에서 촛불

---

72 루만(2020)의 '자기생산(autopoiesis)' 개념 참조.
73 결국, '상호작용=미시세계'이며 '제도=거시세계'라는 기능주의적 이분법 도식은 도전받을 수밖에 없다. 오히려 앞서 본 짐멜의 '방법론적 상호작용주의' 관점에서, 상호작용이라는 관계의 사회적 역동성으로부터 미시적 사생활 변화와 거시적 정치적인 것의 변화가 동시에 진행된다고 보는 것이 적절할 것이다. 벡은 짐멜을 직접 인용하지는 않지만, 신사회운동에 하버마스의 '공론장' 개념을 적용하여 그것과 개인화의 사적·공적 차원을 연결해 설명했다.

로 대변되는 신사회운동으로 변화하면서, 여성의 정치참여는 핵심적 요소가 되었다. 이후 '메르스 사태'와 '강남역 살인사건', '미투운동'을 거치면서, 한국의 새로운 사회운동에서 청년여성은 가장 능동적인 주체로 부상했다. '페미니즘 대중화'의 정치가 발현한 것이다.

한국의 가부장적 관계에서 역사적으로 우위에 있던 남성은, 위에서 보았듯 여성만큼 사생활 영역에서 개인화 경향이 분명하지 않다. 그리하여 가족의 형태변화와 관련하여, 남성의 1인 가구 증가나 출산회피는 오히려 '개인주의 없는 개인화'라는 '의도하지 않은 부대 작용'으로 해석되었다(장경섭, 2018). 또 사회적 영역에서는 '잉여'가 된 세대(최태섭, 2013)나 '586세대의 독식'(이철승, 2019) 등에 대한 세대 담론이 확산했고, 세대 담론에서는 전반적으로 청년여성의 존재가 삭제되었다(배은경, 2015). 말하자면 여전히 '청년=청년남성'의 동일시가 세대를 넘어 지속하는 가운데, 청년남성의 정치적 목소리는 공론장에서 주체적으로 표출되기보다 기성세대를 통해 대리 표출되는 양상이다.[74] 결국 공/사 영역을 불문하고, 청년남성의 사회변동 욕구는 애매성과 불확실성 속에 갇혀 있다.

여기서는 2016~2017년의 '촛불혁명'을 기점으로 삼아 한국의 정치 공론장의 변화를 살펴본다. 공론장을 지하 운동권에서 지상으로 민주화한 586세대 중심의 여전히 유교적인 공론장으로부터, 공론장이 압축적으로 변화 —개인화 기반 시민 공론장 및 이후 성별화— 하는 양상을 중심으로 볼 것이다. 사실 2016~2017년 광화문 광장 결집을 통해 폭발한 새로운 정치 공론장은 이미 1990년대부터 발전해 온 온라인매체와 관련되어 있다. 그러나 1990년대에는 아직 구사회운동적 특성과 신사회운동적 특

74   공론장에 대한 청년남성의 이런 소극성은 아래 경험연구 부분에서도 확인된다.

성이 병존하거나 뒤섞이는 양상이었다. 반면에 2016~2017년 '촛불혁명'을 계기로, 사회운동의 개인화 추세는 거스를 수 없는 것이 되었다.[75]

유교의 공/사 분리 개념

공자에게 '공/사' 구분은 '인仁'과 '사욕'의 구별이다. 주례로 돌아가고자 하는 공자에게 '공'의 기준은 '인'이고, '인'의 근본은 '효'이다. 결국, 공자는 종법제의 혈연적 원리라는 과거 지배계급의 도덕으로 돌아감으로써 '공'을 추구하고자 했다. 심지어 당시까지는 예의 주체가 아니었던 일반 백성들까지 주례의 정신을 통해 '인'에 도달할 수 있다고 설파함으로써, 공자는 기존 도덕의 영향권을 오히려 확대했다. 따라서 공자의 '공' 개념은 아렌트의 공공성 개념과는 괴리되며, 오히려 하버마스의 '과시적 공론장' 개념과 유사하다.

또 종법제의 정치적 구속력이 약화되는 상황에서, 맹자는 공자의 이념을 계승하고 발전시키고자 했는데 그것이 맹자의 유교이다(김우진, 2015). 이후 송나라 때에는 주희가 종족 사회에 기원을 둔 종법제를 공자의 '인仁'과 연결했다. 종법제의 핵심은 '생식'을 매개로 한 (부계) 종족의 재생산이다. 주희는 "仁을 '만물을 생성하는 하늘과 땅의 마음'으로"(나종석, 2013a: 9) 또는 "仁을 '낳고 낳는 것'生生으로"(나종석, 2013b: 143) 설명했다. 즉 종족 유지를 위한 음양의 화합을 '인'의 원리로 보았으며, 동시에 그것은 "인간이 본래 부여받은 본성을 실현하는"(나종석, 2013b: 149) 것이라고 했다. 여기서 남녀의 생식 자체가 아니라, 생식의 결과인 종족 유지가 '공'적인 것으로 이해된다. 따라서 생식의 제도적 장인 '가족'은 유교에서 전혀 '사'적

영역이라고 볼 수 없다.[76] 이것은 서구 봉건제에서 지배계급의 가족이나 혈연이 '사적' 친밀성의 관계가 아니라 정치적 지배관계의 핵심이었던 것과 마찬가지이다.

종족 유지라는 '하늘의 이치'와 대립하는 것은 '사람의 욕심'으로서, 주희의 경우에도 그것이 '공'에 대립하는 '사'를 의미한다. 따라서 종족의 유지가 아니라 이익을 도모할 경우 그것은 '사'가 되고, 비록 왕이라 하더라도 그에 대한 정당성을 주장할 수 없다. 또 공자는 일찍이 일반 백성 역시 '인'에 도달할 수 있다는 포용적 해석을 한 바 있는데, 주희는 여기서 한 걸음 더 나아가서 '인'을 모든 사람이 갖춰야 할 덕목으로 '보편화'했다. 즉 주희는 '공론'이란 황제의 '사적 이익' 주장에 대항하는 '공' 개념에 기초한 비판으로서, 더 이상 군주 스스로의 수양에 의해서만 가능하지 않다고 설파했다. 말하자면 제왕 역시 '사적 이익'을 주장할 수 있으므로, 제왕이 아닌 다른 사회계급 —특히 관료와 사대부— 에 의해서도 공론을 통한 견제가 필요하다고 본 것이다.[77]

---

76   "도리어 수신과 제가가 근본이요, 치국과 평천하는 지엽말절에 지나지 않는다"(배병삼, 2013: 103).

77   박훈은 유교적 정치문화의 하위 유형으로 군주독재적 정치문화, 군주-귀족연합적 정치문화, 실권자적 정치문화, 사대부적 정치문화를 구별한다. 이 중 사대부적 정치문화가 체계적 정치모델로 형성된 것은 송대 이후라고 보았다. 송대에 들어 귀족정치가 사라지고 황제 독재권이 확립되는 현상이 나타났고, 그것이 사대부적 정치문화와 동시에 일어났다는 것이다(박훈, 2019: 15-23). 따라서 송대 이후 사대부의 유교 정치는 귀족정치 신분제의 약화와 유교 관료제의 체계화라는 특징을 갖는다고 할 것이다. '사대부'의 개념 자체도 송대를 전후로 달라진다. 춘추전국시대에 그것은 군대의 중하급 지휘관과 직접적 참전자들을 가리켰고, 진나라와 한나라 초까지도 군리(軍吏)를 가리켰다. 즉 문인이 아닌 무인을 의미했다. 그러나 유교 종법제의 원형이 된 주나라에서 사대부는 문무 직능을 겸비한 자를 의미했다(박훈, 2019: 14). 중국에서 사대부 개념의 이러한 변화는 19세기 일본에서 하급 사무라이가 사대부로 전환한 것과 비교될 수 있다(박훈, 2019: 28-30).

이렇게 주희에 이르러 완성된 유교의 공론정치는 한편으로는 지배계급의 분화에 걸맞은 정치권력의 분산을 주장한다. 말하자면 제왕의 덕이었던 '인'을 일반 백성에게까지 적용되도록 보편화 또는 민주화한 것이, 서구보다 빨리 민주주의 정치를 제도화하는 방향은 아니었다. 오히려 유교 '민본정치'의 명분은 왕권을 제어할 수 있는 새로운 지배층의 성장을 초래했고, 그 과정을 도덕적으로 정당화했다. 따라서 그 새로운 지배층은 서구의 귀족 영주계급과 달리 단지 상속에만 의존하여 지위를 유지할 수 없었고, 과거제도를 통해 도덕적 능력을 입증해야 했다. 그리하여 제왕과 일반 백성 사이에 관료와 사대부라는 새로운 지배계급이 형성되었다. 관료와 사대부는 신분상으로는 일반 백성層과 원칙적으로 구별되지 않는다. 예컨대 조선의 신분제는 귀족제가 아닌 양천제였다. 즉 양민과 사대부 사이에는 신분적 경계가 존재하지 않았다. 그러나 직능을 의미한 양반은 왕권을 위협할 정도의 실질적 지배계급이었고, 그 계급 지위는 (능력 입증이라는) 조건부이기는 하지만 사실상 세습되어 혈통집단 안에서 폐쇄적으로 유지되었다. 그리하여 서구 봉건제의 귀족-평민 신분제와 달리 '개인 성취'의 요소가 가미된, 서구 사회학의 '신분'과 '계급' 개념 중간쯤에 있는 독특한 위계구조가 양민 신분 내에 형성되었다.

그러나 역설적으로 그러한 권력분화를 정당화한 논리는 제왕의 독점적 권력을 정당화했던 논리와 같은 것이었다. 즉 그것은 혈연과 정치적 관계가 여전히 미분화한 방식으로 설명되는 종법제였다. 이것은 새로운 지배계급 역시 제왕과 마찬가지로 신분적 지위라고 볼 수 있음을 의미한다. 일반 백성에게도 '인'의 가능성은 열려 있으나 그것의 실현 가능성은 과거 합격이라는 개인적 성취뿐만 아니라 종법제에 의해서도 제한된다. 부계혈통의 영속성을 의례로써 입증할 수 있을 정도의 사회경제적 지위가 확보되지 않으면 '인'이 실현될 수 없다. 결국, 군주제 자체에 도전할 만큼의 권력분화는 없었다. 오히려 농민층에서 지배계급으로의 사회 이동성을 어느 정도 허용함으로써, 지배논리의 불변성 속에서 권력경쟁을 강화하는 방식으로 권력분화가 이루어졌다.

　　종법제를 통해 제도화한 '혈연과 정치의 미분화'는, 그리스의 고전적 시민정치를 참고한 서구 근대 민주주의 이념과 명백히 대비된다. 고전 그리스 사회에서는 정치공동체인 시민 지위와 경제공동체인 가족 지위를 명확히 나누어 공/사를 구분했기 때문이다. 말하자면 서구의 근대적 공/사 구분과 유교 '공론' 개념에서의 공/사 구분은 전혀 다르다. 서구의 공/사 분리는 '정치=공/경제=사'를 의미하나, 유교적 공/사 분리는 '혈통집단=공/개인=사'를 의미한다. 물론 서구 정치의 발전과정 속에서 계급 갈등의 결과, 경제의 많은 부분이 공적 영역으로 포괄되었다. 그 결과 오늘날 서구 페미니즘의 '공/사 분리' 개념처럼, '정치경제=공/가족=사'로 새로운 구분이 이루어진다. 즉 근대적 '공/사' 개념은 '사회정의/친밀성'의 구분으로 변화하고 있다.

　　반면에 유교적 '공/사' 개념은 '집단 귀속/개인 이익'의 내용을 갖는다. 이런 문화적 영향으로 인해서 한국의 기성세대에게는 여전히 집단주의적 도덕의식이 강하다. 그리하여 기성세대가 개인 이익에 기초한 시장경제를 옹호하거나 당연시할 때에도, 그들은 규범적으로는 '개인주의=이기주의'로 단죄하는 경향이 아직 강하다.[78] 이로 인해 오히려 분배의 문제

78　　최근에는 사회경제적 이익과 관련된 문제에서 신자유주의적 개인주의화가 급격히 진행됨으로써, 청년층에서 '능력주의'와 관련된 '공정성' 개념이 확대하고 있다. 그리하여 남녀를 막론하고 청년층은 능력 경쟁에서 연줄이나 '부모 찬스'를 동원하는 데에 크게 분노한다. 그러나 '능력주의'와 '공정성' 개념이 시장에서의 경제적 자유주의에만 제한될 경

를 정의(공론)의 영역에서 제도화하는 것이 아니라, 개인의 도덕적 문제로 단죄한다. 특히 제도적 차원에서는 여전히 부계 종법제에 기초한 집단주의 공동체의 모델이 (좌우를 막론하고) 지배적이어서, 남성 집단의 지배에 반발하는 청년여성뿐만 아니라 '꼰대'에게 반발하는 청년남성에게도 문화적 격차가 인지된다.

　　민주화세대 또는 '386세대'는 정치 민주화를 통해 연고주의적 공/사 개념을 근대의 시민적 공/사 구분으로 바꾸고자 했다. 그러나 이들의 '머리'는 이렇게 시민적·고전적 공/사 구분을 수용했으나, 특히 사적 영역에서 '몸' 또는 아비투스는 여전히 유교 도덕과 결합해 있었다. 따라서 그 것은 1987년 이후 태어나 제도적 민주화 속에서 자란 젊은 층의 아비투스와는 근본적으로 다를 수밖에 없다.[79] 특히 청년여성의 경우에는 정치경제의 '공'적 영역에서만 공정성이나 정의를 추구하는 것이 아니라, 친밀성의 사적 영역에서도 정의(평등)를 추구하는 페미니즘적 급진성을 보인다. 한국의 정치 민주화 이후, 공/사 개념이 세대별·성별로 이질성을 갖게 된 것이다. 이런 차이는 공론장에서의 차이로 연결될 수밖에 없다.

한국의 유교 공론장에 대한 논쟁

　　조선 초기부터 제도화한 유교 공론장(송웅섭, 2015; 설석규, 2002; 이원택,

우, 그것은 분배정의를 문제 삼는 정치적 자유주의와도 충돌할 수밖에 없다.

[79]　　여기서 '586세대'가 아니라 '386세대'라고 표기한 이유는, 이들이 30대에 정치 민주화를 추구한 핵심세력이었기 때문이다. 그러나 50대에 이르면 특히 사회규범의 측면에서 이들은 기성세대의 지위에 도달하여, 젊은 층에 의해 '산업화세대' 못지않은 '꼰대'로 인식된다. 산업화세대가 '보수꼰대'라면, 이들은 '진보꼰대'로 인식되는 것이다. 전자는 비논리성이, 후자는 도덕적 이중성이 비난의 표적이 된다. 이하에서도 정치적 민주화 세력의 의미가 강할 경우에는 '386'으로, 기성세대의 의미가 강할 때는 '586'으로 표기한다.

2014)은 17세기 들어 종법제 제도화를 발판으로 삼으면서, 서구에서처럼 '절대주의적 평등관'을 확대할 수 있었다고 김상준은 주장한다. 그리하여 김상준은 유교 공론장이 동학 공론장에 앞서서 '근대적' 공론장으로 작용했다고 보았다. 이와 같은 논리는 유교가 현대사회에서도 '공공성의 위기'에 대한 대안으로 거듭날 수 있다는 전망으로 연결된다(김상준, 2016; 김도영·배수호, 2016; 최우영, 2003). 그러나 근대성에 대한 위와 같은 견해는 아이러니하게도, '성과 속'이라는 전형적으로 서구적인 관점에서 출발한다.

　　서구의 경우에는 봉건제가 기독교의 '성' 관념에 기초하여 정당화되었으므로, 김상준의 설명처럼 '성/속의 통섭 전도'가 근대화의 계기로 작용했을 것이다. 말하자면 '성(기독교)'에 '속(속세)'이 통섭되던 시대에서 '속'에 '성'이 통섭되는 시대로 전환 —베버의 '세속화'— 된 것이 '근대화'라는 설명이다. 그러나 '성/속'의 신학적 구분이 아니라 특유의 '공/사' 도덕 구분에 기초해 있던 유교사회에서 '성/속'을 역사적 시기 구분의 척도로 삼는 것은 오히려 이물감을 준다.

　　시장 발전 및 시민혁명과 함께 서구에서 확대된 '성/속의 통섭 전도'와 비교하려면, 조선에서는 '공/사의 통섭 전도'를 말해야 할 것이다. 그러나 (다소 변형된) 유교적 '공' 개념을 통해 '사'를 통제하는 경향은, 현대 한국의 발전주의 산업화 및 이후의 민주화 과정에서도 오히려 지속되었다. 앞서 본 유교의 '공/사' 개념을 따르면, '공/사의 통섭 전도'는 개인 이익 중심의 규범 속에 '효'의 규범이 통섭되는 것일 텐데, 그러한 한국식 '세속화'는 규범적 수준에서는 아직도 정당화되지 못하기 때문이다. 무엇보다도 신자유주의화의 물결 속에서 경제영역에서는 '공/사의 통섭 전도'가 명백할 뿐 아니라 오히려 서구보다도 더 빠르게 진행되고 있다. 그러나 그것이 규범적 변화까지 수반하지는 못한다. 실제 행위와 규범 간의 이런 괴리로 인해서, 청년층이 '개인주의화'하는 오늘날에 이르러서야 오히려 아노미적 상황이 펼쳐지고 있다.

말하자면 한국의 산업사회는 과거 유교적 '공' 개념의 선택적 부흥에 기초하여 산업화에 성공한 '한국적 특수경로'를 보여 준다. 이것은 자유주의나 개인주의 규범의 발전 없이 왕권에 의해 산업화를 성공시킨 '독일적 특수경로'와 비교될 수 있다(홍찬숙, 2017a). '독일적 특수경로'는 계몽군주에 의한 권위주의적 산업화의 결과가 나치즘이라는 극단적인 인종적 공동체주의로 연결된 양상을 말한다. 즉 산업화 성공이 정치적으로 민주주의가 아닌 '근대적 야만(과학으로 무장한 야만)'으로 귀결되도록 한 '비동시성의 동시성'이라는 사회적 복잡성을 말한다. 여기서 핵심은 '근대 과학적 이성'을 표방한 계몽주의가 시민계급의 정치·경제적 해방 ―이것의 이념적 표현이 자유주의이고 개인주의이다― 과 동시에 진행되지 못하고, 산업화 추격을 위해 봉건적 지배계급에 의해 차용되었다는 것이다. 즉 아도르노가 말한 '계몽의 변증법'이 매우 극단적인 형태로 진행된 것이다.

한국의 산업화 역시 뒤늦은 추격을 위해 군사주의적인 정권에 의해 위로부터 추진되었다. 한국에서는 '독일적 특수경로'보다 일본의 근대화 경로를 더 모방했을 텐데, 그것은 유교적 정치론과 서구의 기술 합리성을 융합하는 형태이다(박훈, 2019, 2020과 비교). 독일의 시장경제가 프로이센과 나치하에서 민족주의적 개신교 윤리, 2차대전 후에는 보수적인 가톨릭 사회윤리와 결합했다면, '한국적 특수경로'에서 시장경제는 유교적 전통을 잇는 관료제('충') 및 가족주의('효')와 결합했다.[80] 후발 산업국가인

80　2차대전 후 독일의 '사회적 시장경제'가 보수적 가톨릭 사회윤리와 결합했기 때문에, 에스핑-앤더슨은 독일의 복지체제를 '보수주의'로 분류했다. 그러나 서독은 2차대전 이

독일과 일본, 그리고 신흥 발전국가인 한국에서 '추격 산업화'는 전근대적 권력의 권위주의적 정치와 기술 합리성의 경제가 결합한 결과이다. 즉 정치적으로 민주주의 발전을 통해서가 아니라 전통적 지배의 권위를 효율적으로 동원함으로써 산업화에 성공할 수 있었다.

근대 독일이 낭만주의적이고 혈통적인 민족주의 상상을 통해 근대국가를 뒤늦게 형성하고 산업화를 추격할 수 있었고 메이지유신의 일본이 유교적 정치이념으로 무장하여 서구 제국주의를 추격할 수 있었던 것처럼, 한국의 산업화 역시 조선 말의 '동도서기론'과 유사한 방향을 따랐다. 그리하여 이들 국가에서 비민주적 정치권력이 시장경제를 성공적으로 제도화할 수 있었던 것은, 역설적으로 혈통 민족주의적 개신교(세속화)나 유교적 '공/사 개념'의 전유를 통해서였다. 그렇게 '사적 이익에 의해 움직이는' 시장을 근대적 개인 해방의 이념과 단절함으로써, 후발 산업화의 추격이 가능했다. 이런 과정을 통해 서구 개인주의 시민 규범은 '문화'가 아닌 '문명'으로 구별되어 독일에서처럼 순수한 물질주의적 성격으로 규정되거나(홍찬숙, 2017a), 또는 공동체 윤리와 배치되는 비도덕성으로 폄훼되었다.

유교 공론장에서 시민 공론장으로

한국에서 권위주의적 산업화에 대한 비판은 소위 '비판적 지식인'을 중심으로 한 '민주화운동'을 통해 민간 부문에서 자발적으로 형성되었다. 민주화운동을 이끌었던 것은 4·19에서 6·10항쟁에 이르는 학생, 대

후 연합국의 영향력 아래 '민주시민 정치교육'을 제도화하며 서구화를 따라잡는 데 성공했다. 반면에 전후 일본은 서구화가 아닌 일본식 근대화를 고수할 수 있었다.

학교수, 화이트칼라 중심의 지식인 공론장이었다. 폭력적 정치 속에서 그것은 점점 비밀결사의 성격을 띠었고, 그런 점에서 일제 치하 민족주의 공론장의 성격을 이어받았다. 그런데 조선시대 유교 공론장이 민의를 명분으로 내세우되 민(民)의 직접적 발언을 억압했던 것과 같이, 지식인들의 이 저항적 공론장 역시 일정한 모순을 내포했다. 이들 비판적 지식층은 대체로 사회에서 안정적 지위를 기대할 수 있는 신중간계급 정도의 위치에 있었다. 그런 점에서 그들은 조선시대의 사대부와 마찬가지로, 현실에서 권력분점을 기대할 수 있는 예비 권력층이라고도 할 수 있다.

박훈(2019: 16-18)에 의하면, '사대부적 정치문화'의 특징은 1) 사대부가 자신의 직무를 넘어서 정치 전반에 관심을 가지며 발언하는 것, 2) 여론정치의 성격을 갖는 공론정치를 펴는 것, 3) 학문을 매개로 관계, 네트워크, 조직을 형성하는 것 등이다. 박훈은 이 중에서도 특히 학적 네트워크가 가장 핵심적이라고 보았다. 그런데 한국의 발전주의 산업화 과정에서 형성된 비판적 지식인의 정치문화 역시 이런 사대부 정치문화와 크게 다르지 않다. 그뿐만 아니라, 이들은 종법제에 기초한 유교적 가족제도로부터 규범적 자유를 추구하지 않았다. 다만 이들은 유교적 가족제도를 서구적 '공/사' 구분에 맞춰 '사적' 영역으로 제한하고자 했을 뿐이다.

즉 이들은 사대부 정치문화와 종법제 혈연 의식을 견지한 채, 아렌트의 '공공성'이나 하버마스의 '공론장' 개념에 기대어 근대 서구적 '공/사 구분'을 제도적으로 도입하고자 했다.[81] 유교의 사대부와 마찬가지로 지

---

81   박훈은 공론정치(또는 토의 정치)의 차원을 ㉠ 정부 내부, ㉡ 정부와 정부 바깥 사이, ㉢ 정부 바깥의 세 공간에서 이루어지는 것으로 구별하는데, 유교 공론정치의 발단은 ㉠인데 비해 하버마스의 개념은 ㉢에 해당한다고 구별했다(박훈, 2019: 189-190).

식계급이라고 할 수 있는 비판적 지식인들은 과거 동학세력이 주장했던 '신분제 폐지'를 서구적 의미의 '공적' 영역으로만 제한하여 주장한 것이다.[82] 이는 산업화 성공에 따른 부의 증가에 힘입어, '사적' 영역에서 오히려 제사가 보편화하고, 조선 말의 '온 나라 양반 되기' 열풍(김상준, 2016)도 부활한 듯 오히려 전국적으로 보편화했기 때문이다. 집단주의적 신분 귀속의 원리인 '종법제' 질서는 사적 영역 내로 축소되는 동시에 전 국민적인 규범이 되었다. 말하자면 공자와 주희가 꿈꾸었던 '인'의 일반화, 보편화가 한국에서 마침내 산업화 성공을 통해 실현된 것이다. 사적 영역 내에서 유교적 종법제 질서의 균열 또는 와해는 1989년 가족법 개정으로 시작하여, 호주제가 철폐된 2000년대에 와서야 민법으로 정당화되었다.

이처럼 선도적 지식계급에 의한 정치 민주화는 유교적 '공/사' 개념을 서구적 '공/사' 구분으로 치환하려는 목적을 가졌으나, 실제로는 오

---

82   김상준(2016)과 박훈(2019)은 동학을 유교의 연장선으로, 즉 '민(民)이 사대부화'한 형태로 보았다. 그러나 그것은 유교와 동학을 도덕적 태도나 정치적 네트워크 측면에서만 비교하고, 종법제라는 유교적 지배제도의 근간을 간과했기 때문일 것이다. 동학 역시 왕권이나 유교 도덕을 부정하지 않았으나, 서학의 영향을 받아 '민회'를 상상했으며 신분을 떠나 만인의 동등함('인내천')을 주장했다. 이런 개념이 17세기 이후 조선에서 제도적으로 뿌리내린 '종법제적 인간관'을 완전히 부정했는지는 확실치 않지만, 사대부층에 대항하여 신분제 폐지를 요구한 것은 사실이다. 김상준이나 박훈이 유의하지 않는 유교의 제도적 핵심인 종법제는, 중국이나 17세기 이후 한국에서와 달리 일본에서는 가족제도 및 정치제도의 법제화 과정에서 핵심적 역할을 하지 않은 것으로 보인다. 도쿠가와 봉건제에서 일본의 가(이에) 및 공/사 구분에 대해서는 이케가미 에이코(2008: 507-509) 참조. 무엇보다도 중국과 조선에서 '적장자 계승'의 원칙은 가계 및 제사 계승과 관련된 것이었으나, 일본에서는 재산상속의 문제였다. 유교의 영향으로 일찍부터 문인 지배로 전환했고 군현제를 시행했던 중국이나 한국과 달리, 일본은 근대화 전까지 무인 지배하 봉건제의 기간이 길었다. 그런 특성과 함께 서양문명의 위협 속에서 본격적 사대부화가 진행되었다는 시기적 특성으로 인해서, 일본에서는 유교와 관련된 주나라의 제도로서 종법제보다 봉건제(박훈, 2019: 417 이하)가 더 큰 논쟁거리였다. 반면에 한국에서는 17세기 이후 '유교화'(도이힐러, 2013) 과정에서 종법제의 확산이 제도 변화의 핵심이었다.

히려 양자를 덧붙이는 결과를 가져왔다. 사적 영역에서 종법제 도덕률이 일반화됨으로써 집단주의 도덕의식이 지속하는 반면에 공적 영역에서는 공민으로서의 개인적 자율성이 강조되는 개념적 착종이 발생했다. 즉 민주적 시민정치 형태로 아렌트적이고 하버마스적인 공론장이 상상되었으나, 비판적 지식인 주도의 정치 민주화를 통해 마침내 성취한 시민 공론장은 그렇게 상상된 공론장이라고 할 수 없다. 서구의 근대화 및 개인화역사에 기초한 하버마스의 근대 시민 공론장은 '공민성'과 '개인성'의 합작이었기 때문이다(Habermas, 1991; 윤형식, 2013). 반면에 한국의 저항적 지식인 공론장 및 그 성취결과인 시민정치 공론장은 '개인성 없는 공민성'에 기초한, 유교적 혈연집단을 배후에 둔 독특한 형태의 공론장이었기 때문이다. 벡이 말하는 서구의 '반쪽 근대성'과는 또 다른 성격의 한국적 반쪽 근대성의 공론장이 형성된 것이다.[83]

그리하여 저항적 지식인 주도의 공론장에서도 '개인' 개념 또는 '개인주의' 규범은 여전히 탈사회적인 이기주의를 의미했다. 공론장의 공민은 사적 개인이 아닌, (부계 혈연) 공동체를 대표하는 도덕적 대변자들이었다.[84] 이와 달리 공론장에서 '개인의 목소리'가 드러나기 시작한 것은 1990년대 이후 한국형 위험사회에 이르러서였다. 과거 종법제 외부에 있

---

[83]   개인화와 관련하여 벡(Beck, 1986)이 말하는 서구의 '반쪽 근대성'은 개인화가 산업사회의 시민계급 남성에게 적합한 형태로 '유사신분제적'으로 제도화했다는 의미이다. 반면 여기서 한국의 반쪽 근대성은 '개인(주의) 없는 공공성'이라고 할 수 있다. 말하자면 일찍부터 계급으로 갈린 서구의 개인주의적 남성연대('형제애'라는 횡적 유대)와는 다른 형태로, 한국의 남성연대는 본격적인 신자유주의화 이전에는 종법제라는 혈통 질서(종적 유대)에 기초한 공동체적 성격을 보였다.
[84]   이러한 '도덕적 대변자' 정체성은 현재 젊은 층에 의해 '꼰대'라는 표현으로 냉소와 불신의 대상이 되고 있다.

는 개인 —서얼, 과부, 노비— 의 존재를 인정받고자 한 동학 공론장의 맥이 끊긴 상태에서 1987년의 정치 민주화에 이르기까지, 종법제 외부에 있는 '개인'의 위치는 여전히 정당성을 획득하지 못했다.

그런데 저항적 지식인에 의해 1987년 이후 '한국적 반쪽 근대성'의 형태로 절차적 민주주의가 성공한 이후, 한국 발전주의 산업화의 병폐는 이제 '한국형 위험'들로 분출되었다(홍찬숙, 2015a). 이후 다양한 '위험'의 발생을 둘러싸고 시민이 스스로를 더욱 정치화하면서, 시민의 정치적 감수성은 집단적 귀속이나 대표성 —산업화세대의 연고 정치 또는 586세대의 '네트워크 권력화'— 보다는 '나나 나와 비슷한 사람들에게 닥칠지 모르는 위험'에 대항하는 권리의 형태로 개인화하기 시작했다.

이 과정에서 유교적 공/사 개념의 근간이었던 종법제 결속으로부터 개인을 풀어 준 제도적 매개물은 일련의 가족법 개정이었다. 1989년 가족법 개정과 함께, 종법제는 사적 영역에서도 타격을 입었다. 2008년 마침내 호주제가 폐지되면서, 개인의 신분은 '가(家)'가 아니라 개인을 기준으로 등록되고 있다. 말하자면 법적 신분 규정에서는 이제 '사적' 영역에서도 종법제가 자취를 감추고 '개인' 존재가 인정되고 있다. 이와 같은 법적 신분 규정의 개인화와 함께 개인 자격으로 자유롭게 출입하는 온라인 미디어의 확산 등 기술변화에 힘입어서, '도덕적 대변자'가 아닌 개인의 목소리가 점점 더 커지고 있다.

이렇게 보면, '사적 개인'이 아닌 '공민'의 측면에서도 개인화는 위험사회로의 탈바꿈을 통해 진행되었다. 여기서도 '근대화=산업화=개인화'라는 서구적 근대성 도식이 들어맞지 않으며, 사적 친밀성 관계의 개인화에서와 마찬가지로 압축성이 나타난다. 그것이 신분적 공동체로부터 풀려나는 개인들 간의 다원주의적 정치적 연대라는 의미에서 근대적

'공민화'(제1 개인화)인 동시에, 그러한 정치적 연대가 혁명 또는 능동적인 집단이익의 추구를 목적으로 하지 않고 오히려 산업화의 부작용인 위험을 중심으로 반사적으로 형성되는 특성(제2 개인화) 역시 보이기 때문이다. 따라서 연대의 형태 역시 고전적인 2차 집단(이익집단, 정당, 노조)에 기초하거나 관료적 제도화로 가는 방향이 아니라, 위험 당사자이자 제도 앞에서 취약자인 개인들 간의 공감에 기초한 느슨한 '연결'의 형태를 띠게 된다. 이에 대해서는 아래 사회운동의 변화 양상에 대한 설명 속에서 좀 더 자세히 다룬다.

박근혜 정부의 탄핵과 새 정부의 탄생으로 귀결된 2016~2017년의 촛불혁명은 이와 같은 압축적 개인화의 흐름 속에서, 마침내 근대적이며 동시에 현대적인 '시민 공론장'의 압축적 형성을 가시화한 사건이다. 가족법 개정과 인구구조 변동, 온라인매체의 발전 등을 통한 친밀성 영역의 변화와 함께, 연이은 '한국형 위험'의 발생으로 '위험'을 통해 정치적 주권자로 각성하는 개인화의 이중 과정을 거치면서(홍찬숙, 2017d), 하버마스가 말하는 '공/사 합작'의 근대적 시민 공론장이 비로소 (그러나 서구와는 다른 형태로) 형성되었다. 즉 시민 공론장이 형성되는 과정에서 개인화가 압축적으로 진행됨으로써, 서구의 신사회운동에 비견 —풀뿌리 조직의 느슨한 연결 형태— 되면서도 그것을 뛰어넘는 현대적 (온·오프라인 합작) 시민 공론장이 형성된 것이다. 그리고 그것의 결과가 2016~2017년의 광화문 광장이고 촛불혁명이라고 할 것이다.

민주화세대의 지식인 공론장이 이처럼 '시민 공론장'으로 탈바꿈하는 데 있어서 가장 중요한 계기는 1980년의 광주항쟁이다. 다른 민주화운동과 달리, 광주항쟁은 국가폭력에 의해 (지식인이 아닌) '도민' 전체의 결속이 (자발적 봉기보다는 오히려) '강제된' 형태의 정치적 저항이었다. 즉 그것은 '권리'나 '이익'을 내세운 선제적 투쟁이 아니라, 예상치 못한 폭력 위험의 발생 속에서 스스로 방어하기 위해 결속한 '부작용의 정치'였다. 따라서 광주항쟁을 계기로 정치적 권력의 문제는 더 이상 자발적인 '지식인 공론'의 영역에 머물 수 없게 되었다. 그것은 산업사회에서 제도적으로 계산되거나 기대되지 않은 '위험'의 발생으로 당사자 중심의 시민 결속이 불가피해진 위험사회 정치의 한국적 원형이 되었다.

그리하여 1987년 이후의 민주화 과정에서도 광주항쟁은 매우 중요한 역할을 했다. 이후 '시민의 결속'을 불가피하게 부르는 위험이 더욱 다양한 형태 —광우병, 가습기 살균제, 세월호, 강남역 살인사건, 비정규직 노동자의 재해, 핵발전소, 코로나19 팬데믹, 아동학대 등— 로 나타났을 뿐만 아니라, 그 속에서 보이는 시민 결속과 제도 권력 사이의 비대칭성도 서구와 비교할 수 없을 만큼 컸기 때문이다. 서구에서는 제1 개인화 이후 시민권이 확대되는 과정을 겪었으며 그것이 '법치'의 내용이 되었다. 그러나 한국에서는 이제 처음으로 시민적 주권의식이 아래로부터 형성되면서도, '법치'가 여전히 '법의 하향적 지배'로 작동했기 때문이다.

촛불혁명을 예비한 가장 중요한 위험은 2008년의 광우병 위험, 2014년의 세월호 참사라고 할 수 있다. 그런 '위험사회'적 특성으로 인해서 촛불혁명을 통해 관찰되는 새로운 공론장은 하버마스가 말한 '새로운 시민 공론장'의 특성 역시 갖는다.[85] 촛불혁명의 위험사회적 특징은 무엇

---

85   서구에서 ('이익'이 아닌) '위험'을 정치적 의제로 제기한 신사회운동을 하버마스는 새로운 '시민 공론장'으로, 벡은 위험사회의 새로운 '정치적인 것'으로 개념화했다. 벡은 신사회운동을 통해, 생활세계가 일방적으로 체계에 의해 식민화하는 것이 아니라 오히려 새로운 '공/사 합작'의 시민 공론장이 형성되는 중이라고 판단했다. 즉 사적 영역에서 한층 성찰적으로 진행되는 개인화가, 공적 영역의 새로운 정치적 움직임과 조응한다고 보았다. 그런 의미에서 벡은 '개인화'를 위험사회의 핵심적 사회변동으로 규정했다.

보다도 저항 형태 및 저항 세력의 '개인화'이다. 종법제를 원형으로 '조직 문화'에 익숙한 아비투스를 보이는 민주화운동 주체들과 달리 또는 그들과 나란히, 촛불혁명의 주체들은 주로 분산된 개인들이었고, 네트워크형 정보통신 기술에 의존하였으며, 자신들만의 새롭고 다양한 욕구를 자유분방하게 표출했다.

그렇게 함으로써 그들은 '87년 체제'(정치 민주화)를 통해 해체되지 못한 일상의 가치관과 문화적 에토스를 깨트렸다. 2008년 촛불집회를 통해 공론장의 주체인 "대학생의 자리가 청소년에게 이양되었고, 남성의 자리가 여성에게 절반 혹은 그 이상으로 넘겨졌다. … 현대사에서 자주 그래 왔듯이 대학생이지 않고 청소년, 그것도 촛불소녀였고, 항쟁의 바통을 이어받은 자가 넥타이부대가 아니라 유모차부대와 하이힐 여성들이 된"(김종엽, 2017: 187) 것이다. 과거 비판적 지식인 공론장의 핵심이었던 대학은 이후 신자유주의적 성과('스펙') 경쟁의 장소로 변화했고, 여성 청년과 청소년 사이에서 페미니즘이 중요한 사회적 이슈로 등장하게 된다. 말하자면 '위험사회' 정치 속에서 격변 중인 가치관과 문화적 에토스는 '지식인'이라는 과거 공론장의 집합적 주체를 해체하고 있는데, 그 과정에서 특히 성별 감수성 차이가 두드러지고 있다.

시민 공론장의 성별 분화 및 대립 추세

촛불혁명으로 가시화된 시민 공론장의 사실상 기초가 되었던 온라인 공론장은 그 형성 초기부터 성별화를 수반했다. 초기에 컴퓨터 사용자들이 대부분 남성이었기 때문에, 온라인 공론장은 쉽게 여성혐오의 발화공간으로 변해 갔다. 된장녀, 김치녀, 김여사 등의 여성혐오적 단어들이 주조되어 유통되었고, 1999년의 군가산점제 폐지에 대한 반발로 페미니즘과 여성가족부를 폄훼하는 말들이 출현하여 여전히 유통된다. 그리하여 '일베(일간 베스트 저장소)'와 같은 노골적인 혐오발화의 온라인공간이 형성되고 세월호 참사를 통해 그것이 광화문 광장으로 진출하는 등, 시민 공론장 내부에서 혐오문제가 두드러지기 시작했다. 이런 과정에서 온라인 사용 여성들을 중심으로 '페미니즘 재부상'이라고 불리는 페미니즘 대중화가 시작되었는데, 온라인 공론장에서 이들이 '메갈리아'로 불리면서 온·오프 공론장이 성별로 분화 및 대립하는 양상이 진행되었다.

세월호 참사를 계기로 헌법에 근거한 시민의 주권의식이 한층 강화되면서, 그것은 아래로부터의 '국민' 정체성 확산의 계기가 되었다(홍찬숙, 2017d). 반면에 전염병인 메르스의 위험은 '공포 확산'(남주현, 2015)을 불렀다. 세월호 참사가 애도와 트라우마를 확산시켰다면 메르스는 '국민적 패닉'(김호기, 2015)으로 연결되었다. 세월호가 '인재'이자 한국사회 민주주의 저발전의 결과인 '사회적 참사'였다면, 메르스는 인간을 상대적으로 무능하게 만드는 '자연재해'로 인식되었다. 그리하여 세월호 참사의 피해자들과 애도자들은 (실제적/잠재적) '피해자'라는 공통의 '취약자' 정체성을 통해 서로 연결되었으나, 메르스의 피해자는 '위험한 병원체 전달자'로 인지될 가능성을 가지게 된다. 특히 전염병이 예상외로 빠르게 확산하면서, '최초 감염자' 또는 '슈퍼전파자'를 찾아내어 격리하는 데로 관심이 쏠렸다. 말하자면 세월호 참사와 달리, 피해자와 잠재적 피해자 간에 공감이나 연결보다는 '구별'과 '분리'가 우세해졌다.

그러한 구별과 분리는 국가 차원의 '예방'정책뿐만 아니라 예방에 대한 개인들의 관심 속에서도 진행되었다(박단비·권상희·강보영·김세진, 2018). 말하자면 비감염자가 자신을 피해자가 아닌 국가와 동일시하면서, 피해자를 오히려 병원체(위험원인)로 보는 사회심리적 상황이 연출되었다.[86] 그리하여 "메르스 격리자, 공공의 적이었나?"(이은환, 2015)라는 문제제기에 이르게 된다. 그런데 이렇게 그 자체로 차별적인 질문에 더해, 이 질문에 대한 대답은 한층 더 차별적이었다. 그렇게 차별이 두터워지면서, 온라인 디시인사이드에서 메르스 관련 문제로 소통하던 '메르스 갤러리'는 전투적 온라인 페미니즘의 출발점으로 거듭나게 된다.

애초에 메르스 첫 환자로 의심된 사람은 젊은 여성이었는데, 남성 중심 온라인공간에서 이 여성은 단순히 병원체와 동일시된 정도가 아니라 '무책임하고 쓸데없이 외국으로 나돌아 다니는 무지몽매한 여자', 즉 적극적 병원체 전달자로 취급받았다. 그런 와중에 최초 의심환자가 중년 남성임이 밝혀지자, 이 '피해자=공공의 적' 패러다임은 사라지고, 오히려 여론은 피해자에 대한 공감과 동정으로 순식간에 대체되었다. 그 남성 환자에게 '가장의 무게'에 대한 온정의 언어들이 쏟아진 것이다(조혜영, 2015; 김익명 외, 2018). 이처럼 피해자의 성별에 따라 연대와 적대의 반응이 뒤바뀌는 것을 경험하면서, 여성 중심 온라인공간이었던 '메르스 갤러리'는 '페미니즘 재부상'의 근거지로 떠오르게 되었다.

한국에서 혐오정치의 시초는 '일베'라는 남성 중심 온라인공간이었다. 오프라인공간의 전통적 상호작용에서는 대면관계 자체에서 (소위 '눈치'를 통해) '사회적 제재'들이 작동하므로, 그전까지는 도덕적 금기가 쉽게 무너지지 않았다. 아마도 이것이 온라인과 오프라인공간을 구별하는 핵심적 차이 중 하나일 것이다. 온라인공간에서는 단순히 익명의 행위자로 소통에 참여할 수 있을 뿐 아니라, 비언어적인 소통이 실시간으로 제재

---

86   이와 달리 세월호 참사의 경우에는 수학여행 금지 등 개인적 사고예방을 강조하는 국가에 대해 일반인들이 비판적 태도를 보였다.

없이 진행된다. 이런 이유에서 온라인공간에서는, 오래 유지되던 도덕적 금기들이 걷잡을 수 없이 빠르게 해제될 수 있었다. 그리하여 한국사회에서 아직 한 번도 경험하지 못한 노골적인 혐오표현들이 자유롭게 유통되었는데, 그것이 '일베' 커뮤니티의 특징이었다. '일베'의 혐오발화는 애초에는 오락처럼 개인적 심리 해소의 성격이 강했다. 그러나 민주화 세력과 사회적 약자, 여성 등을 반복적으로 겨냥하고, 특히 세월호 참사와 관련하여 광장 집회로 진출하면서, 혐오정치로 귀결되었다.

세월호 참사는 일반시민이 '제도화한 부정의'의 잠재적 피해자라는 '취약자' 위치를 공유하며, 개인의 헌법적 주권자 지위("대한민국은 민주공화국이다")를 주장한 사건이었다. 그러나 동시에 그와 같이 개인화한 '공감정치'는 '혐오정치'라는 새로운 '타자화'의 정치를 수반했다(홍찬숙, 2019). 벡은 개인화로 인해 개인이 '개인'으로서만 인식됨으로써 '타자'의 집단적 동일성 자체가 무의미해지고, 모두가 시민으로서 평등한 지위를 갖게 되리라고 전망했다. 물론 그 과정에서 근본주의나 극우화 등 극단적 집단화를 경고하면서도, 결국 지구의 파멸을 피하려면 만인의 평등한 연대가 불가피하다고 주장했다. 근본주의나 극우주의는 모두 대중적인 혐오정치의 성격을 갖는다. '차이'와 '이질성'을 '잘못'이나 '부정의'로 규정하는 배제의 원리에 기초하기 때문이다. 한국에서는 이런 혐오논리가 세월호 참사를 통해 정치세력으로 등장했으며, 메르스 사태를 겪으면서는 무엇보다 여성혐오 또는 성별 정치의 형태를 띠게 되었다.

일베의 전반적 혐오성향이 온라인 공론장에서의 일반적인 경향은 아니다. 온라인 공론장 역시 보수와 진보로 갈리면서 이질적 가치를 보여왔기 때문이다. 그러나 여성혐오성향은 아래 경험연구 부분에서 확인되듯이, 보수/진보의 구별과 무관하게 남성 중심 온라인 공론장에서 공유되고 있다. 물론 여성혐오는 온라인을 중심으로 표출되며, 오프라인 공론장으로 매끄럽게 진출하지는 못한다. 언어의 형태로만 여론과 매체들에서 유통될 뿐, 본격적인 집합적 정치세력으로 등장하지는 않았다. 또 민주화 세력이나 사회경제적 약자에 대한 혐오가 진보/보수의 구별로 연결되는 것과 달리, 여성혐오는 청년 또는 청소년 남성의 집단적 오락문화로 여겨진다. 그리하여 '오락'인 여성혐오는 비정치적인 것이고, 그런 '오락'에 정치화로 대응하는 페미니즘이 오히려 지나치다는 의식이 청년남성을 중심으로 형성되었다.

그리하여 전통적인 가부장적 성차별이 아니라, 페미니즘에 대한 혐오(반페미니즘)가 청년층 남성의 새로운 문화로 대두하고 있다. 역설적으로, 가부장적 삶이나 태도를 의심의 여지 없이 누려 오던 기성세대 남성보다 가부장권의 상실을 기정사실로 보는 젊은 남성들이 오히려 더욱 '반페미니즘적'이라는 낙인을 부여받는다(천관율·정한울, 2019; 마경희 외, 2020). 이것은 세월호 참사를 통해 도달한 '제도 앞 취약자로서의 시민'이라는 새로운 통일적 정체성이, 특히 청년층에서 성별로 갈리고 있음을 말해 준다. 제도의 부당성이 성적으로 편향된다는 느낌을 전통적으로 제도적 약자였던 여성만이 갖는 것이 아니라, 청년남성까지 갖는 문화변동이 진행 중인 것이다. 여기에는 1987년 정치 민주화 이후 추진된 성차별 시정정책에 대한 반발이 크게 작용했다. 즉 민주화와 성평등정책의 동시성으로 인해서, 서구와는 다른 방식으로 개인화의 결과가 나타난 것이다. 그리하여 여성의 개인화가 서구 남성들에게는 주로 '사적인' 친밀성 관계의 문제로만 인식되는 데(벡·벡-게른스하임, 1999) 반해서, 한국에서는 '공적인' 제도 공정성의 문제로 인식된다.

이 역시 '압축적 개인화'로 인한 아노미적 현상이라고 할 수 있다.

한국 청년남성은 기성세대 남성의 가부장성('꼰대')에 반발하고 또 문화적 이질감을 표현하지만, 기성세대 가부장제로부터의 단절이 개인의 '해방'보다는 공동체적 보호의 '박탈'을 초래한다고 느끼는 경향이 크다는 것이다. 이 점에서 그들의 위치는 서구의 제1 개인화를 주도한 시민계급 남성의 위치와 다르다. 또 남녀를 불문하고 한국의 청년들은, 생애위험에 있어서도 서구의 청년들보다 훨씬 더 심각한 노동시장 위험에 직면해 있다. 서구에서는 계급정치의 오랜 제도화 결과 노조 등 노동자 남성에 대한 보호장치가 여전히 작동하는 측면이 있고 페미니즘 논쟁의 역사 또한 장구하다. 반면에 한국 청년남성들은 가부장 권리와 경제적 권리를 한꺼번에 위협받는 것으로 느끼고 있다.[87]

　　이처럼 메르스 사태를 통해서, '공감'과 '혐오'를 가르는 열쇠가 일베 등 혐오집단이 아닌 '성별' 범주로 바뀌었다. 그리하여 메르스 재난은 '미러링'이라는 전투적 페미니즘의 탄생과 함께 그에 대한 남성의 혐오를 유발했다. 무엇보다 온라인 공론장에서 발화하는 젊은 층을 중심으로, '시민' 범주가 성별화했다. 서구의 경우 제1 개인화에서는 광장을 독점한 '남성'이 '시민'의 단일 성별이 되었고, 제2 개인화에서는 여성이 노동시장 지위 획득을 통해 '시민'으로 포괄되고 있다. 그러나 한국의 압축적 개인화에서는 공론장의 온·오프라인 이중화를 통해서, 온라인 공론장을 중심으로 '시민'이 두 개의 성별 집단으로 나뉘는 과정이 진행되었다.

87　　서구에서 시민계급이 주도한 제1 개인화는 '공동체적' 가부장제에서 (핵가족의) '사적' 가부장제로 변화를 가져왔을 뿐, '가장'으로서 남성 지위 자체를 위협하지 않았다. 또 전후 복지국가 제도화와 함께 특히 '보수주의 복지국가'에서는 사적 가부장제의 특성들이 복지제도의 '공적' 형태로 제도화함으로써, 제2 개인화 과정에서 남성 지위의 박탈 속도가 상대적으로 완만했다.

이 과정에서 타 성별 배제를 주도한 남성들의 목소리가 여전히 온라인공간에 제한되어 있다면, 그에 반발하는 여성의 목소리는 특히 2016~2017년 촛불광장의 '페미존' 및 뒤이은 '미투운동'을 통해 오프라인 공론장의 '페미니즘 정치'로 등장하게 된다.[88] 페미니즘 정치가 이렇게 오프라인으로 실체화되면서, 오히려 페미니즘이 '성별화'의 정치를 주도하는 듯한 착시현상이 일어났다. 그리하여 역설적으로 청년남성이 스스로 성별화 정치의 피해자라고 인식하는 '성별화 정치의 변증법'이 진행되고 있다.

서구와의 비교: 성별화 대 극우 민족주의화

한국사회의 개인화 추세 속에서 이처럼 성별 이슈가 유난히 부각한 데에는, (제2) 개인화가 계급 결속에 미친 영향이 서구보다 더 적은 것이 아니라, 계급 결속 자체가 서구에 비교되지 않을 만큼 미약했기 때문일 것이다. 서구에서는 제2 개인화 과정에서 성역할 변화보다 계급 결속의 약화가 더 큰 사회적 문제로 등장했다. 가장 남성 중심의 '표준노동' 모델이 이미 확립되어 있었고, 그것이 신자유주의 세계화로 붕괴했기 때문이다. 그리하여 개인화가 초래한 사회적 갈등은 성별보다는 노동자의 국적을 둘러싸고 일어났다. 즉 '외국인 혐오'라는 극우 민족주의화의 형태를 취했다. 서구의 극우화는 중장년 남성 가장을 중심으로, 산업사회의

---

88   물론 그 이전부터도 온전한 시민권을 인정받으려는 페미니즘 운동이 오프라인공간에서 이루어졌다. 그러나 2016~2017년 촛불광장이 헌법적 시민권을 주장하는 시민의 통일성을 표현한 공간이었으며, 그 속에서 다시 '페미존'으로 광장이 성별화하는 현상이 나타난 만큼, 촛불광장은 세월호 재난에서 메르스 재난으로 이어지는 와중에 나타난 '시민적 통합에서 성별화로'의 과정을 가시적으로 드러냈다고 볼 수 있다.

표준노동 모델을 되돌리려는 방향이다.

　　반면 한국에서 극우화는 오히려 반민족주의와 결합해 있다. 자민족 우선주의가 아니라 자민족 비하가 한국 극우화의 정서이다. 이는 제국주의 주체가 아닌 피해국으로서, 스스로를 지배적 권력과 동일시하는 극우의 정서가 자민족이 아닌 타민족을 모범으로 삼기 때문일 것이다. 즉 한국의 극우세력에게 '동일시 집단'은 국적을 불문한 산업화 주도세력이다. 반면에 서구의 극우화에서 '동일시 집단'은 동일 국적의 국민이다. 달리 말해서, 한국의 극우는 오히려 세계주의적(?) 이념세력인 데 반해서, 서구의 극우는 국경을 강화하고자 한다.[89]

　　이렇게 극우의 내용에서 차이가 날 뿐만 아니라, 극우와 반페미니즘의 관계에서도 서구와 한국은 차이를 보인다. 서구에서 극우는 일반적으로 반페미니즘과 동일시된다. 그러나 한국에서, 특히 청년층에서는 반페미니즘과 정치적 좌/우 입장 간에 아무런 상관성이 없다. 진보/보수를 막론하고 온라인 남성공간에서는 반페미니즘 성향이 강하다. 좌우를 넘어 남성을 통합할 정치적 수단으로서, 반페미니즘이 활용될 가능성이 존재한다는 것이다. 이것은 서구에서 제1 개인화 결과 계급대립이 격해지면서, '가족임금'을 매개로 '가장'이라는 남성의 단일 정체성이 형성된 과정과 비교될 수 있다.

　　한편 서구의 그와 같은 극우화에 거슬러서, 벡은 기후변화라는 지구행성의 위험에 대응하기 위해 세계시민주의가 불가피해졌다고 판단했다. 『위험사회』에서 그는 개인화로 인해 집단적 '타자' 범주 자체가 무

89　　최근 한 언론의 조사에 의하면, 한국에서는 '우파 권위주의 성향'과 '난민에 대한 태도' 간에 뚜렷한 상관관계가 나타나지 않았다(정한울·이동한, 2021).

력화되어 칸트가 주장한 세계시민주의로 이어질 것이라고 기대한 바 있다. 그러나 실제로는 신자유주의를 경유하며, 국적과 국경을 중심으로 다시 '집단적 타자화'가 진행되었다(벡, 2011). 이와 비교할 때, 한국에서는 특히 노동시장에서 발생하는 생애위험의 결과, '재타자화'가 서구와 같은 새로운 민족주의 형태가 아니라 '반페미니즘'으로 나타나고 있다고 볼 수 있다.

즉 서구와 비교할 때 한국에서는 좌/우 이념 적대와 성별 갈등이 두드러진다. 그런데 젊은 세대의 경우 이념 대립은 약화하는 반면 반페미니즘이 두드러진다. 이념 대립에서 개인화는 '사적 (시장의) 자유'를 옹호하는 보수 대 '공적 (정치적) 자유'를 옹호하는 진보 간의 차이로 나타날 수 있다. 그러나 이념 대립뿐만 아니라 집단주의 문화 역시 강한 기성세대에게 '개인화는 곧 시장주의적 개인화'로 동일시될 경향이 크다. 경제주의적 가치를 내세우는 산업화세대에게는 신자유주의(=경제적 자유주의)가 불가피할 것이고, 유교적 생활문화를 견지하는 민주화세대에게 '개인화는 곧 자본주의의 병폐'일 것이기 때문이다. 그러나 이념보다 절차적 민주주의(공정성)를 중시하는 젊은 세대에게, 개인화는 (특히 온라인공간의) '사적 자유'를 표방하는 남성문화 대 '페미니즘 정치'로 온·오프라인 공론장을 연결하는 여성문화 간의 차이를 낳고 있다.

이처럼 기성세대는 개인화를 신자유주의나 시장주의와 동일시한다면, 청년세대는 남녀 간 문화적 차이에도 불구하고 오히려 그것을 당연시한다. 이렇게 한국의 압축적 개인화는 한편에서 '세대문제'를 발생시킨다. 서구의 경우 개인화와 관련한 세대갈등은 신사회운동을 주도한 '68세대'를 중심으로 나타났다. 그러나 흔히 서구의 68세대와 비교되는 한국의 민주화세대는 1990년대에 신사회운동 이슈를 구사회운동에 가미했을 뿐이다. 서구의 68운동에 비견할 만한 세대 간 문화변동은 오히려 현재의 청년세대에서 분명히 나타난다.

다만 이들의 새로운 문화는 68세대 이후 '탈물질주의'로 불렸던 바와 같은 정치적 내용을 드러내지는 못한다. 여성은 '페미니즘 정치성'을 보이지만, 남녀 모두 신자유주의화한 산업사회의 원리에 대해서는 저항보다 무력감을 표출하기 때문이다. 어쨌든 한국의 개인화세대는 민주화세대 이후의 연령층이라고 할 것이고, 특히 현재의 20~30대 연령층에서 그런 경향이 매우 뚜렷하다. 아래 경험연구 부분에서 보겠지만, 이들의 정치적 참여방식은 매우 개인화되어 있다. 서구에서는 68세대를 기점으로 산업사회에서 위험사회로, 물질주의 문화에서 탈물질주의로, 구사회운동에서 신사회운동으로 사회적·문화적 변동이 관찰되었다면, 한국에서는 민주화세대와 그 이후 세대 간에 사회문화적 단절이 나타나고 있다.

그런데 그 단절은 다름 아닌 '탈유교화'이다. 17세기 와서 조선에 뿌리를 내린 유교 ─유교 공론정치의 전국화(김상준, 2016) 및 종법제의 제도화(도이힐러, 2013)─ 는 역설적으로 현대의 국가 주도 산업화를 통해 완성된 측면이 있다. 한국의 산업화와 유교와의 친화성으로 인해서 한동안 '유교 자본주의론' 등 유교와 자본주의 간의 긍정적 관계를 강조하는 논리가 대두하기도 했다. 그러나 그러한 성공을 이룬 후에, 한국 산업화의 내재적 요소였던 유교적 집단 도덕이 오히려 해체되는 변동이 진행되고 있다. 여기서는 그러한 사회변동을 '압축적 개인화' 또는 '압축적 탈바꿈'으로 개념화하는 것이다.

다른 한편 압축적 개인화가 젊은 층의 성별 문화 차이로 연결되는 현실 역시 서구와 구별되는 한국만의 독특한 특징이다. 그런데 이 역시, 한국의 산업화 성공이 유교의 규범적 정당화를 배경으로 했다는 데서 기인한다. 서구에서도 주권의식의 발현과 관련된 근대적 사회계약은 여성 배제에 기초했다(페이트먼, 2001; Okin, 1989). 그러나 그렇게 주장된 서구의 근대적 형제애는 가부장인 아버지의 권위에 반기를 드는, 횡적 연대를 의미했다. 반면에 한국의 산업화 과정에서 주장된 형제애는 종적인 가부장적 연대 속에 배태된embedded 것이었다. 아마도 서양의 장자 상속제에서는 차남 이하 남성들이 혈통집단을 떠나야 했던 데 반해서, 한국에서는 서얼을 제외한 모든 남성이 종법제에 묶여 있었기 때문일 것이다.

유럽 내에서 관찰되는 개인주의와 가족주의 간의 문화 차이와 관련해서도, 아들들이 공동체를 떠날 수밖에 없었던 북유럽과 그렇지 않았던 남유럽 간의 차이가 강조된 바 있다(Reher, 1998; 홍찬숙, 2015b: 197-198에서 재인용). 중세 이후 유럽의 성씨 제도 변화를 보면, 토지를 상속받지 못한 차남 이하는 아버지나 장남과 다른 성을 가졌다(홍찬숙, 2020a). 말하자면 서구의 근대화는 공동체로부터 이미 많은 남성이 떨어져 나간 상태에서 시작했으나, 한국의 근대화는 (혈연) 공동체로부터 여성만 타자화(소위 '각성받이')한 상태에서 진행되었다. 이러한 차이가 개인화 과정에서 성별 차이가 두드러지는 과정으로 연결된 것으로 볼 수 있다.

이처럼 현재 청년층을 중심으로 세대 간 문화변동과 성별 문화 차이가 나타나는 가운데, 특히 20대 남성에게서 세대 차별성보다 성별 차별성을 강조하는 경향이 부상하는 것으로 보인다(천관율·정한울, 2019; 마경희 외, 2020).

2. 사회운동의 변화를 통해 본 한국의 문화변동: 2016~2017년의 '촛불혁명'을 중심으로

1) 사회운동의 '개인화'에 대한 논의

최재훈(2017)은 사회운동의 '행동방식'이라는 측면에서 '정치의 개인화'에 대해 설명한다. 그리하여 특히 촛불혁명 당시를 '87년 체제'가 종언하고 새로운 체제로 이행하는 시기라고 보았다. 과거와 비교할 때, 사회운동의 방식이 명확히 개방적·참여적이고 평화적 시위의 방식으로 변화하고 있었기 때문이다. 이 같은 행동방식이 나타나는 이유를 그는 사회구조적 변화 및 당대의 문화변동에서 찾았다. 그 구체적 변화로서, 그는 1) 1987년 이후 신사회운동의 등장, 2) 인터넷의 도입, 3) 민주화운동의 시대를 경험하지 못한 젊은 세대의 등장을 꼽았다.

　　이 중에서도 특히 첨단 통신기술의 발전에 의한 '미디어의 개인화'를 가장 중요한 구조 변화로 꼽으며, 그에 따라 '집단지성'이나 '영리한 군중'의 형태로 정치참여의 개인화 현상이 나타난다고 설명한다. 따라서 여기서 '개인화'란 통신수단으로 무장한 개인들의 정치적 행동을 말한다. 즉 중앙 집중적 지도부와 수직적 의사결정 체계를 기피하며, 자율적 동기부여나 개인적 아이디어, 계획, 자원공유를 기반으로 네트워크를 통해 개인화한 집합행동이 표출되었음을 말한다. 그런 집합행동의 표출은 특히 대규모 군중의 상징적인 공공 광장 점거로 나타나는데, 촛불혁명뿐만 아니라 아랍의 봄이나 월가 점령운동 등 21세기 상당수의 사회운동이 그런 형태를 취했다는 것이다.

　　앞서 꼽은 구조 변화 양상 외에도 최재훈은 신자유주의적 세계화 역시 매우 중요하게 작용했다고 보았다. 급속한 세계화로 인해 개인들이 파편화하고 집단에 대한 충성심이 약해지면서, 디지털매체를 중심으로 개인화한 정치를 실현하게 되었다는 것이다. 개인화한 행동방식은 탈정치화한 젊은 세대를 재정치화했다. 그러나 그는 그렇게 정치화한 사이버대중은 신뢰할 만한 집단이 아니므로, 오프라인 활동과 유기적으로 연계해야 한다고 판단했다.

최재훈의 이와 같은 '개인화' 개념은 이 책에서 사용한 필자의 '개인화' 개념과 상당히 다르다. 필자는 디지털매체의 발전과 같은 기술 발달이 사회구조 변동의 핵심이라고 보지 않는다. 또 세계화와 관련해서도 신자유주의적 세계화라는 경제적 측면뿐 아니라 위험의 세계화라는 재난의 측면 역시 고려해야 한다고 본다. 앞서도 계속 강조했듯이, 근대 자본주의 사회의 성격변화를 관찰할 때 그 기술적·경제적 측면을 중심에 놓는 '산업사회'의 관점에서 벗어나 위험과 재난의 측면을 아우르는 '위험사회'의 관점으로 탈바꿈해 보자는 취지를 가지고 있기 때문이다.

2) 서구 사회운동과의 비교

서구 사회운동과의 비교 속에서 또는 서구 사회운동의 개념을 사용하면서 2016~2017년의 촛불혁명을 관찰하는 시도로서는, 1) 서구 68혁명과의 비교, 2) 신사회운동 개념의 사용, 3) 느리지만 꾸준히 진행된 탈물질주의 등으로의 가치 변화를 강조하는 경향 등이 있다. 먼저 민유기(2018)는 '촛불항쟁' 이후의 민주주의를 전망할 때, 서구의 68운동을 타산지석으로 삼을 수 있다고 보았다. 예컨대 미투운동 등으로 표출되는 변화의 요구가 서구의 68운동('제2의 물결 페미니즘' 포함)과 마찬가지로, 민주주의의 확대로 연결될 것이라고 보았다.

이런 기대가 다소 추상적인 희망의 표출이라면, 87년 체제하에서 시민운동이 이미 신사회운동으로 변화했다고 보고 그런 현실을 강조하는 설명도 있다. 즉 촛불혁명은 그런 사회운동의 흐름 속에서 등장할 수 있었다는 것이다. 예컨대 권영숙(2018)은 1987년 이후 '신사회운동'의 성격을 갖는 시민운동이 등장했다고 보았다. 그리하여 신사회운동인 '시민운동'과 구사회운동인 '민중운동' 진영이 양분되어, 서로 각축하면서도 연대했다는 것이다. 그 결과 노조운동과 민중운동이 제도화(우경화)하면서 시민운동에 수렴되었다고 판단했다. 그리고 이렇게 수렴된 신·구 사회운동이 하나의 단일한 '시민사회'를 구성하면서 운동네트워크 관계로 변화했고, 그 속에서 촛불혁명이 가능했다고 한다(권영숙, 2018: 85). 요약하면, 촛불혁명은 87년 체제하에서 사회운동이 신사회운동 중심으로 재편되면서 네트워크 관계에 기초하여 발생한 형태라는 것이다.

이와 유사하면서도, 1987년 이후 한국 사회운동의 변화를 좀 더 복잡하게 보는 관점도 있다. 정태석은 '87년 체제'에서 정치·경제적 변화에도 불구하고 여전히 반공주의, 지역주의, 성장주의, 물질주의, 경쟁주의 가치들이 시민사회를 지배했고, 그런 점에서 한국사회운동의 변화는 서구 신사회운동의 발전과 다르다고 판단한다. 그러나 이처럼 시민사회의 가치가 쉽사리 바뀌지 않는 가운데서도 환경 우선주의, 탈물질주의, 참여 민주주의 등 새로운 가치가 계속 성장했다. 다만 그런 새로운 가치가 지배적 가치체계가 만들어 내는 개인주의, 집단 이기주의 성향에 의해서 억눌려 있었다고 한다. 그러나 점차 사회적 위험과 불안정성이 강화되며 젊은 세대와 사회적 약자들이 지배가치에 도전하게 되었고, "2016년 말 촛불집회는 87년 체제하에서 오랫동안 억눌려 왔던 사회적 약자들의 목소리와 사회의 재구조화에 대한 요구가 폭발적으로 분출된 장"(정태석, 2018: 48)이었다고 한다. 즉 젊은 세대를 중심으로 가치체계의 변화가 진행되면서, 촛불혁명이 가능했다는 것이다. 사회운동의 문화가 단순히 우경화한 것이 아니라, 세대 간 문화변동과 연결된다는 것이다.

이처럼 촛불혁명을 서구 사회운동의 발전 양상과 비교하는 경우는, 소위 '97년 체제'로 표현되는 신자유주의화보다 '87년 체제'하에서 진행된 사회문화적 가치 변화를 더욱 강조하는 경향을 보인다. 반면 한국의 사회변동에 대해, 이런 가치변동보다는 '전근대-근대-탈근대적' 문화를 용광로처럼 녹이는 한국 사회구조의 강고함 또는 유연성을 강조하는 관점도 있다(Chang, 2014). 문화 변동성보다 정치경제학적 연속성을 강조하는 이런 관점에서는, 1987년의 정치 민주화가 1997년 이후 본격화된 신자유주의화에 물꼬를 터 준 정치적 사건으로만 인식되는 경향이 있다.[90]

서구 신사회운동과의 유사성

촛불혁명과 서구 신사회운동의 유사성을 주장할 때 사용되는 낱말들은 탈물질주의, 68운동, 위험사회, 생활정치, 문화변동, 개인주의, 개인화, 소비사회, 서비스사회, 소비자 주권 등이다. 그러면서도 동시에 서구 신사회운동과 구별되는 한국적 특성으로서, 인터넷 네트워크의 활용이 강조된다. 말하자면 그런 차이가 존재하기 때문에 비로소 서구 신사회운동과 같은 현상이 나타날 수 있었다는 것이다. 예컨대 서구에서는

---

[90]　1987년 개헌이 정치적 보스들 간의 또는 권위주의 세력과 민주화운동 세력 간의 타협에 불과했고(강원택, 2017), 사회운동 세력이 그 과정에서 배제되었으며(박태균, 2017), 1987년의 '민주화'는 환상이고, 1997년 외환위기를 기점으로 '기업 사회'로 연결되었을 뿐(김동춘, 2006)이라는 의견이 여기에 속한다.

1970년대 이후 '비관습적' 정치참여가 증가했는데, 한국에서는 인터넷을 매개로 해서야 유사한 현상이 나타났다고 한다. 2002년 이래 촛불시위는 인터넷과 비관습적 정치참여가 결합한 방식으로, 그 특징은 "온·오프라인 정치참여의 융합화, … 개인화된 정치참여로의 전환, 표현주의적 정치참여"(고경민·송효진, 2010: 241) 등이라는 것이다. 특히 2008년 광우병 소고기 파동 때의 촛불시위는 전통적 정치참여에서 소외되거나 거기에 무관심했던 시민들이 대거 참여했다. 그 점에서 저항 주체가 교체했음을 보여준다는 것이다. 당시 촛불시위 참여자의 절반 이상은 10대 여성 중고생과 주부들이었다.

이처럼 새롭게 부상한 정치행동의 주체는 '탈물질주의적 가치관을 가진 새로운 문화세대'로서, 학력과 소득수준이 높은 40대 이하이고 개인주의 성향이 강하다는 것이다. 또 이들의 저항방식에서도 새로운 양상이 나타나는데, 그것은 시위가 축제의 성격과 결합했다는 것이다. 다양한 시민들이 개인단위로 또 자발적으로 참여한 시위가 비폭력, 준법투쟁 방식의 '문화제 형식'을 취했다는 것이다. 그러나 2008년 촛불시위의 경우 후반으로 가면서 다시 가두시위나 폭력적 양상이 수반되었다고도 한다.

결국, 2008년 촛불집회는 카스텔(2015)이 말하는 '네트워크화한 개인주의'로 완전히 전환하지는 못했으나, 탈조직화 및 탈중심적 참여라는 새로운 양상을 보였다는 설명이다. 이미 촛불시위의 태동부터가 인터넷을 통했으며, 온·오프라인을 넘나드는 과정에서 "분산된 이질적인 개인들을 상호 연결하고 동원하여 행동하게 나서는 '선순환'"(고경민·송효진, 2010: 250)이 이루어졌다는 것이다. 이러한 현상은 의회나 정당을 신뢰하지 않는 젊은 세대의 새로운 인식에 부합하는 것이었다. 또 여성 중고생, 주부 등의 참여를 통해, 촛불시위에서 '생활정치'의 가능성이 나타났다고 보았다.

김욱(2010) 역시, 젊은 유권자층을 중심으로 확산되는 탈물질주의의 가치가 시위문화의 변화에서 가장 중요하다고 보았다. 이전의 민주화 시위와 마찬가지로 촛불시위 역시 사회적 공익을 추구하고 또 젊은 층의 주도하에 진행된다는 공통점이 있으나, 시위 양상이 평화적이며 시위 참여자의 폭이 확대되었다는 점에서 근본적으로 새로운 정치문화를 보여준다는 것이다. 이는 1970년대 서구 사회에 대두한 탈물질주의가 2000년 대에서 와서 한국에서 확산한다고 본 것이다. 그는 여기서 특히 교육수준의 영향력을 강조했다.

한편 촛불시위를 '표현주의적 정치참여'로 규정하기도 한다. 이동연(2008)은 '촛불'을 다양한 참여와 행동의 양식으로 이해하며, '카니발'로서의 거리문화 경험이 축적되어 발생했다고 평가했다. 즉 촛불시위는 2002년 한일 월드컵 응원문화의 유산으로서, 거리에서 제도와 권위를 해체하려는 개인들의 카니발적 욕망이 표현된 것이다. 다만 2002년 한일 월드컵에서는 사이버공간이 큰 역할을 하지 않은 데 비해서, 2002년 촛불집회부터 사이버공간이 중요한 역할을 한 것이 차이이다. 이처럼 '촛불'은 애초부터 온라인과 매우 긴밀하게 관련된 것으로 이해되었다.

이상의 문화적 변화들과 관련하여, 촛불집회는 '스타일의 정치', 즉 일정한 아비투스가 표현되는 장으로 이해되었다. 예컨대 이동연은 2008년 촛불집회 당시 20대 청년세대는 '신보수주의' 아비투스, 10대 여성은 그와 대조되는 '촛불소녀'[91] 아비투스를 보였다고 한다. 말하자면 당

---

[91]   그러나 '촛불소녀'로 지칭되는 당시 10대 여성들은 정작 이 표현을 매우 굴욕적이고 성차별적이라고 평가한다. 뒤의 경험연구 인터뷰를 통해 확인된 이와 같은 사실은 그러나 남성 연구자들에게는 잘 알려지지 않았다.

시 20대는 경제적 효율성을 강조하는 개인주의 성향이 두드러졌다. 그에 비해 10대 네티즌은 좀 더 '쿨한' 솔직함, 당당함, 자유분방함의 스타일을 드러내며 개인화했다는 것이다. 그뿐만 아니라 그들은 서로를 지지하는 공감대 역시 내보였다. 결국 2008년 촛불집회는 이들의 감수성과 386세대의 정치적 정서가 결합하여, '아고라 그룹'의 "유목적이고 리좀적"(이동연, 2008: 163)인 스타일의 정치가 연출된 것이라고 보았다.

이동연에 의하면 어떤 측면에서 이런 성격의 촛불집회는 서구 68혁명의 상상력과 맞닿아 있는데, 그것은 68혁명이 기성문화와 완전히 다른 문화적 코드를 일상생활에서 관철했기 때문이다. 따라서 그는 촛불집회 이후 일상생활의 변화가 올 것이라고 예견했다. 정상호(2008)는 아예 촛불집회가 "한국판 68혁명의 전주곡"(111)이라고 했다. 그 이유는 촛불집회가 1) '물질주의 대 탈물질주의', '집단주의 대 개인주의', '사익 대 공익 추구'와 같은 새로운 가치와 문화, 세대가 출현했음을 보여 주기 때문이다. 또 2) 새로운 주체가 집단적으로 형성되었는데 특히 여성운동이 비약적으로 발전하면서, 여성운동의 의제들도 변화했다.

그러면서도 그는 다음의 세 측면에서 68운동과 촛불집회의 성격이 구별된다고 지적했다. 1) 촛불시위가 서울에 집중된 현상이라는 점, 2) 정당과의 관계가 유기적이지 못하다는 점, 3) 대안정치(녹색정치)의 조직화로 이어지지 못했다는 점이다. 이와 같은 사실들을 종합하여, 그는 68혁명 이후의 서구처럼 한국사회가 새로운 "역사적 단계의 초입에 들어섰음을 보여 주는 시금석"(117)이라며 촛불집회를 규정했다.

이와 달리, 대중운동이 노동자 운동과 결합하지 못했으므로, 2008년 촛불집회는 68과 비교할 수 없다는 견해도 있었다(이득재, 2008a: 295). 여기서는 2008년 촛불집회의 특성으로 '국가주권에서 국민주권으로의 변화'

를 강조한다. 2002년 촛불집회, 2002년 월드컵 응원, 2004년 노무현 대통령 탄핵반대 촛불집회 등 이전의 관련 집회에서는 '국가주권'의 회복이나 유지가 중심의제였으나, 2008년 촛불집회에서는 '권력의 주인은 나'라는 의식이 표출되었다는 것이다. 그리하여 주권의 개념이 국가주권에서 '나'로 이루어진 국민의 주권으로 바뀌었다고 한다. "이제 국민들은 '내가 바로 주권'이라는 인식을 분명하게 드러내기 시작"(이득재 2008a: 298)했는데, 여기서 그 주권의 내용은 '검역주권', 즉 '소비자 주권'이었다.

　　　이러한 새로운 주권의식을 정태석은 "물질적 풍요를 기반으로 한 소비사회의 도래, 문화산업의 발달에 따른 문화소비의 증대"(정태석, 2009: 254)가 가져온 결과로 보았다. 2002년 촛불집회와 달리 2008년 촛불집회의 쟁점은 '생활정치' 또는 '생명정치'였는데, 이것은 한국사회가 후기 자본주의 소비사회로 이행했기 때문이라는 것이다. 정태석에 따르면 소비사회의 물질적 풍요에도 불구하고 노동조건과 작업장 환경에 대한 불만이 계속 발생하고 생태환경 문제와 먹거리 불안이 심화하면서, 사람들의 관심이 '삶의 질'로 전환했다고 한다. 그 결과 탈물질주의적이고 생태·환경적인 관심, 생명·평화·인간다운 삶에 대한 관심이 커졌다는 것이다. 그리하여 그는 '노동자-시민'이 아닌 '소비자-시민'이 새로운 주체로 등장했다고 보았다.

　　　이런 변화를 정태석은 벡의 위험사회 개념을 빌려 설명했다. 다만 벡이 설명하는 서구의 위험사회와 달리 한국사회는 산업사회적 위험과 위험사회적 위험에 이중적으로 노출되어 불안을 더욱 증폭시킨다. 그에 의하면 2008년 촛불집회는 먹거리 불안으로 시민대중의 연대가 촉발된 사건이며, 그런 점에서 '사회적 전환'을 보여 주는 상징적 사건이다. 말하자면 의제의 측면에서 2008년 촛불집회는 위험사회적 '불안의 연대'를 표현했다는 것이다.

　　집회 참여의 주체라는 측면에서 정태석은 현대사회의 '서비스사
회적 성격'을 재차 강조했다. 촛불집회 주체의 특성은 전통적 노동자 조
직이나 사회운동 조직보다 여성 중고생, 주부, 네티즌, 인터넷 동호회 등
분산되고 조직화하지 않는 다수의 대중이다. 그런데 이것의 사회구조적
기반은 노동자의 분산화·파편화 ―정태석은 '개인화' 개념을 이렇게 사용
한다― 를 심화하는 서비스사회화의 과정이라는 것이다. 즉 그는 서비스
사회의 노동과 일상 속에서 분산된 개인으로 사는 대중이, 생명과 건강이
라는 위험사회 쟁점을 중심으로 '불안의 연대'를 형성했고, 그것이 바로
2008년의 촛불집회라고 설명했다.

　　홍성태 역시 '위험사회' 및 '생활정치'의 관점에서 촛불집회를 설명
하는데, 정태석과 달리 '소비사회'와의 관련성보다는 '지식사회'나 '정보
사회'와의 관련성을 더욱 강조했다. 그 역시 2008년 촛불집회가 그 이전
의 촛불집회와는 매우 다르다고 보았다. 우선 주체 측면에서 과거와 달리
"말 그대로 국민적 행사"(홍성태, 2008: 18)였고, 의제 측면에서는 건강·생명
과 같은 생활정치였으며, 문화축제의 방식으로 행해졌다는 것이다. 그러
나 무엇보다도 "다수의 지식 대중이 광우병의 진실을 과학적으로 이해하
고 문제를 바로잡기 위해 자발적으로 나서서 일어난"(20) 지식사회적 사
건이었고, 방송과 인터넷의 중요성을 확인시킨 정보사회적 사건이라고
보았다.

　　이외에 '개인화'와 관련하여, 이득재는 2008년 촛불집회가 과거와
달리 헌법 제1조를 의제화했고, 개인 주권의 탈환을 목표로 세웠다는 점
에서 매우 새롭다고 평가했다. 그는 '미친 소를 먹거나 먹이지 않겠다'는
생각이 원초적 '이기주의'를 드러내는 것으로서, 시위 주체에게는 "미국

산 쇠고기 수입으로 한우농가가 망하는 것보다는 미친 소 때문에 내가 죽고 내 가족, 내 애인이 죽는다는 사실이 더 중요했다"(이득재, 2008b: 92)라고 보았다. 이기주의가 사회적 연대를 창출하는 이런 역설이 연출된 데 있어서, 그는 각종 인터넷 커뮤니티, 1인 미디어, 아프리카TV 등의 정보화가 매우 중요한 역할을 했다고 보았다. "촛불들은 정보화를 통해 개인화가 급속도로 발달한 시대에 어울리는 시위 형태"(94), 즉 개방·참여·공유를 표현하는 '웹 2.0'의 특징을 드러냈다고 보았다.

결국, 이상의 설명에서 '개인화=이기주의화'라는 586세대의 규범적 태도를 읽을 수 있다. 이기주의의 사회적 근원은 '서비스사회'라는 후기 자본주의 형태(정태석)이거나 '정보사회'(홍성태)이다. 이들이 볼 때 이기주의는 '위험사회'의 위험과 만날 때, 정치적 연대가 되는 '역설'을 만든다. 또는 정보화를 만날 때(이득재), 그런 역설이 나타난다.

서구 신사회운동과의 차이

앞서 서구의 신사회운동과 68운동이 동일하다는 전제하에 논의를 진행했는데, 서구 68운동이 과연 신사회운동인지에 대해서는 여러 의견이 있다. 68운동을 신사회운동으로 이해하는 대표적 사회학자는 알랭 투렌(1993, 1994, 2000; 정수복, 1993)이다.[92] 반면에 유재건(2008)은 프랑스 68운동

---

[92]   카스텔(2015)은 투렌을 '스승'으로 호명하며, '네트워크한 사회운동'을 '21세기 사회운동'이라고 설명한다. 그러나 그것은 정보화 네트워크 환경이라는 기술적 측면을 제외하면, ① 자연적 발생, ② 지도부 없는 운동, ③ 수평적·다중적 함께하기, ④ 자기 성찰적, ⑤ 계획을 따르지 않는 운동, ⑥ 가치 변화를 목표로 하며, ⑦ 직접 민주주의와 숙의 민주주의를 제안하고 실행한다는 특징을 보인다는 점(카스텔, 2015: 204-208)에서 신사회운동의 연장선으로 볼 수 있다. 카스텔이 투렌을 스승으로 호명하는 것이 그런 의미가 아닌가 한다. 필자는 위험사회의 '정치적인 것'을 신사회운동의 위와 같은 특징에서 찾는 벡의 관점을 따르며,

인 파리 5월 사태의 저항방식이 오랜 혁명전통, 즉 프랑스대혁명에서부터 파리코뮌, 러시아혁명에까지 연결되는 것으로 보았다. 그렇게 "비장한 과거의 추억과 미래의 상상력 간 긴장이 계속"되면서 68운동은 결국 실패했고, 그런 과정의 결과로서 신사회운동이 출현했다는 것이다.[93]

그렇게 볼 때, 유재건은 서구의 68운동과 2008년 촛불항쟁이 다를 수밖에 없다고 말한다. 첫째로 이념적 토대가 전혀 다른데, 촛불항쟁의 이념은 68운동만큼 급진적이지 않다. 그러면서도 그는 촛불항쟁을 '온건 민주주의'나 '대한민국 민족주의' 운동이라고는 할 수 없으며, 68운동과는 아주 다른 방식으로 자본주의에 저항하는 것일 수도 있다고 보았다. 68혁명과 다른 두 번째 특징으로 그는 평화적 시위양태를 꼽았다. 촛불 시위 주체들의 행동에는 "과거에 대한 얽매임"이 없어서, 80년 광주, 87년 6·10항쟁을 모델로 하지 않았고 또 2002년 및 2004년의 촛불집회 양상과 비교해도 다르다는 것이다. 특히 디지털 네트워크를 활용한 소통과 연대가 괄목할 만하며, 그를 통해 과거 사회운동의 '지도자'를 '도우미'로 변화시켰다고 한다. 이렇게 '국민 다수'가 자발적으로 참여하는 '평화시위'로써 민주주의를 지키고자 했으므로, 그것은 68운동과 다르다는 것이다.[94]

'네트워크화한 사회운동'을 신사회운동의 연장선으로 이해한다. '신여성운동'으로 불리는 서구 '제2의 물결 페미니즘' 역시 '정치적인 것'을 재개념화한 신사회운동으로 설명된다(미즈, 2014: 46-95).

93   유재건에 대한 인용은 창작과비평 온라인상의 2008년 7월 16일 자 『창비주간논평』 참조. 대학생의 주도로 일어났다는 이유에서 68운동을 '학생운동'으로 정의할 경우, 신사회운동과의 차별성이 강조되는 것 같다. 그러나 하버마스 역시 68운동을 '생활방식의 개인주의'와 관련시켰고(정대성, 2017: 119), 독일 68운동이 의회정치 외부에서 '정치적인 것'을 새로 발명하는 '성찰적 민주화(민주주의의 민주화)'라고 보는 연구경향이 있다. 이에 따르면, 68운동은 정치의 공간을 일상으로 확장하고 개인적 해방과 사회적 해방을 동시에 겨냥한 기획이었다(정대성, 2015, 2017). 또 프랑스 사회학자 모랭과 이탈리아의 움베르토 에코 역시 68운동을 '새로운' 사회·정치적 운동으로 보았다(이성재, 2009: 13-14).

한홍구 역시 68혁명과 촛불항쟁의 역사적 배경이 크게 다르다는 위의 내용을 인용하며, 촛불혁명이라는 "이 새로운 현상을 분석하는 데 서구 사회과학의 분석틀에 자꾸 기댄다면 역사의 구체성을 놓치기 쉬울 것"(한홍구, 2008: 32)이라고 경고한다. 1987년 6월 항쟁의 주체들, 즉 386세대는 단 1분도 민주주의 아래 살아 보지 못했고 머리로 민주주의를 공부한 사람들이지만, 2008년의 촛불세대는 민주주의에 대해 그만큼 공부하지는 않았어도 그것이 몸에 배어 있는 사람들이다. 바로 이것이 2008년 촛불항쟁의 특성이라는 것이다. 즉 그는 촛불집회를 "머리로는 절박하게 민주주의를 원했지만, 몸은 군국주의 교육에 익숙해져"(18) 있는 386세대와 달리, "체질화된 민주주의를 빼앗아 가려는 시대착오적 정권에 대하여 몸으로부터 나온 저항"(19)이라고 보았다.

이런 설명은 서구에서 제1 개인화와 제2 개인화를 구별하는 벡의 설명과 상당히 유사하다. 벡에 따르면 1차 개인화는 개인주의를 알지 못했기에 그것을 힘껏 주장했던 부르주아 남성들('자유의 아버지들')에 의해 제도화 ―그리하여 반쪽으로만 제도화― 되었다. 반면에 제2차 개인화는 그렇게 '제도화된 개인주의' 속에서 살아왔고 또 살아야 하는 새로운 세대('자유의 아이들')에게 오히려 제도적으로 '강요되는' 현상이다(Beck, 1997; Beck and Beck-Gernsheim, 2002). 이러한 벡의 설명과 한홍구의 설명을 비교하면, 2008년 촛불집회는 '민주주의의 아이들'에게 떠넘겨진 '성찰적 민주화'의

94　　그러나 이렇게 사회운동의 '지도자'를 '도우미' 지위로 바꾸는 데 성공한 사례는 2008년의 촛불항쟁이 아니라 2016~2017년의 촛불혁명이었다는 것이 오히려 대다수의 의견이다. 2008년에는 조직운동 세력들을 '지도자'와 '도우미'로 이해하려는 세력 간에 팽팽한 갈등과 분리가 존재했다고 평가된다. 이것은 필자가 뒤의 경험연구를 위한 전문가 자문에서 단체 활동가들로부터 직접 확인한 사실이기도 하다.

과정이었다고 해석할 수 있다. 두 번의 보수정부를 겪으면서 민주주의가 명백히 쇠퇴하였는데, 그것을 머리가 아니라 몸으로 견디지 못한 학생들이 반사적으로 새로운 정치적 주체로 나선 것이다.

이것은 특히 독일의 68운동과 비교될 수 있다. 이성재(2009)는 프랑스 68운동에서 세대 간 갈등이 크게 작용했다고 보았다. 그러나 독일의 경우에는 특히 나치로서 제2차 세계대전에 참전했던 부모세대에 대한 문화적 단절의 요구가 매우 강했다.[95] 2차대전 후 연합국은 나치 청산을 통해 서독을 서구화하겠다는 의지가 컸다. 또 아도르노 등 미국으로부터 귀국한 비판이론가들을 지지하는 대학생의 정치적 저항에서도 나치 청산은 매우 중요했다. 즉 서독의 뒤늦은 서구화는 나치 청산이라는 세대 간 문화 단절을 전제로 가능했다. 아마도 이런 점에서, 68운동이 서독 사회의 문화적 자유화와 정치적 민주화를 비로소 가져왔다고 말할 수 있을 것이다(정대성, 2017: 119).

독일의 68운동 역시 마르쿠제 등 독일 비판이론의 영향 아래 있던 미국의 민권운동과 마찬가지로, 문화변동의 성격이 강했다. 즉 그것은 신사회운동을 이미 예고하는 것이었다. 독일 68운동은 적군파와 연관되어 설명되기도 하고 사회주의 학생운동과도 연결되는 등, 프랑스 68운동과 마찬가지로 구사회운동과 완전히 결별하지 않은 측면을 갖는다. 그러나 그 내부로부터 성[sex]해방, 여성해방, 반권위주의, 환경운동, 평화운동, 지방 문화재 보호운동 등 매우 다양한 전투적·비전투적 저항의 흐름이 솟아 나왔다. 여기에는 2차대전 패전 이후 새로운 사회정치적 분위기에서

---

95   정대성(2017)에 의하면, 68운동의 주역인 대학생들은 독일정치가 다시 나치로 회귀할 수 있다는 두려움으로 저항을 이끌었다고 한다.

성장한 68세대의 감수성이 중요하게 작용했다.

이성재(2009)는 프랑스에서도 양차 세계대전을 겪은 부모세대에 대한 전후세대의 갈등이 68운동에서 중요하게 작용했다고 보았다. 프랑스는 나치에 대항한 연합군의 자격이었다. 그러나 양차 대전이 역사상 그 유례가 없이 산업화한 총력전임을 상기할 때, 연합군 역시 군사주의 문화를 벗어날 수 없었다. 한국의 민주화세대는 전쟁의 기억이 없는 전후 '베이비붐세대'로서 68세대와 유사한 측면이 있다. 그러나 68혁명이 특히 독일에서는 상당 부분 성공하여 정치, 교육, 문화 등에서 광범위한 '탈권위주의화'를 가능케 했다면, 한국에서 민주화세대가 이룬 것은 정치 민주화에 제한되었다. 그리하여 일상과 개인들의 민주주의는 이후 오히려 민주화세대를 향해 제기되었다.[96]

한홍구는 추모집회라는 성격 때문에 매우 비장하고 엄숙했던 2002년 촛불집회나 밤을 새우지도 않고 가족단위 참가자도 많지 않던 2004년 촛불집회와 달리, 2008년 촛불집회는 축제이자 국민 MT였고 해방구였다고 말한다. 정당의 영향력이 전혀 없다시피 했고, 시민운동과 사회운동의 영향력은 급격히 쇠퇴했으며, 대중의 자발성이 놀랍도록 발휘된 (한국형) 신사회운동의 시작이었다는 것이다. 그래서 그것은 "과거의 거리정치와도 다르고 또 서구의 '68혁명'과도 다르다"(한홍구, 2008: 27). 게다가 이 '민주주의의 아이들' ─필자가 벡을 빌려 표현한 것─ 은 '민주주의의 아버지들'(386세대 남성)과 달리 "당당하게 자신들의 이익과 권리를 추구한

---

96   한국에서도 서구 68운동의 영향으로, 1970년대 '통기타 문화'로 불리는 반권위주의적 풍조가 있었다. 그러나 유신정권 및 80년대 신군부의 지배 아래서, 그러한 자유화의 분위기는 억압되었다.

다. 80년대 같았으면 극도의 이기주의자라고 비판받았을 젊은이들"(30)인 것이다. 이처럼 2008년의 촛불집회 역시 세대 간 문화 단절의 측면이 강했다.

이처럼 특히 2008년 촛불집회를 매개로 '한국형 구사회운동에서 신사회운동으로의 전환'이 관찰되는가 하면, 반대로 이갑윤(2010)은 2008년 촛불집회 참가자들이 이전 10년간의 사회적 저항 주체들과 다르지 않다고 보았다. 2008년 촛불집회의 새로운 점이라면, 10대 중고생이나 여성 참여자·가족단위 참여자 등의 증가, 건강·생활에 대한 이슈, '다음 아고라'와 같은 인터넷 토론방에서의 정보공유를 통한 자발적 시민참여 등이다. 그러나 이갑윤의 통계자료분석에 의하면 오히려 여성보다 남성의 참여율이 높았으며, 탈물질주의와 상관관계를 갖는 소득수준이나 교육수준이 촛불집회의 참여에 영향을 미치지 않았다. 또 오히려 지역(호남), 이념, 지지정당, 연령 등 변수들이 영향을 미쳤다는 것이다. 촛불집회 참여의 열쇠였던 '광우병 미국산 쇠고기를 먹을 의사' 역시 이념적이거나 당파적 문제였지, 건강이나 생활에 관한 관심과는 무관했다는 것이다.

따라서 그는 2008년 촛불집회가 물질주의-탈물질주의 간의 새로운 사회적 균열을 드러낸다고 보기 어려우며, 1990년대의 저항과 마찬가지로 지역·세대·이념 등의 문제였다고 보았다. 2008년 촛불집회의 새로운 특성이라고 지적된 내용이 물질주의에서 탈물질주의로의 문화변동을 말하는 것이 아니라, 기존의 정치 균열이 새로운 분야 및 형태로 확대된 것일 뿐이라는 것이다. 그러나 필자는 이 책에서 견지하는 '근대화의 한국적 특수경로'라는 관점에서, 서구 68운동이나 신사회운동과의 비교가 필요하고 또 가능하다고 본다.

3) 청(소)년 문화의 새로운 특성

촛불시위와 중고등학생, 특히 여성 중고등학생은 매우 밀접하게 관련되어 있다. 2002년 한 네티즌('앙마')이 촛불시위를 제안하자 많은 중고등학생이 그것을 인터넷에 확산시켰고 실제 촛불시위에도 참여했기 때문이다.[97] 2004년과 2008년의 촛불시위에서도 10대들의 참여가 매우 두드러졌다. 또 2002년 월드컵 응원전은 새롭게 광장에 출현한 10대들의 문화를 보여 주는 분수령으로 해석되기도 한다(이창호·정의철, 2008: 463-464). 이창호·정의철에 의하면, 청소년들은 청소년 웹진을 통해 두발 자유화 운동을 전개하면서 2000년부터 적극적으로 자신들의 의사를 표출하기 시작했다.

　　당시 촛불시위에 참여한 여학생들은 정작 거부감을 표현했지만, 이후 '촛불소녀' 이미지는 촛불시위를 상징하는 아이콘이 되었다.[98] 촛불시위라는 새로운 정치적 저항의 형태는 청소년 문화의 변화를 보여 주기

97　　당시 광화문 촛불시위를 처음 제안한 네티즌 '앙마'는 30세의 학원강사였고, 이후 자신의 개인 홈페이지를 개설해 당시의 추모 열기를 반전·평화운동으로 만들기 위해 노력했다고 한다. http://www.ohmynews.com/nws_web/view/at_pg.aspx?CNTN_CD=A0000100917 (검색일: 2019.01.01) 참조.

98　　김예란·김효실·정민우(2010)는 '촛불소녀' 아이콘이 "무수한 시각들이 불편하게 접합된 대표적 표상"(90)이라고 말한다. 촛불소녀가 순진성과 앙증맞음의 기표이자 연약한 대상으로서 여성 청소년에 대한 고정관념을 시각적으로 표현하고 또 그럼으로써 편안하고 일반적인 기표가 된 동시에, 그 기표 속에서 정작 10대 자신들의 목소리와 모습, 행동들을 누락시켰다는 것이다. 그리하여 촛불에 대한 담론들이 10대들의 광장 참여를 대상화하는 방향으로 흘렀다고 한다. 이들의 판단은 그들이 만난 소녀·소년들이 모두 '촛불소녀' 아이콘을 거부하거나 그에 대해 부정적 태도를 보였다는 경험적 관찰에 기초한 것이다(103). 그러나 '촛불소녀' 이미지는 남성을 중심으로 세대 담론이 형성되는 전반적 흐름 속에서 청소년 여성에게 관심을 표현한 예외적인 경우이기도 하다.

도 한다. 이창호·정의철의 조사결과에 의하면, 2008년 당시 청소년들은 미국산 '미친 소'를 먹고 '내가 죽을 수도 있다'고 생각했을 뿐만 아니라, 학교 자율화 정책이나 공기업의 민영화, 대운하 문제와 같은 공적 이슈에도 높은 관심을 보였다.

2008년 촛불집회와 관련하여 이들에게 디지털매체는 두 가지 중요한 기능을 수행했다. 하나는 인터넷 포털 등을 통해 정보제공 및 의견교환을 가능하게 하여 인터넷 공론장을 제공한 것이다. 다른 하나는 휴대전화를 사용해 집회 관련 정보를 인터넷 카페로 전달하는 등 온라인 공론장과 오프라인 집단행동을 연결한 것이다. 인터넷 문화에 익숙한 이들은 "모르는 사람과도 쉽게 어울리는 모습"(이창호·정의철, 2008: 471)을 보였는데, 모르는 '남'에게 개방적인 이러한 문화는 본 연구의 인터뷰를 통해서도 확인할 수 있었다.[99] 이창호·정의철은 이들이 한국사회가 불공정하다고 생각하고, 사회에 대한 신뢰가 낮으며, 주류 언론에 강한 불신을 갖는 '정치 불신의 세대'지만, 자원봉사를 하고 집회 뒤 청소를 하는 등 자발적이고 능동적인 '참여세대'이기도 하며 적극적으로 의사표현을 하는 세대라고 평가했다.

촛불로 상징되는 청소년 문화의 특징은 이들이 소비의 주체이면서 동시에 저항의 주체이고 또 이기적 권리 주장과 동시에 새로운 참여와 연대를 수행한다는 것이다. 청소년 문화가 이렇게 양면적이기 때문에, 기성세대들이 이들을 평가하는 방식은 양극단을 오간다. 10대들의 개인화

---

99   모르는 '남'에게 이렇게 감정이입을 하는 경향은 최근의 코로나19 팬데믹하에서 더욱 두드러졌다. 대표적으로 '정인이 사건'에 대한 시민의 울분은 '생판 남인 아이에 대한 친밀성'을 표현한, 혈연중심 한국사회에서 그간 보기 어려웠던 매우 새로운 현상이다.

와 관련하여, 김예란·김효실·정민우(2010: 95)는 '나'라는 개념을 '외부세계와 연결된 비판적 주체들'로 이해하자고 제안한다. 그리고 이렇게 이해할 때, 촛불집회 '일반'의 효과가 아니라 촛불을 매개로 또 다른 차이들이 분화 및 파생되어 나가는 '차이들의 정치'가 중요해진다고 말한다. 즉 성인 남성을 중심으로 전형화된 시민운동 '내부'에서 다시 타자화된 10대(특히 여성)들이 만드는 내부적 균열에 주목해야 한다는 것이다. 당시 청소년들이 심각하게 느끼며 정치적 발언과 행동으로 표현했던 문제가, 신자유주의 체제뿐 아니라 가부장적 구조로부터도 연유한다고 이들은 보았다(106).

'웹 2.0세대'라고 불리는 이런 10대들은 당시 '20대 보수화론'의 당사자였던 소위 '88만원세대'와 매우 대조되는 정치적 성향을 보인다고 평가되고 있었다. 그러나 이에 대해 한윤형(2010)은 그것이 "새로운 세대를 찾아 헤매는 386세대의 적나라한 욕망의 발현"(85)일 뿐이라고 평가절하했다. 실상은 88만원세대가 후기 자본주의 시대의 경제적 측면을 대표하는 반면, 웹 2.0세대는 웹상의 소통을 일상화하는 문화적 측면을 보여 줄 따름이라는 것이다.[100] 즉 88만원세대와 웹 2.0세대는 후기 자본주의 시대의 양면을 이루는 하나의 현상일 뿐이다. 한윤형은 '세대론' 프레임 자체를 "규정하기 힘든 것에 대해 억지로 규정하려는 시도"(72)라고 비판하고, 그것을 어떤 불안감의 표현이라고 보았다. 그리고 그런 불안감의 표현인 '세대론'은 1990년대 초 '자유'를 주장했던 'X세대'에 대해서부터 시작했다고 보았다.

---

100   현재 20~30대가 된 이들은 사실상 같은 청년세대의 범주로 묶이는 경우가 많다. 디지털화와 관련하여 현재 30대가 과거 N세대라고 불렸다면, 현재 20대는 과거 '웹 2.0'세대로 불렸고 현재는 '디지털 네이티브' 세대로 불린다.

그러나 한윤형은 X세대가 표상했던 '자유'의 이념이 IMF 경제위기를 겪으면서 서구의 68혁명처럼 권위주의에 대한 거부로 나아가지 못하고 '소비의 자유'라는 문맥 안에 머물게 되었다고 말한다. 2008년 당시 '88만원세대'라 불렸고, 중고등학생 시절에는 'N세대'라고도 불렸던, 또 김대중 정부하에서 '이해찬세대'였던 그들은 "컴퓨터 실습실에서 '야후'와 같은 검색엔진을 켜 놓고 포털 사이트에서 자료를 검색하는 방법을 '실습'하곤"(75) 하면서 PC통신에서 인터넷 커뮤니티로 대이동을 시작한 세대이다. 말하자면 N세대는 X세대처럼 문화 변화가 아니라, 인터넷 기술 진보를 보여 주는 세대이다. 이들이 청년이 되어 88만원세대로 불리면서 N세대에 대한 기억은 사라졌지만, 2008년 촛불시위를 통해 등장한 '웹 2.0세대'는 이런 N세대의 연장선 위에 있다는 것이다.

한윤형(2010: 86)에 의하면, 웹 2.0세대는 X세대의 문화적 영향과 N세대의 기술적 진보라는 양면의 수혜를 입고, 촛불혁명의 주체가 되었다. 또 이들에게는 2002년 월드컵 응원을 통해 기성세대와 구별되는 새로운 내셔널리즘이 형성되는데, 한윤형은 그것이 서구의 근대적 민족주의를 연상시킨다고 보았다. 이런 평가는 아마도 2002년 월드컵 응원을 통해 드러난 '국민정서'가 조선 말 이후의 방어적 민족주의와는 다른 '국민국가의 주권자'로서 정체성을 주장하는 것이었다는 말일 것이다. 말하자면 2008년 촛불시위에서 '헌법 제1조'가 인용되며 구호로 등장했는데, 그것의 기원을 2002년 월드컵 응원으로 보는 것 같다.

정리하면, 위의 주장은 87년 체제에서 'X → N(=88만원=이해찬) → 웹 2.0'세대를 대상으로 이어지는 세대론이, X세대 이후의 '탈정치화'를 말해 준다는 내용이다. 만일 386세대와 이후 세대 간에 문화적 단절이 있다면, 그것은 '탈정치화'나 '소비주의화'에 불과하다는 뜻이다. 이런 관점은

1997년 이후의 신자유주의화를 현재의 사회변동에서 가장 중요한 기점으로 보는 태도와 밀접히 관련될 것이다. 말하자면 한국에서는 산업화 성공 이후에야 자유주의(=개인주의) 욕구가 문화적으로 표현된 것이 사실이나, 그것이 정치적 자유주의나 민주적 정치참여로 연결되지 못하고 경제적 자유주의(=신자유주의)에 갇혔다고 판단하는 것이다.

    이런 관점은 한국의 '개인화'를 '시장 개인주의'나 도덕적 이기주의와 동일시한다. 그러나 필자의 생각에, 이런 관점은 정치 민주화 이후의 문화변동을 '탈정치화=신자유주의적 개인주의화'로 단순화하는 586세대의 '꼰대적' 편견이 아닐까 한다. 이에 반해 필자의 의도는 87년 체제 아래 '세대론'으로 표현되어 온 '개인화'의 문화변동을 다음과 같은 사회변동의 틀 속에서 설명하는 것이다. 1) 공/사 영역을 가로질러 작동했던 유교적 집단주의 규범으로부터의 탈피('탈유교화'), 2) 새로운 친밀성 관계의 대두 및 '사적 존재로서 개인'에 대한 정당성 또는 다양성 인정의 요구, 3) 새로운 시민 공론장의 대두 및 신사회운동적 (개인화한) 정치문화 형성이 그것이다. 그리고 이런 변화를 보여 주는 사건들로서, 2016~2017년의 '촛불혁명' 및 이후의 미투운동 등 새로운 '정치'의 현상을 경험적으로 분석할 것이다.

4) 디지털매체의 중요성

서구에서와 달리, 한국에서 신사회운동 방식의 사회운동이 등장한 데에는 디지털매체의 영향이 가장 컸다. 한국은 산업화 과정에서 오프라인의 조직문화가 유교적 집단주의의 지배를 받았고,[101] 그에 대한 반발로 온라인매체에서는 '친목금지'나 '수평적 호칭'과 같은 새로운 행동방식이 주장되었다. 아래 경험연구의 결과에서도 확인되듯이, 영어 소통으로 시작한 초기 SNS에서는 한국어식 존댓말이 아닌 영어식의 수평적 호칭이 사용되었다. 1997년 외환위기 전의 'X세대'나 '신인류' 담론에서는 청년층의 '튀는' 패션이나 소비풍조뿐만 아니라, 조직문화에 적응하지 않으려는 청년층의 태도 역시 문화적 이질감으로 지적되었다. 이후 외환위기로 인해 그와 같은 자유분방함이 억제되면서, 청년세대에 대한 담론은 '문화적 이질감'에서 '88만원세대', '삼포세대', 'N포세대' 등 '사회경제적 취약성' 일변도로 축소되었다.

그러나 온라인매체에서의 소통은 여전히 기성세대의 조직 중심, 연고 중심 소통문화와는 대조되는 특성을 유지한다. 하버마스나 루만이 말하듯, 서구 시민사회나 시민정치의 태동에서 핵심적 매체는 활자매체였다. 그러나 한국에서 활자매체는 서구에서와 달리 권위주의적 구체제 문화로부터 풀려나지 못했다. 이는 루만과 벡이 현대의 사회변화와 관련하여 새로운 소통매체로 거론한 TV 전자매체 역시 마찬가지였다.[102] 즉 한국에서는 온라인 전자매체에 이르러서야 비로소, '무리 짓기' 방식에서 변화가 나타난 것이다. 그것은 '개인화'의 '익명성'에 기초하여, '문제 중심' 또는 '상황 중심'으로 무리를 만드는 '느슨한' 연결방식이다.

온라인매체의 이런 '네트워크' 성격과 관련하여 서구에서는 구사

---

101   한국의 산업화 과정에서 혈족 외부의 직업세계나 공적 관계에서 형성된 유교적 집단주의 문화가 본래 한국 유교의 영향인지 아니면 일본 문화의 영향인지에 대해서는 알 수 없다. 예컨대 이케가미 에이코(2008: 509)는 현대 일본의 장기 고용계약 관행이 중국 유교가 아닌 일본 군신제도의 영향이라고 보았다.

102   벡(2010; Beck, 1986)은 TV 전자매체가 위험사회의 새로운 위험 소통을 가능하게 한다고 보았고, 루만(Luhmann, 2005[1975])은 TV 전자매체가 사회적 소통을 일국 단위에서 '세계사회' 단위로 확대했다고 보았다.

회운동에서 신사회운동으로의 변화와 같은 문화변동 측면보다는, 사회운동의 '초국화'라는 시공간 변화나 그것을 가능케 한 기술적 변화가 강조되거나 신자유주의적 세계화와의 관련성이 강조되었다. 그리하여 국경을 뛰어넘는 '지구 시민사회global civil society'가 출현했음이 강조되었다. 한국에서 사용된 '지구 시민사회'(임현진, 2012), '지구적인 민주주의'(조희연, 2008), '지구 시민권'(심상용, 2012) 등의 개념들 역시 그런 맥락 속에 있다.

한편 이보다 훨씬 앞서서 이미 1970년대에 '세계사회' 개념을 사용한 루만은, 신사회운동으로 표현되는 문화변동이 사실은 오히려 다소 복고적인 과정일 뿐이라고 보았다. 말하자면 근대적 기능분화 과정에서 중심 역할을 상실한 '도덕'이 다시 그 역할을 탈환하겠다고 소란을 일으키는 현상일 뿐이라는 것이다. 루만은 신사회운동에 이데올로기가 부재하며, 그것이 사회체계 내부에 있으면서도 마치 사회체계 외부에 있는 듯 제3자 관점을 내세우므로, 일종의 기생적 현상일 뿐이라고 규정했다(Luhmann, 1986: 232-236). 그러나 이후 루만(Luhmann, 2003)은 '저항운동'이라는 '체계'의 가장 진화된 형태로 신사회운동을 설명하는 방식으로 변화한다.

이 후기의 저작에서 루만은 벡의 '개인화 테제'를 수용하여, 신사회운동이 더 이상 복고적인 '도덕적 과열'이 아니며 저항운동 프레임이 '도덕 → 분배 → 위험' 중심으로 진화하는 것이라고 설명했다(Luhmann, 2003: 148). 즉 신사회운동은 위험에 대한 사회적 결정이나 통제에서 배제되어 피해의 당사자가 되는 '새로운 피지배자들'의 세계관을 표현한다는 것이다. 루만에 의하면 신사회운동은 '조직'이라고 할 수 없다. 그 이유는 그것이 "여러 노드로 짜인, 비위계적이고, 다중심적이며, 연결망 형태의, 그리고 무엇보다 스스로의 변화를 통제할 수 없는"(Luhmann, 1997: 851) 특성을 갖기 때문이다. 또 신사회운동은 '상호작용'이라고도 할 수 없다. 그 이유는 그것이 매우 개인적인 의미 추구나 자아실현과 관계됨에도 불구하고 집합적 시위의 형태를 띠기 때문이다.[103] "그것[신사회운동]은 매우 개인화된 개인들과 관련되어"(Luhmann, 1997: 851) 있다.[104]

루만의 이런 설명을 참고하면 신사회운동의 핵심은 '개인화한 사회운동'이다. 이 경우 온라인매체의 사용이나 경제 세계화는 거기에 '시공간적 압축'이라는 새로운 특성을 추가했을 뿐이다. 즉 '초국적 사회운동'은 압축된 시공간 속에 확대된 신사회운동을 의미한다. 서구에서는 일국적 신사회운동이 먼저 일어나고, 이후 온라인매체 사용이나 경제 세계화 현상이 뒤따른 것이다. 그런데 한국에서는 이 모든 과정 역시 압축적으로 진행되었다. 즉 새로운 저항운동의 방식과 온라인 네트워크형 관계 맺기가 동시에 나타났다. 그리하여 온라인매체를 사용하면서 비로소 신사회운동의 성격을 갖는 저항운동이 출현했다.

서두원은 1990년대부터 유럽뿐 아니라 남미와 동유럽에서도 권위주의 체제로부터의 탈피 과정에서 신사회운동이 출현했다고 보았다. 그는 "서구에서 네오코포라티즘 전략에 따라 노사정 삼자협약 체제 내에 흡수된 노동운동에 저항하여 자유민주주의의 정치적 제한과 조직 자본주의의 경제적 위기를 비판하면서 등장한 여성, 인권, 빈민, 도시, 문화, 생

---

103   1980년대에 루만은 '사회적 체계들'을 사회, 조직, 상호작용의 세 가지로만 보았기 때문에, 신사회운동이 조직도 아니고 상호작용도 아니라고 설명한 것이다. 즉 신사회운동을 또 하나의 독자적인 사회적 체계인 '저항운동'의 한 형태로 새롭게 설명하기 위해서 위와 같은 논의를 했다.

104   그러나 루만은 이 부분에서 벡을 인용하지 않으며, 어찌 된 일인지 한국어 번역본(루만, 2012)에서는 이 문장이 완전히 빠져 있다. 여기서 필자는 벡의 개인화 개념을 중심으로 신사회운동에 대해 설명하지만, 1990년대 한국에서 신사회운동에 대한 이론적 논의는 주로 투렌, 잉글하트, 코헨, 아라토, 하버마스, 멜루치, 기든스, 무페 등을 통해 소개되었다(정수복, 1993; 권태환·임현진·송호근, 2001).

태, 환경운동 등의 다양한 사회운동 세력을 포괄하는 개념"(서두원, 2000: 4-5)
이 신사회운동이라고 정의했다. 그런데 온라인매체가 활용되기 이전인
1990년대 한국의 신사회운동은 "전통적 사회운동과 명백한 분화를 거치
지 못한 상태"(권태환·이재열, 1998: 38)라고 관찰되었다. 주요 참여자들의 직
업, 계층, 학력, 연령별 특성은 서구와 유사하나, 이념적으로 서구의 신좌
파 또는 '좌파-자유주의'와의 유사성이 확인되지 않기 때문이다.[105] 특히
실무자 수준에서 서구의 '인지적 동원'과 구별되는 '연고적 동원'의 특징
이 나타났기 때문이다(송호근, 1998: 69-70).

한국에서는 온라인매체와 관련된 '촛불집회' 형식을 통해서, 본격
적으로 신사회운동의 동원방식이 나타나게 되었다.[106] 장우영(2010)은 촛
불시위에서 디지털매체의 영향을 중시하며, 촛불시위를 정보사회의 '네
트워크 개인주의'에 기초한 시민저항이라고 규정했다. 그에 따르면 온라
인 네트워크가 정체성 형성의 기제이자 운동 자원으로서 역할을 했다고
한다. 즉 개인들이 네트워크로 공동의 의미 틀과 정체성을 구축함으로써
촛불시위가 발생했다는 것이다. 이렇게 네트워크로 연결된 개인들을 그
는 과거의 '공중'과 달리 '이슈 공중'이라고 불렀다. 단일한 이슈에 의해 형
성되어 네트워크상에 매우 넓게 포진한 개인들이라는 것이다.

한편 운동 자원으로서 네트워크는 사이버 행동주의와 온·오프라

---

105   좌파-자유주의란, "분배적 정의를 선호한다는 점에서 사회주의적 이념과 맥을 같
이하며, 국가관료제와 행정제도가 개인적, 사적 자유의 공간을 억압하고 … 비판한다는 점
에서 자유해방적이다"(권태환·임현진·송호근, 2001: 16).
106   여기에는 한국의 빠른 인터넷 발달속도도 크게 작용했다. 코로나19에 대한 대응을
통해 확인되었듯이, 서구의 온라인매체 확산속도는 한국과 비교할 때 상당히 뒤처져 있다.
즉 온라인 사용으로 자국 내 사회운동에 질적 변화가 초래될 정도로 온라인 사용이 활발하
지는 않다.

인 융합 운동이라는 두 형태로 작용했다고 보았다. 사이버 행동주의는 참여자들의 거래비용을 최소화하여 정치적 효능감을 높인다. 온·오프라인 융합 운동은 디지털 기기로 시위 현장을 생중계해서, 온라인 네트워크와 거리시위가 유기적으로 결합한 것이다. 이를 통해 과거 사회운동과 달리 운동의 리더십이 엷어지고, 시민들의 자발적 결사 및 시위 주도가 가능해졌다.

예컨대 2008년 촛불시위를 보면, 그것은 포털 사이트 '다음'의 '아고라' 청원방으로부터 발생했다. 후에 고교생으로 밝혀진 한 네티즌('안단테')의 대통령 탄핵 청원에서 시작하여, 아고라 토론방, 카페, 블로그를 넘나들며 '이슈 공중'이 형성되었다는 것이다. 이것은 느슨하게 결속한 '다중' 또는 '집단지성'의 성격이다. "원자화된 익명의 존재들이 개인적 차원에서 커뮤니케이션의 효능감을 추구하면서 집단의식을 정립해 가는 운동참여방식을 표상"(장우영, 2010: 36)하는 개념이라는 것이다. 당시 아고라 방문자의 주축은 20~30대 남성이어서, 앞서 언급된 '20대 보수화론'과는 어긋났다.

2008년 촛불집회에서는 '다음 아고라'뿐만 아니라 소비와 관련된 '생활세계 커뮤니티' 역시 두드러졌다. 예컨대 30~40대 주부들로 이루어진 '여초 커뮤니티'나 야구 정보를 주고받는 '남초 커뮤니티' 등이다. 이들은 그간 온라인 정보교환을 통해 회원들 간에 높은 신뢰를 축적하고 있었기에, 촛불시위가 고조되자 모금, 광고 게재, 집단 퍼포먼스 등의 활동을 벌일 수 있었다. 또 다수의 청소년 인터넷 카페도 촛불시위에 참여했다. 한편 전문 운동단체들 역시 온라인 조직화를 확대했다. 이들은 빠르게는 17대 대선 때부터 온라인 활동을 시작했고, 늦게는 촛불시위 동안에 결성되었다. 그러나 이들의 온라인 영향력은 매우 제한된 정도였다.

당시 초기의 촛불시위는 온라인 커뮤니티들에 의해 열렸다. 그러나 이후 사회운동 단체들이 광우병 국민대책회의를 결성하며 지도부로 등장한다. 그러면서도 대책회의의 실질적 중심은 여전히 온라인 커뮤니티였고, 대책회의는 지도부라기보다 가이드 역할에 머물렀다. 앞서 2002년과 2004년의 촛불시위에서도 기성 사회운동 단체들의 지휘에 대한 시민들의 거부감이 표출되었는데, 2008년에는 그런 추세가 한층 강화되었기 때문이다. 이러한 변화에서 "본질적인 것은 기술적 인프라를 매개한 시민역량의 강화"(장우영, 2010: 50)였다. 디지털 기술진보를 매개로 (운동단체의 지휘를 받는) 수동적 청중이 (스스로 결사하여 시위를 주도하는) 능동적 공중으로 전환했다는 뜻이다.

그런데 2008년 촛불시위뿐 아니라, 촛불집회라는 집합행동의 형태 자체에서 온라인매체의 영향력을 찾을 수 있다. 온라인매체가 오프라인 정치참여에 영향력을 미친 첫 사건으로, 2002년 미군 장갑차로 사망한 여중생에 대한 추모 촛불집회가 꼽힌다. 2002년 촛불집회는 "다양한 개인들이 온라인 네트워크를 매개로 오프라인까지 진출한"(김경미, 2006: 185) 첫 사례이다. 김경미(2006)는 2002년 촛불집회에서 1) 대인 연결망이 집합행동 참여에 미치는 영향이 인터넷으로 인해 강화되었는데, 구체적으로 2) 인터넷 커뮤니티 가입에 따른 관련정보 노출이 온라인 참여에 영향을 주었고, 3) 그것이 오프라인 집합행동에의 참여로 연결되었다고 분석했다. 또 사회적 이슈에 대한 감정적 반응이 온라인 참여활동에 영향을 주고, 그것이 다시 오프라인 참여에 영향을 미쳤으며, 과거의 오프라인 참여경험이 온·오프라인 연계 참여에 영향을 미쳤을 뿐만 아니라, 과거의 온라인 참여경험 역시 오프라인 집합행동으로 연결되었다고 분석했다.

결론은 인터넷이 오프라인에서의 집합행동을 단순히 강화할 뿐만 아니라, 새롭게 동원했다는 것이다. 즉 이미 정치적 관심이 있거나 활동 경험이 있는 사람들만 인터넷으로 참여기회를 넓힌 것이 아니라, 인터넷을 통해서 새로운 사람들이 동원되었다는 것이다. 이 새로운 동원과 관련하여, 온라인 사회 연결망과 감정이라는 변수가 중요하게 꼽혔다. 온라인에서 손쉽게 형성되는 사회 연결망이 오프라인의 조직적 연결망 못지않게 집합행동에 영향을 미쳤는데, 거기서는 이념적 성향보다 감정적 반응이 더 중요했다는 것이다. 참고로 벡에 의하면, 위험사회에서는 사회운동에서 감정적 반응(공감)이 이념을 대체하는 경향이 있다.[107]

　　　인터넷이 새로운 집회 참여자들을 '동원'한다는 위의 표현과 달리, 백욱인(2008)은 인터넷을 통해 사회운동이 '대중동원'에서 '대중형성'으로 바뀌고 있다고 보았다. 대중'동원'은 이미 만들어진 대중을 단순히 동원하는 것이지만, 대중'형성'은 주체들이 활성화되어 결합한다는 것이다. 즉 이미 존재하는 대중의 이념적 배치나 동원이 문제가 아니라 '생성의 관점'에서 봐야 한다는 것이다. 그는 "인터넷을 활용하여 시위대중을 형성하는 형식의 새로움"(161)이 나타난 대표적 사례로 2002년 촛불집회를 들었다. 이런 방식은 특히 2002년 월드컵 응원문화와 결합하면서, 2008년 촛불시위에서 더욱 강화되었다고 보았다.[108]

107　　이런 경향은 현재 떠오르는 이론적 패러다임인 신유물론에서 '정동(affect)'의 문제로 다뤄지기도 한다.

108　　백욱인(2008: 163-164)은 대중'동원'의 대표적인 철학적 관점으로 프랑크푸르트학파의 비판이론을, 대중'형성'의 대표적 관점으로 들뢰즈·가타리를 들었다. 그는 복잡계 이론의 '창발성' 개념 등에 기대어, 대중형성이 '대중의 창발적 성격'이라고 설명한다(166). 그리고 이렇게 인터넷을 통해 형성된 대중을 '정보 대중'이라고 불렀다(169). 이런 복잡계 방식의 설명은 신유물론과 비교될 수 있다. 신유물론과의 관련성을 볼 때, 벡은 (나중에 신유물론을 표방하는) 라투르와 밀접한 대화를 나누었으나, 자연과학과의 관계에서는 여전히 '실용주의'를 표방했다(Beck, 1999). 독일 사회학에서는 루만이 복잡계의 창발성을 주장했는데, 벡은 창발

2001년 이후 인터넷 사용자 수가 국민의 과반수에 도달하면서 인터넷 사용이 대중화하고 사용빈도가 늘었다. 그리하여 현실세계와 사이버세계 간에 빈번한 상호작용이 일어나게 된다. 그런데 2002년 촛불집회는 이런 상호작용 이전의 '현실-사이버' 관계에 기초한 것이다.

　　반면에 2008년 집회는 '현실-사이버' 상호작용이 가속화된 상황에서 일어났다(백욱인, 2008). 이것이 바로 '웹 2.0'의 기술로서, "참여·개방·공유의 아키텍처를 특징으로"(송경재, 2009: 65) 한다. "개인화되지만 이를 통하여 네트워크로 연계된 시민들"(송경재, 2009: 58)이 '집단지성'으로 등장한 현실의 기초가 웹 2.0의 기술이라는 것이다. 웹 2.0 기술의 효과는 스트리트 저널리즘(=1인 미디어)으로도 나타났다. 스트리트 저널리즘이 처음 등장한 사건 역시 2002년 촛불집회였으나, 당시는 휴대전화 단문 메시지(SMS)를 활용해 사진과 문자를 전달하는 수준이었다. 반면에 2008년에는 전문 인터넷 생방송 사이트(아프리카TV), 포털 사이트 생중계, 블로그, UCC 등을 통해 수많은 시민이 거리의 기자가 되어 집회 현장의 모습을 알렸다. 집회에 참석하지 못하는 시민들도 인터넷 생방송을 통해 온라인으로 참여하는 등 '네트워크 시민운동'이 형성되었다(송경재, 2009).

　　이렇게 출현한 '네트워크 시민운동'의 특성은 다음의 네 가지로 꼽는다. 1) '이슈 기반형'의 성격, 즉 의제설정이 일방적으로 소수의 리더에 의해 주도되는 것이 아니라 탈집중·탈권위의 방식으로 네티즌들에 의해 형성된다. 2) 유연한 조직으로서 사이버 커뮤니티, 즉 인터넷의 약한 연대 네트워크와 강한 동기 집단(여성, 청소년 등)이 결합하면서 연계성이 확대

성보다 '탈바꿈' 개념을 썼다. 독일 비판이론을 계승하면서, 근대성 내부에서의 탈바꿈으로 설명한 것이다.

된다. 3) 네트워크화된 시민여론, 즉 시민이 직접 수행하는 1인 미디어와 같은 형태로 온·온프라인 미디어 간의 상승작용이 일어난다. 4) 온·오프라인 네트워크 간의 다차원적이고 중첩적인 연계성, 즉 단순한 연락이나 의견교환뿐만 아니라 네트워크 연계와 참여를 위해서 여러 네트워크가 연계된다는 것이다(송경재, 2009).

결국 송경재는 2008년 촛불집회의 특성을 설명하는 핵심 요인으로 '웹 2.0'의 플랫폼 기술을 꼽으며, '네트워크 시민운동'을 '기술과 시민성의 상호작용적 공진화'의 결과라고 보았다. 반면에 백욱인(2008)은 "2002년 촛불집회를 시발로 발화하기 시작한 촛불시위의 배후에는 1990년대 중반 이후 가속화된 '포스트 포디즘', '정치적 민주화', '인터넷의 대중화'라는 세 요인이 숨어 있다"(168)라고 보았다. 백욱인의 분석은 한국 산업사회 체계의 제 차원들 ―경제·정치·기술― 을 복합적으로 강조했다는 점에서 송경재의 기술 중심적 설명보다 한층 세밀하다. 그러나 벡이 '탈바꿈'을 강조한 것과 달리, 그는 '산업사회'의 지속성을 당연시하는 정치경제학적 관점에 머물고 있다.

2002년 촛불집회와 2008년 촛불집회의 성격이 다르다면, 거기에는 미군 장갑차라는 '외세위험'(안보문제)과 '과학기술 및 산업위험'인 광우병 위험 간의 차이 역시 중요하게 작용했을 것이다. 그러나 앞서 정리한 연구들에서는 '위험'의 성격에 대해 주의를 기울이지 않았다. 물론 2008년 광우병 촛불집회 역시 산업화한 축산업의 위험보다는 소비생활의 위험, 즉 '수입' 여부가 문제로 여겨진 것이 사실이다. '산업문명의 위험'보다는 '생활정치'가 중심의제였던 것이다. 그러나 그런 생활위험은 산업사회의 분배 정의justice 프레임으로는 해결될 수 없다. 결국 축산 감염병의 문제로서, 그것은 산업사회가 악화시키는 지구 위 생명체의 문제로 연결될 수밖에 없고 위험의 그런 성격은 현재 코로나19 상황으로 연결되고 있다. 따라서 필자는 신사회운동을 단순히 '개인화한 저항방식'으로만 보기보다는, 위험 감수성의 변화 ―이익에서 위험으로 또는 사회경제적 위험에서 생명 위험으로의 감수성 변화― 와도 연관해서 봐야 한다고 생각한다. 그런 맥락에서, 개인화의 사회변동과 문화변동을 '위험사회' 관점에서 다루려는 것이다.

2장 경험적 논의: 촛불혁명, 미투운동, 페미니즘 재부상에서 드러나는 문화변동을 중심으로

이상에서는 문헌연구 및 타 연구자들의 연구결과에 대한 2차 분석의 방법을 사용하여, 필자의 독자적인 이론적 관점을 피력했다. 그런데 여기서는 앞의 장들과 달리, 필자가 공동으로 수행한 경험연구의 결과들을 통해 직접 확인한 내용을 제시하고자 한다. 필자는 두 건의 경험연구에 질적 조사 연구자로 참여한 바 있다. 두 연구 모두에서 필자가 맡은 역할은 개방형 (심층 또는 집단) 면접조사를 진행하고, 그 결과를 역시 질적으로 분석하는 것이었다.

그중 한 연구는 2018년 SBS 문화재단의 지원을 받아서 필자가 연구책임자로서 진행했다(홍찬숙·한정숙·오현미·김보명, 2019). 조사와 관련한 상세사항을 아래 〈부록〉I에서 밝힌 대로, 개방형 면접조사와 온라인 빅데이터분석을 함께 진행했다. 빅데이터분석은 1) 촛불혁명 지지자와 반대자의 페이스북 페이지 분석 및 2) 촛불혁명 당시 여성혐오에 대한 것이다. 개방형 면접조사는 연구진이 직접 수행했으나, 빅데이터분석은 외부에 의뢰했다. 연구의 내용은 촛불혁명이 미투운동으로 연결되는 양상에 관한 것이었다.

또 다른 경험연구는 필자가 공동연구자로 참여한 것으로 2019년 수행되었다. 비공개 연구여서 부득이 자세한 사항을 밝히지 않고, 아래 〈부록〉 II에서 조사 관련 핵심 정보만 제시했다. 이 연구의 주제는 20~30대에서 나타나는 젠더정치이다. 혐오, 공정성, 차별, 정책 등에 대한 질문을 통해 젠더정치에 대한 인터뷰를 수행했다.

두 연구 모두에서 필자가 사용한 관찰방법은 초점집단 인터뷰(FGI) 또는 심층 인터뷰의 질적 방법이다. 2018년 연구에서는 필자가 면접조사에 직접 참여했고, 2019년 연구에서 20대 남성 면접조사의 경우에 필자는 단 한 번의 FGI에만 참여했다. 나머지 경우에는 원활한 대화를 위해 20대 남성 조사자가 면접조사를 진행했다. 필자는 그 조사결과에 기초하여 질적 분석을 수행했다.

필자가 수행한 위의 두 연구는 모두 소규모의 질적 연구이기 때문에, 그 연구결과를 보편화할 수는 없다. 즉 어떤 인과관계나 규칙성에 대한 설명을 제시하지는 못한다. 그러나 필자는 인터뷰 참여자들의 육성을 통해서 그들의 경험을 공유하고 특히 그들의 감정적 개입이나 생생한 느낌을 전달받음으로써, 양적 연구가 제공할 수 없는 깊이 있는 이해와 접근을 할 수 있었다. 동시에 비언어적 표현들 역시 관찰하며, 그를 통해 언어로 발화된 내용을 더욱 깊이 있게 이해할 수 있었다.

질적 연구의 장점이라면, 소규모지만 깊이 있는 소통을 통해 참여자들의 직접적 경험들에 준거하여 전반적인 사회적 과정을 듬성듬성 스케치할 수 있다는 것이다. 개괄적 윤곽을 스케치하며 세밀하게 표현된 지점들을 연결함으로써, 이론적 연구에서 구체성을 확보하고 이론적 연관관계에 대해 한층 풍성하게 사고할 수 있는 계기가 제공된다. 이론적 연구가 비교 및 논리적 직관의 방법을 사용한다면, 질적 연구는 연구대상이 되는 각각의 사회적 현장에서 다양한 변수들이 순간순간 일정하게 배치되는 형태들을 종합적으로 관찰하는 방법을 쓴다. 그리하여 소규모의 사례에서도 현장의 생동하는 맥락들을 찾아낼 수 있다. 그러한 현장성의 맥락들을 이론 연구의 논리적 과정에 결합함으로써, 일정한 흐름이나 추세들을 짚을 수 있다.

앞서 제시한 이론적 연구주제에 맞게, 여기서는 1) 사회변동과 관련한 행동 또는 행태의 흐름, 그리고 2) 그러한 행위에 부여되는 의미론의 추세, 즉 문화변동의 측면, 3) 양 층위를 연결하는 감수성의 차이들 ― 즉 사회적 상호작용의 사회심리적 측면― 을 중심으로, 경험연구의 결과들을 분석할 것이다. 특히 사회운동의 성격변화를 통해 드러나는 문화변동을 분석의 중심에 놓을 것이다. 그리고 위의 세 측면이 결합한 흐름과 추세 속에서 전반적 '변화'를 관찰하고 분석하기 위한 집합적 비교 준거로서, 세대와 성별을 중심 범주로 삼았다. 이 역시 앞의 이론적 연구에서와 같은 맥락이다. 그러나 이론 모델에서 출발하여 관찰·분석의 틀을 도출하는 주류 사회학의 방법을 사용하지는 않는다. 오히려 경험적 관찰 과정이나 관찰 결과의 분석과정에서 계속 이론적 도구들과 비교를 수행함으로써, 경험적 관찰과 이론적 상상력 양자를 가로지르는 자유롭고 유연한 분석의 방법을 사용했다.

두 경험연구에서 나타난 중요한 내용을 함께 묶어 요약하면 다음과 같다. 우선 촛불혁명의 과정에서 '아저씨'들의 여성혐오적 시선과 태도에 대한 대응으로서 젊은 여성들 주도로 '페미존'이 설정된 바 있다. 이것은 남성 연구자들이 주권자 국민의 시민적 '통합'으로 인지한 촛불혁명 과정에서, 이미 이후 '미투운동'으로 이어질 갈등의 씨앗이 존재했음을 의미한다. 그러나 촛불혁명 당시에는, 여전히 (세대 및 성별을 아우르는) '통합'이 더 두드러졌던 것으로 보인다. 또 '갈등' 측면에서도 성별 갈등보다는 '꼰대' 담론에 기초한 세대갈등이 특히 인터뷰를 통해 더 부각되었다. '페미존'과 같은 성별 갈등의 현상은 20~30대의 젊은 층에서만 인지되었기 때문이다.

그러나 촛불혁명에 이어 바로 '미투운동'이 일어나고, 이후 다시 '혜화역 시위' 등을 통해 20대 이하 연령층의 자생적 페미니즘이 크게 공론화하면서, 촛불혁명에 대한 인터뷰에서는 상대적으로 분명치 않던 성별 문화적 충돌이 드러났다. 미투운동 초기에 그것은 '적폐세력 대 진보세력'의 프레임 속에 촛불혁명과 연결되어 인지되었다. 그러나 이후 '이념과 세대를 불문한 남성' 대 '청년여성' 간의 충돌이라는 프레임으로 변화했다. 그리하여 청년이 주도하는 온라인공간에서의 성별 갈등을 중심으로, '20대 여성의 페미니즘 재부상'이나 '20대 남성의 반페미니즘'과 같은 프레임이 새로운 청년문화의 특성으로 인지되었다. 이 과정에서 특히 청년남성의 경우, 가부장적 구세대에 저항하는 '꼰대 담론'과 '반페미니즘 담론'이 엎치락뒤치락 교차하는 것으로 보인다.[109]

한국 남성의 개인화는 'X세대' 이후 기성문화에 대한 반발('반집단주

---

[109] 이것은 청년남성의 문화를 '하나의' 흐름으로 보는 방식이다. 그러나 구체적으로는 청년남성 내부에서 문화적 분화가 일어나는 것으로도 설명할 수 있다. 예컨대 청년층의 1/4~1/3 정도가 '반페미니즘' 문화를 보인다는 조사결과들(천관율·정한울, 2019: 마경희 외, 2020)이 있었듯이, 그리고 아래 경험연구 결과에서 극소수라도 남성 페미니스트들의 존재가 보이듯이, '남성성'의 내적 분화가 없다고는 볼 수 없기 때문이다.

의')에서 현재 20대의 '반페미니즘'(여성의 타자화)으로 그 중심점이 이동하는 것으로 보인다. 아직 산업화 성공의 향유를 기대할 수 있던 1990년대의 청년들에게는, 개인의 자유를 억압하는 집단문화나 불공정성의 근원을 '가부장적 구세대'에서 찾는 '진보적' 태도가 우세했다. 반면에 신자유주의화의 불안정성이 확대되어 남성의 사회경제적 입지가 불안정해진 이후에는, 문제의 근원을 '페미니즘'에서 찾는 (생활) 보수적' 경향이 커지고 있다.[110] 그러나 촛불혁명을 계승했다고 자임하는 정부 아래서 586세대에 대한 불신이 수시로 재등장함을 볼 때, 청년남성의 문화적 저항이 세대와 성별 범주를 가로지르며 혼란스럽게 진행되는 것이 아닌가 한다. 말하자면 남성들의 개인화 추세에서는 '부정적'으로 반대하는 태도가 강했고, 긍정적으로 새로운 규범을 지향하는 특성은 크지 않았다.

반면에 청년여성의 경우에는 '페미니즘'이라는 형태로 상당히 뚜렷한 규범적 지향이 표현되었다. 남성과 대조되는 그런 분명함이 청년남성에게는 여성의 집단적 힘을 과시하려는 위협적 태도('꼴페미')로 인지되는 경향이 있다. 반면 청년여성의 관점에서는 '페미니즘'이 오히려 여성 내부의 '차이'를 강조하고, 스스로 개인이자 주체로 인정받으려는 경향으로 이해되고 있었다.[111] 말하자면 '여성 집단화' 추구보다는 '개인화'의 양상이 오히려 두드러졌다(임국희, 2020). 이들은 여성들이 사회구조에 의해

110　아래 인터뷰들에서 20~30대 남성들은 자신들의 (대 여성) 보수주의가 정치적 보수주의가 아닌 '생활 보수주의'라고 설명한 경우가 많았다. 그들에게 정치적으로 다시 촛불혁명 이전으로 돌아가려는 보수적 성향은 강하게 나타나지 않았다. 여기서 젠더문제를 정치와 분리된 '생활'의 문제로 보는 남성들의 관점이 확인되었다. 반면 20~30대 여성은 정치적인 것의 핵심으로서 젠더측면을 강조하는 경향이었다.

111　인터뷰에서는 여성의 배타적 집단 정체성을 주장하는 '생물학적 여성' 관점은 관찰되지 않았다.

오히려 일괄적으로 '집단화'되는 압력을 겪는다고 보았고, 페미니즘을 그에 대한 저항으로 이해했다. 즉 이들에게 페미니즘은 '스스로가 되기'의 방법이었지, '하나 되기'를 위한 것이 아니었다.

이렇게 개인화의 규범적 지향성에서 성별 차이가 뚜렷하여, 청년여성은 청년남성을 반페미니즘적 '집단'으로, 청년남성은 청년여성을 페미니즘 '집단'으로, 각각 집단화하는 경향을 보였다. 그러면서도 남녀를 막론하고 청년들이 집단 귀속보다 개인의 다양성을 당연시하는 태도를 보인다는 점에서, 일정 정도 같은 규범적 지향성을 공유하기도 했다. 구세대의 가부장제와 집단주의를 '시대착오적 유물'로 보는 관점이 어떤 방식으로든 상당히 넓게 퍼져 있는 것이다. 즉 세대 간 문화 차이는 '시대적 불가피성'으로 인식되는 경향이 컸다. 반면 성별 차이에 대해서는 단순한 문화 차이가 아니라 '이익'의 대립으로 보는 경향이 강했다.[112] 즉 성별이 이익집단의 사회적 범주로 이해되고 있었다.

말하자면 남녀 모두에게서 개인화 방향으로 사회·문화적 변화가 관찰되나, '반가부장'적 문화변동(세대갈등)과 성별 이익갈등 사이에서 청년의 세대 내 남녀 간 연대는 불가능하다고 인지되고 있었다.[113] 성별 이익

---

112   물론 이철승(2019)이 주장하듯이, 세대 간 대립을 이익이나 권력 차이의 '불평등' 문제로 이해할 수 있다. 그러나 이익대립에서 청년남성에게 기성세대는 기득권층인 반면에 여성은 새로운 성취 주체, 즉 아직 기정사실화하지 않은 경쟁상대일 뿐이다. 따라서 이익대립이 대 여성의 방향으로 진행될 가능성이 크다고 할 것이다.

113   이것은 벡(2011)이 금융위험이나 테러위험의 세계위험은 집단 간 분열로, 그리고 기후변화만이 세계시민주의로 귀결될 수 있다고 본 것과 유사한 맥락이다. 위험사회에서 '이익'을 둘러싼 갈등은 연대보다 분열로 연결된다는 점에서 그렇다. 이런 관점을 따르면, 한국에서 청년 남녀 간에 연대가 형성되기 위해서는 '이익'의 관점이 아닌 '공통의 위험' 관점으로 옮겨 갈 필요가 있다. 또 여기서 공통의 위험은 공통의 이익을 침해하는 사회경제적 위험이 아니라, 연대하지 않으면 존재 자체가 자멸하는 성격의 그런 위험이어야 한다.

갈등에서는 여성의 '집단적 피해자' 위치가 주·객관적으로 한층 명료하게 표출되었다. 그와 관련하여 공론장에서 목소리를 내겠다는 여성의 정치화 욕구 역시 한층 더 두드러졌다. 기성세대 여성들처럼 '사회적 패자'가 되지 않겠다는 욕구가, 청년여성에게는 '정상'으로 인지되었다.

반면 청년남성의 경우 사적 가부장제, 즉 개인 간 성폭력이나 가족 내 성역할 등에 대해서는 여성과 마찬가지로 성평등한 규범을 선호하는 경향을 보였다. 반면에 공적 가부장제, 즉 '미투운동' 관련 국가정책이나 일자리 등에서 제도적으로 성평등을 강화하는 방향에 대해서는 반발이 컸다. 특히 군대와 관련해서도, 청년남성은 징병을 '기정사실화'하고 '바꿀 수 없는 현실'로 보는 경향이 강했다. 군대 문제로 인한 '억울함'은 이런 전제에서 유래하는 것으로 보인다. 징병이 불가피한 현실이므로, 그에 대한 보상이 반드시 있어야 한다고 보는 것이다.

요약하면, 청년여성은 성불평등을 구조적인 사회문제라고 인지하는 반면, 청년남성은 개인 간의 인성문제로 인지하는 경향이 컸다. 따라서 여성은 정치적 요구로 공론화하여 문제를 해결하려는 성향이 크고, 남성은 온라인의 개별적 공간에서 뿔뿔이 발언하는 방식으로 대응하는 경향이 강했다. 청년남성의 경우, 스스로 정치적 공론장을 구성하거나 정치적 공론장에 참여하려는 의지가 나타나지 않았다.

1. '촛불혁명'과 미투운동

SBS 문화재단의 지원을 받은 2018년의 공동연구는 촛불혁명과 미투운동에 대한 연구였다. 따라서 아래서는 그 연구결과를 현재의 주제에 맞

게 요약하여 정리한다. 촛불혁명과 미투운동이라는 한국판 '신사회운동'
을 통해 관찰된 개인화의 문화변동을 중심으로, 세대별·성별 문화적 이
질성의 내용을 요약하고 또 '세대'와 '성별' 범주 간의 관계에 대해 살펴본
다. 경험연구를 통해, 1) 문화적 또는 규범적 변화라는 사회적 의미의 측
면, 2) 촛불혁명 및 미투운동에 참여한 방식과 온라인 활동 내용 등의 행
위 측면, 3) 그 속에서의 정서적 반응 등 사회심리적 상호작용의 측면을
관찰했다. 그러나 그 결과를 각각의 측면별로 세분하여 제시하지 않고,
문화변동의 측면에서 하나의 흐름으로 정리한다.

1) 세대 간 문화적 이질성: '촛불혁명'을 중심으로[114]

20대 남녀의 공통점

먼저 질적 조사방법인 인터뷰를 통해서 볼 때는 20대 남녀 간의
이질성보다 오히려 공통점이 더 컸다. 특히 사회운동의 개인화와 관련하
여 20대 남녀에게 공통적이었던 것은, 1) 이들이 '안전'의 문제에 매우 민
감하다는 것이었다. 물론 그 내용에서는 성별로 차이를 보이지만, 집회와
관련하여 남녀 모두 가장 많이 언급한 말은 '안전'이었다. 남성들은 과거
의 집회에서 나타났던 위협적 양상, 즉 경찰의 채증 및 시위의 폭력적 전
개를 중심으로 안전문제를 거론했다. 반면에 여성들은 집회 현장에서 나
타나는 중년남성들의 시선, 말 걸기, 건드리고 가기 등 자신들을 성적으
로 대상화하는 행태들을 안전문제의 핵심으로 여겼다. 즉 남성들은 권력
자들의 정치적 통제에 대해 위협감을 토로했다면, 여성들은 사회 전반의

남성 중심 문화에 대해 위협을 느꼈다.[115]

　　2) 이들은 남녀 모두, 주로 디지털매체를 매개로 집회에 각자 자발적으로 참여하였다. 참여에 있어서 이념보다 당사자 중심 정서가 지배적이었고, 서로 느슨하게 연결되는 집회의 형태를 매우 편안하게 느꼈다. 3) 이것은 이들의 '개인주의 성향'과도 관련된다. '아저씨'로 대표되는 기성세대의 '뭉치는 문화' 또는 '밀착적 문화'에 대해서, 남녀를 불문하고 모두 매우 강한 거부감을 드러냈기 때문이다. 이들은 기성세대가 집단주의적일 뿐만 아니라 자가당착적이라는 견해를 보였다. 일상에서 '뭉치는' 문화를 당연시하면서, 정작 촛불집회의 현장에서는 질서를 지키지 않고 제멋대로 행동하며, 여성혐오의 행태를 보이고 욕을 하는 등 거친 태도에다 술에 취해 있기도 했다는 것이다.

　　4) 이들은 디지털공간이 오프라인의 제도화된 사회공간과 달리 서로 신뢰할 수 있는 익명적 관계를 만들기에 더 적합하다고 느꼈는데, 이 역시 남녀에게 공통적이다. 이들은 그런 관계 맺기를 위해 서로에 대한 정보를 제한하는 것이 필요하거나 당연하다고 보았다. 예컨대 트위터를 통한 수평적 동호회의 관계 맺기 경험이라든가, 페이스북을 통한 단체활동에서의 관계 형성, 개인적인 디지털매체 사용 방식 등에 있어서, 이들은 소속감보다는 수평적 공감을 통해 정서적 지지를 얻는 점을 더 중시했다.

115　폭력과 안전의 문제가 이처럼 성별로 전통적 '정치'문제(권력기관의 폭력)와 '생활정치'의 문제(시민 내부의 일상적 폭력)로 나뉘면서, 안전문제에 대한 성별 감수성의 차이가 드러났다. 적어도 오프라인에서는 청년남성과 여성 간에 크게 이견이 두드러지지 않았던 촛불혁명과 미투운동 초기에, 사회적 저항은 권력기관('적폐세력')의 폭력과 관련된 것이었다. 반면에 미투운동이 진행되며 폭력의 주체는 권력기관에서 시민 내부로 변화해 갔다.

5) 또 이들은 기성세대의 편견과 달리, 개인주의를 '고립'으로 연결하는 것이 아니라 수평적이고 공감에 기초한 진정성 있는 유대관계의 형성과 연관시켰다. 예컨대 20대 남성 대부분이 촛불혁명 전에 자신이 '고립'되어 있으면서도 동시에 '뭉침'의 악폐에 처해 있었고, 그런 '뭉침'의 문화 속에서 '고립'이 오히려 불가피했다고 했다. 여성들은 남성들이 군대식으로 '뭉쳐서' 자신의 여자친구에 대한 사사로운 얘기까지 서로 털어놓을 만큼 '덜 개인주의적'이라고 지적했다. 그러면서도 청년세대는 남녀를 불문하고 모두 각자도생하는 삶을 산다고도 말했다. 또 남성 중에는 촛불혁명 후에도 스스로가 변함없이 개인주의자이지만 광장의 연대를 겪으며 '이기주의'를 탈피했다고 말하면서, 개인주의와 이기주의를 구별한 경우들이 있었다. 여성들 역시 촛불 전후로 한결같이 개인주의적이지만, '공동체'나 '연결된 개인'을 지향한다고 말했다.

6) 끝으로 이들은 기성세대에게 여성혐오나 소수자혐오의 문화가 있다고 보고, 그에 대해 거부감을 표현했다. 몇몇 남성의 경우, 과거에는 그와 같은 문제에 민감하지 않았으나 촛불광장에서 그런 행태를 관찰한 경험으로 인해서 새롭게 인식하게 되었다고 했다. 또 이미 예전부터 그런 문제가 불편했다는 남성도 있었다. 여성 중에는 이 문제로 인해 '촛불광장'에 대해 냉소적 태도를 보인 경우가 다소 있었다.

7) 한편 20대 남녀들은 10대 청소년들이 매우 진취적이라고 평가했다. 촛불집회에서 중학생의 정치적 관심에 감탄하거나 주목하게 되었다는 것이다. 본인의 10대 시절 역시 그러했다는 경우가 여성은 대부분이었고, 남성 중에는 한 명이었다.

위에서 열거한 남녀 공통의 7가지 특성은, 20대들의 새로운 문화적 특성을 보여 준다고 할 것이다. 20대는 위계적, 집단주의적, 여성혐오적, 통제적, 간섭적인 오프라인 사회 분위기에 모두 거부감을 느꼈고, 그것을 '아저씨' 문화로 칭했다. 즉 50대 이상의 '아저씨'라는 표현은, 이들이 가장 공감하기 어려운 세대를 가리키는 낱말이었다. '아저씨'와 정반대로, 이들은 개인주의를 주장하는 동시에 그것과 조화되는 수평적 공감 및 사회적 연대를 갈구하고, 또 여러 경우 촛불집회를 통해 그것을 경험했다. 그 과정에서 특히 디지털매체가 핵심적 매개물로 작용했다. 그리고 이들은 아래 연령층인 10대의 정치적 의식과 참여에 대해 매우 긍정적인 태도를 보였고, 그들과의 공감을 표현했다.

인터뷰에서는 이처럼 20대 내부의 성별 차이보다 공감(남성들의 반여성혐오 정서)이 한층 더 두드러졌다. 반면에 촛불혁명 지지자/반대자의 페이스북 페이지에 대한 토픽 모델링 결과(홍찬숙·한정숙·오현미·김보명, 2019: 33-37)를 보면 사정은 매우 달라진다.[116] 무엇보다 촛불혁명 '지지자' 데이터에서 토픽을 추출했을 때, 거기서 1) 국민, 퇴진, 탄핵, 새누리당, 2) 박근혜 대통령, 구속, 특검, 검찰 등, 3) 촛불집회, 광화문, 고생, 감사 등, 4) 사드, 세월호, 미국, 평화 등의 일반적인 토픽 외에, 5) 여성, 여성혐오, 메갈, 페미니스트라는 '성 대결적' 토픽이 함께 추출되었기 때문이다. 촛불혁명 '반대자' 데이터에서는 오히려 여성 관련 토픽이 나타나지 않았다. 이것은 향후 촛불혁명 지지자 내부에서 여성혐오나 반페미니즘 등의 문제가 불거질 가능성을 말해 준다. 그리고 실제로 안희정 사건을 계기로, 미투운동을 둘러싸고 진보세력 내부에서 성별로 태도가 갈리는 상황이 관찰되었다.

---

116   빅데이터분석에서는 연령을 확인할 수 없으나, 젊을수록 인터넷 커뮤니티를 더 많이 이용하므로 여기서 비교대상으로 삼았다.

반면에 인터뷰 결과와 빅데이터분석 모두에서 관찰된 공통점도 있었다. 특히 세월호와 관련하여 '미안하다', '죄송하다'는 감정이 공통적이었다. 또 (질서를 지키는) 익명의 시민들을 향한 동지애나 감탄이 확인되었다. 이처럼 권력 앞에서 위험의 취약자가 된 시민에 대한 연대의식과 공감, 시민다운 '매너'에 대한 강조, '매너'를 지키는 시민에 대한 연대감 등의 표현은 촛불혁명에서 일반적으로 관찰된 새로운 현상이었다. 다시 말해서 촛불집회 참여자를 '촛불시민'이라고 했을 때, 그것은 1) 권력 앞의 '취약자 정체성'을 공유하며, 2) 친분이 없는 익명 관계 속에서 오히려 깊은 공감을 나누고, 3) 상호간섭이 아닌 상호존중의 원칙을 추구하는 특징을 보인다고 할 수 있다. 이런 시민 자의식은, 50대 이상에서 나타나는 상대적으로 농촌공동체적인 자의식과 구별되는 새로운 자의식이다.

인터뷰에서는 20대 청년들이 촛불광장에서 경험한 그런 연대감을 군대문화나 국민의례 또는 제사라는 기존의 결속 양식과 구별했다. 또 그런 새로운 경험이 개인주의를 침해하지 않으면서도 동시에 연대를 제공한다고 말했다. 그러나 '개인/사회'의 이와 같은 새로운 구별 방식은 서구의 근대 사회학에서 '유기적 연대'로 설명된 것과는 구별된다. 서구 제1 개인화에서는 이익사회 측면과 2차적 관계가 강조되며, 자유주의적인 '시민적 무관심'이 오히려 타 시민에 대한 배려와 연대의 기초로 부상했다. 반면에 여기서는 서구 위험사회의 특성인 불안과 공감이 연대와 배려에 더 크게 작용했다. 인터뷰에서 보이듯이 '공감'이 강조되었고, 그 공감의 바탕에는 '취약자' 정체성이 공유되었다.

기성세대와 달리, 20대 남성들은 군대문화나 '뭉치기' 위해 수행하는 기성세대의 의례들을 공동체적 귀속의 표현이 아닌 불합리한 간섭이나 강제력으로 느꼈다.[117] 또 이들 3명 중 2명이 '50대 아저씨' 문화에 대해 불편함을 토로했고, 어린 청(소)년들이 오히려 더 '매너'가 좋다거나 질서를 잘 지킨다고 대비해서 말했다. 또 이들은 위계와 생각의 강요를 싫어하고, 평등을 중시하며, 개인주의를 당연시하고, 디지털매체를 통해 익명의 개인들과 관계를 맺으면서 오프라인에서는 경험하지 못한 신뢰를 느낀다고 했다. 또 서로 모르는 사람과 계속 잘 모르는 채로 교류하면서 배울 기회를 얻는다고 말하고, 그렇게 서로 잘 몰라도 같은 생각을 나눌 수 있어서 그 관계가 소중하다고 말했다. 촛불혁명을 통해 (대체로 비로소 처음으로) '생각의 자유'와 '발언의 자유'를 체험하면서, 자신의 인생이 변화하는 희열을 느꼈다. 그런 점에서 이들에게 촛불혁명은 인생의 전환점으로 표현되었다.

촛불광장에서 그런 새로운 경험을 갖기 전에, 이들에게 사회란 단지 취업과 아파트 장만을 목표로 '홀로' 분투해야 하는 공간이었다. 또는 타인을 생각하거나 신뢰하지 못하고, 이기적으로 자신만을 챙겨야 하는 삭막한 공간이었다. 그러면서도 그 속에서 자신의 견해 따위는 전혀 중요하지 않고, 자신의 견해를 표현하면 오히려 처벌을 받거나 취업과 삶이 어려워지는, 전혀 안전하지 못한 공간이었다. 그리하여 이들은 기성세대가 지배하는 오프라인사회와 자신들을 동일시하지 못했고, 디지털매체를 통해 익명이지만 신뢰할 수 있는 새로운 사회적 관계를 경험하고 있었다.

30대 분석의 결과

인터뷰조사를 통해 나타난 30대의 특성은 명확하지 않았다. 30대

---

117   아마도 이것이 오늘날 청년문화의 핵심어로 부상한 '공정성'의 감수성과 밀접하게 관련될 것이다.

남성들의 경우에는 노무현 전 대통령에 대한 기억이 매우 중요하게 작용하고 있었다. 또 20대와 비교할 때, 세대 간 관계에 대해서는 갈등보다 오히려 이해의 태도를 보였다. 특기할 만한 점은, 집회의 비폭력성에 대한 평가에 있어서 30대의 경우 활동가인가 아닌가가 중요했다는 것이다. 본인이 활동가인 경우, 남녀를 불문하고 폭력시위에 대해 거부감을 표시하지 않았다. 반면에 비활동가인 경우에는 폭력시위나 기존의 운동권 문화에 대해서 거부감을 보였다.

또 촛불광장에서 나타난 여성혐오에 대해서도 활동가인가 여부에 따라 각기 다른 반응을 보였다. 활동가인 경우, 광장에서 여성혐오가 있었다는 사실을 인지하고 있었고 그에 대해 거부감을 표현했다. 반면에 비활동가는 그와 관련된 언급을 전혀 하지 않았다. 그러나 촛불혁명과 미투운동의 관련성에 대해 질문했을 때에는 서로 이견이 없었다. 촛불혁명이 미투운동에 '발언의 용기'를 제공했다고 모두 긍정적으로 평가했기 때문이다. 이들은 미투운동을 촛불혁명과의 연장선에서 상당히 긍정적으로 보았다.

40대 분석의 결과

40대의 경우 인터뷰에서 20대와 매우 대조적인 점이 나타났다. '386세대'의 자의식을 갖는 한 40대 남성은 젊은 세대의 '개인주의적 세태'에 반감을 드러냈다. 물론 촛불집회를 계기로 이 반감은 새로운 세대에 대한 '희망'으로 바뀌었다고 했다. 이런 태도 변화 역시 20대들이 남녀를 불문하고 50대 남성에 대해 여전히 거부감을 보인 사실과 대조되었다. '386' 정체성을 가진 이 40대 남성은 청년 때의 '진보 이념'과 생활인이 된 후의 '현실 적응'을 오갈 수밖에 없었다고 고백했다. 촛불혁명을 전후로 해서 그의 부인에 대한 태도 역시 좀 더 평등하게 바뀌었다. 부인을 한층 더 높이 평가하게 되고 또 촛불광장에서 청년들과 직접 접하면서, 그는 삶에 대해 한층 긍정적인 태도를 갖게 되었다. '386세대'답게 이 남성은 집회에서 폭력을 완전히 배제해야 한다고 보지 않았다. 또 여성비하 발언에 거부감을 표현하면서도, 여성 역시 남성이 군 복무를 하듯이 사회의 짐을 분담해야 한다고 말했다.

반면에 386 운동권 문화와 동일시가 강하면서도 자신을 X세대로 칭한 여성 활동가는, 젊은 여성들의 새로운 페미니즘을 낯설어하며 불안하게 보았다. 동시에 그녀는 특히 세월호 참사를 계기로 사회운동에서 '개인'을 포괄해야 한다고 보았다. 2008년 촛불집회 때에는 386 운동권세대에 맞서서 자신의 그런 견해를 피력했고 또 설득하기도 했다고 말했다. 한편 촛불집회 자원봉사 활동을 통해서 여러 세대의 사람들을 접했다고 말한 또 다른 40대 여성이 있었다. 그녀는 세월호 참사와 관련해서, 그리고 자기감정을 표현하는 데 있어서, 청년들에게 배우면서 그들과 매우 가까워졌다고 말했다. 그녀는 50대 이상 남성들의 행태에 거부감을 표현하기도 했다.

40대의 경우에는 전반적으로 (활동가인 1인을 제외하고) 촛불집회에 대한 주변의 반응이 부정적이었다고 말했다. 그리하여 이들은 촛불광장에서 알게 된 다른 부부나 자원봉사자들과 돈독한 관계를 맺게 되었고, 관계를 계속 이어 가고 있었다.

50대 분석의 결과
인터뷰에서는 50대의 사례 수가 가장 적었다. 그러나 소수임에도, 여기서는 다른 세대와 뚜렷이 구별되는 특징이 나타났다. 남녀를 불문하고 '죄책감'이나 '부채의식' 같은 말이 사용되었기 때문이다. 이들은 촛불광장에의 참여를 매우 도덕적인 책무로서 보았다. 그러나 그런 도덕적 책무를 현실적 이유로 인해 촛불집회 이전까지는 포기해야 했었다고 말했다. 이런 '도덕적 채무의식'은 ('386 정체성'을 가진 위의 40대 남성을 제외하면) 다른 연령층에서는 전혀 나타나지 않았다. 그와 같은 도덕의식은 이들의 유교적인 '지식인 정체성'을 말해 주는 것으로 보인다. 또 이들은 '가족' 관계나 '부부' 관계를 서로 보호해 주고 지지해 주는 관계로 표현했다. 앞서 스스로 386세대라고 한 40대 남성의 부부관 역시 이와 유사했다. 특히 50대 남성의 경우, 촛불광장을 '아버지'와 '고향'에 비유하기도 했다.

이와 같은 유교적 지식인 정체성이나 농촌공동체 정체성과 함께, 이들에게는 또 민족주의적인 정조가 드러나기도 했다. 예컨대 촛불혁명과 관련하여 '독립운동'과 같은 어휘를 사용한 것이다. 또 이들은 여성비하 발언이나 미투운동에 대해서는 매우 거리를 두었다. 여기서 50대의 태도는 '불편함'이었다. 여성비하나 성희롱을 '무식함'의 결과라고 말하거나 특수한 사례에 불과하다고 보았다. 따라서 미투운동에 대해서도 불편함과 우려를 표현했다.

40대와 달리 이들은 가족이나 지인, 직장 아랫사람 등에게 촛불집회 참여를 권유하기도 했고, 때때로 지지를 얻기도 했다. 이들은 촛불광장에서 새로 사람을 사귀어 가까운 관계를 맺는 등의 사회성을 보였다. 즉 이들은 20대와 달리 '끈끈한' 친분 만들기를 수행하고 있었다.

20대와 '386세대' 간의 문화변동

이상의 경험연구 결과를 요약하면, 40~50대의 경우 '아버지', '고향', '민족주의' 등 사뭇 전통적인 정서가 두드러졌다. 또 '여성혐오'에 대한 문제제기 자체를 불편하거나 부자연스럽게 보는 '가부장적' 태도를 드러냈다. 이런 정서는 '정치 민주화의 세대'인 '386'의 '유교 도덕주의적' 문화와 맥을 같이하는 것으로 판단된다. 반면에 20대는 남녀를 불문하고 윗세대의 '뭉치는' 문화를 싫어하고 개인주의를 옹호하며, 여성혐오적이거나 공적 영역에서 예의를 갖추지 않는 '아저씨'들을 비난했다. 이렇게 20대와 50대의 분위기가 명확히 대비되는 가운데, 30대와 40대는 이들만큼 명확한 특성을 보이지는 않았다. 30대가 20대에 좀 더 가까웠다면, 40대는 50대와 좀 더 가까웠다고 할 것이다.

비록 소규모의 조사연구에 불과하지만, 연구결과에서는 20대 청년층과 50대 기성세대 간에 문화적 격차가 가장 두드러진다고 할 것이다. 또 주로 20대들이 활동하는 온라인공간의 빅데이터분석에서도 드러났듯이, 20대는 '여성혐오'의 문제를 '사회적 현상'으로 인지한다는 데서 새로움을 보였다. 50대 이상에서는 '여성혐오'라는 말 자체를 불온시하는 것과 달리, 20대에서는 남성들 역시 여성혐오가 실재하는 현상임을 인식하고 있었다.[118]

118　마경희 외(2020)는 질문지조사의 결과를 청년세대(19-34세)와 기성세대(35-59세) 간에 비교했는데, '페미니즘 운동에 대한 지지' 관련 9개의 조사항목에 대해 남성의 경우 모든 항목에서 기성세대의 지지도가 청년세대보다 높았다. 여성의 경우에는 절반은 기성세대, 절반은 청년세대가 더 높은 지지도를 보였다. 미러링, 미투운동, 혜화역 시위, 워마드 활동 등 청년층에서 큰 논쟁거리였던 문제들에 대해서는 오히려 기성세대 여성들의 지지도가 높았다. 반면 소라넷 폐지 운동, 강남역 추모 시위, 낙태죄 폐지 운동, 버닝선 게이트 규탄, 탈코르셋 항목에서는 0.8%포인트(미투운동)에서 약 20%포인트(소라넷 폐지 운동)의 차이로 청년세대의 지지도가 더 높았다(마경희 외, 2020: 295). 그러나 '성차별, 젠더이슈에 대한 관심'에 있어서는 남녀 모두에서 청년세대가 기성세대보다 약 20%포인트 앞섰고 또 청년세대 대다수가 '관심 있음'에 응답했다. '성차별, 젠더, 페미니즘 이슈 관련 대화나 토론을 함'에서는 긍정적 응답이 모두 20%포인트 이상 적었으나, 세대별 비교의 결과는 마찬가지였다. 청년세대 남성의 26.1%는 대화나 토론에 참여했다고 답했으나, 기성세대 남성은 13.7%였다(마경희 외,

2) 문화변동의 성별·세대별 이질성: 촛불혁명, 미투운동을 중심으로

촛불혁명과 관련해서 드러난 성별·세대별 문화 이질성

촛불혁명에 대한 경험연구의 결과, 무엇보다 젠더 의제와 관련된 태도에서 성별 차이와 세대별 차이가 교차한다고 할 수 있다. 빅데이터분석을 고려했을 때, 젊은 층에서는 특히 젠더 의제에 대한 태도가 성별로 확연히 달랐다. 그러나 기성세대의 경우에는 성별로 별 차이가 나타나지 않았다. 말하자면 젠더 의제와 관련해서는 오히려 여성 내부에서 세대별 차이가 크다고 할 것이다. 인터뷰를 통해 확인된 바로는, 특히 20대 여성과 40대 이상 여성 간에 차이가 확연했다.

2020: 242). 결국, 기성세대 남성보다 청년세대 남성이 젠더이슈를 더 '현실성'이나 '당사자성'의 관점에서 보고 있음을 알 수 있다. '페미니즘에 대한 부정적 인식'에서는 기성세대 남성보다 청년세대 남성이 모든 항목에서 우세했고, 여성은 반대였다. 젊은 여성도 다수가 '한국 페미니즘'에 대해 부정적 태도를 보였다(마경희 외, 2020: 307). 이것은 앞서 '페미니즘 운동 지지도'에서 '워마드 활동'(전체), '미러링 활동'(청년세대), 탈코르셋(청년세대 남성) 항목에서만 50% 이하의 지지도가 나왔던 것과 대조된다. 한편 '페미니즘에 대한 부정적 인식'에서 남녀를 불문하고 세대 간 격차가 가장 컸던 항목은 '평등하므로 페미니즘 필요 없음'이었다. 여기서 남성 세대 간 격차가 두드러지는데, 청년세대 남성만이 50%를 넘겼기 때문이다. 즉 청년세대 남성 대다수는 한국사회가 이미 성평등한 사회라고 판단한다는 것이다. '한국 페미니즘에 대한 입장'에서는 청년세대 남성이 기성세대 남성보다 다소 더 반대하는 편이었으나, 둘 다 30%대였다. 찬성 역시 두 집단에서 모두 낮았으나, 청년세대 남성에서 두드러지게 더 낮았다. 여성의 경우, 기성세대의 찬성율은 20%, 청년세대는 34.5%였다(마경희 외, 2020: 315). 말하자면 '한국 페미니즘' 자체에 대해 질문하면 세대나 성별을 가리지 않고 대다수가 부정적 평가를 하거나 지지 표명을 꺼리는 데 반해서, 이슈별로 질문하면 대다수가 페미니즘의 요구를 지지한다고 정리할 수 있다. 이것은 '한국 페미니즘'이라는 단어가 낙인효과를 갖기 때문이 아닌가 한다. 다만 청년세대 남성의 경우에서만 그것이 단순한 낙인이 아니라, 현실적으로 평등하므로 불필요하다고 인식하는 것으로 보인다. 결국 청년세대 남성의 절반 정도는 페미니즘을 실질적 위협('역차별' 또는 '남성차별')으로 느끼며, 그중에서 절반 이상이 명시적으로 반페미니즘을 표명한다고 정리할 수 있다.

(1) 문화변동의 성별 이질성

문화변동의 성별 이질성은 20대에서 두드러졌다. 20대 남녀 간에 가장 뚜렷한 차이는 무엇보다 '안전'의 내용이다. 이것은 촛불혁명이라는 오프라인 저항운동이 미투운동 및 이후 청년 페미니즘으로 연결된 과정을 설명해 줄 실마리가 될 수 있다. 20대 남성들은 기성세대 또는 권력자의 감시나 통제에서 벗어나면 곧 자유를 얻고 주체가 되는 것으로 생각했다. 그래서 이들은 촛불혁명의 성과를 무엇보다 '생각의 자유'와 '발언의 자유'로 꼽았다. 이것은 정치 민주화를 이룬 87년 체제 아래서도 청년들이 자기 생각을 형성하거나 발언할 자유조차 없다고 인식했음을 알려 준다. 즉 공부 잘해서 앞으로의 생존 기회를 보장받아야 한다는 부모와 사회의 '생존 중심' 압력 속에서, 스스로 생각할 자유조차 없는 '집단 부속품' 같은 자의식을 갖고 생활했음을 말이다. 또 그에 대해 저항할 가능성조차 생각지 못했다는 사실도 촛불집회를 통해서야 자각할 수 있었다.

결국, 촛불혁명은 부모 뜻에 순응하던 20대 남성들에게 부모(세대)가 '담론적 지배자'였음을 깨닫게 한 계기가 되었다. 또 거기서 벗어나려는 의지를 일깨웠다. 즉 부모의 내리사랑이나 그에 대한 '효'를 자신의 자유보다 앞세우는 유교적 집단 도덕의 문화에서 단절하고 싶은 자아를 발견하게 한 것이다. 그리하여 스스로 사고의 주체, 발언의 주체가 되고자 하는 시민적 욕구가 촛불혁명 속에서 깨어났다. 이것은 20대 남성들이 공민적 참여를 통해서 스스로가 자유로운 개인임을 인식하기 시작했음을 말한다. 이것은 87년 체제하의 민주화가 일상 속 관계들과 얼마나 동떨어진 채 요구되고 성취된 것인지를 드러낸다.

인터뷰에서 20대 남성들이 가장 위험하다고 언급한 것은 '취업'이었다. 집회 참여에서의 경찰 채증이 위협으로 느껴졌던 이유 역시, 그것이 취업을 막을 것이기 때문이었다. 부모나 사회가 이들에게 '생각의 자유'와 '발언의 자유'와 같은 기본권을 억압할 수 있었던 것도, '취업이 어려워질 것'이라는 불안 때문이었다. 이런 '생존 중심의' 위험 인식에 대해 이들은 '이기주의' 또는 '자기만 생각하는' 등의 표현을 쓰며 성찰하는 태도를 보였다. 취업의 공포가 자신들을 고립시키고 이기주의자로 만들었다는 것이다. 그리하여 촛불집회에서 정치참여가 취업 불가능으로 연결되지 않을 것이라는 안도감을 느끼면서 비로소 이들은 안전을 느끼고 자유를 경험하게 되었다.

이와 반대로 인터뷰에 참여한 20대 여성들은 생각과 발화의 '주체 되기' 과정 자체에서 그처럼 큰 압박을 토로하지는 않았다. 가족과 정치적 의견을 나누기 곤란한 경우에, 이들은 아예 그 주제로 대화를 하지 않거나, 스스로 학생조직에 가입을 시도하거나, 직접 온라인 단체를 만드는 식으로 '주체 되기'를 촛불집회 전부터 실행했기 때문이다. 말하자면 기성문화의 '집단적 압박'에 대해서 이들은 동년배 남성들보다 덜 순응적인 태도를 보였다. 또 이들은 취업을 위해서는 남성보다 더 개인주의적으로 스펙경쟁에 뛰어드는 방식을 선택하기도 한다. 이것은 취업경쟁을 당연시하기 때문일 수도 있으나, 동시에 취업이 '주체 되기'의 관문이라고 보기 때문일 수도 있다.[119]

---

[119] 청(소)년 페미니즘의 이와 같은 '경쟁적' 생존 관념에 대해서는 페미니즘 내부에서 이미 많은 비판이 가해졌다. 즉 이들이 이미 신자유주의적 문화에 젖어 있다는 것이다. 그러나 신자유주의적으로 작동하는 사회 속에서 경쟁을 부정한다면 그것이 오히려 더 비현실적인 태도일 것이다. 신자유주의 상황 속에서 살아야 하는 20대는 남녀를 불문하고 모두 경쟁을 당연시하는 경향을 보인다(천관율·정한울, 2019). 그러나 이것은 단순히 신자유주의에 젖은 '문화적' 태도가 아니라, 자신들이 주도하여 만들지 않은 경쟁 세계 속에서 생존해야 하는 '취약자'로서의 위치를 보여 주는 것일 수 있다.

그런데 이렇게 '주체 되기'를 스스로 선택한 과정에서 차츰 장애물을 겪으면서, 여성들은 위험을 느꼈다. 여기서 위험은 남성들이 말한 경찰 채증과 같은 형태가 아니라, 그보다 한층 더 '정당화된' 일상적 형태, 즉 합법적 폭력이다. 더욱이 이들에게는 기성세대의 '담론'뿐만 아니라 '몸(=아저씨)' 역시 위험요소이자 권력으로 인지되었다. 20대 남성들에게 '아저씨'는 거부와 경멸의 대상이었지만 '위험요소'는 아니었다. 대체로 '준법=질서유지=시민의식'으로 이해하는 20대 남성들에게 질서를 위반하는 '아저씨'는 꼴불견이거나 후진적일 뿐이었다. 권력은 그런 행태 자체보다는 그들에게 관대한 '기성세대 담론'에서 오는 것이었다. 그러나 여성들에게 '아저씨'의 몸과 행태는 단순한 꼴불견을 넘어 '자경단'을 결성해야 하거나 현장 참여를 아예 포기해야 할 만큼 위협적이었다. 공황상태까지 왔다는 경우도 있었다.

말하자면 촛불혁명 이전에 20대 남성들은 취업을 좌지우지할 만큼 위력적인 국가폭력이 가장 위험하게 느껴져서, 취업을 위해 기꺼이 '주체 되기'와 '자유'를 포기할 정도였다. 또 거기에 의문조차 느끼지 못했다. '취업을 못 할 위험'은 남성에게는 그 정도로 중요한 것이었다. 반면에 20대 여성들은 자신들의 몸('생물학적 여성')을 성적으로 대상화하는 불특정한 사회적 시선들을 (어쩌면 취업보다 더) 절박한 문제로 느꼈다. 취업불능과 신체-사회적 폭력은 둘 다 '생존'과 관련된 위험이다. 그러나 여기서 '생존'의 개념이 성별로 확연히 구별됨을 알 수 있다. 남성의 경우에 그것은 사회경제적 '위계' 속에서의 생존이라면, 여성의 경우에는 존재론적(=생체적)인 '절대적' 생존이다.

'생존은 죽음과 배리된다'는 가장 단순한 모순론에서 출발한다면, 사회경제적 생존보다 생체적 생존이 한층 절박한 문제일 것이다. 이것은 단순히 '계급론 대 페미니즘'이라는 진부한 문제가 아니다. 신자유주의 고용관계 속의 생존 위협은 노동자를 분절하고 '체계 대 개인'의 엄청난 비대칭적 권력구조를 만든다. 그러나 남성의 몸(과 카메라 등)에 의한 신체적 위협은 여성의 지위를 '생물학적 여성'으로 단순화한다. 소위 '혜화역 시위'를 통해서도 보이듯이, 오프라인 공론화 정치에서 계급적인 '흙수저 정체성'보다 '생물학적 여성 정체성'이 훨씬 강한 응집력을 보였다.

또 위험에 대한 대응에 있어서, 촛불혁명 전 20대 남성들은 위험이 닥치기 전에 미리 위험을 예상하고, 자유나 '주체 되기'를 포기하는 방식으로 위험을 회피했다. 반면에 구체적 예측이 어렵게 편재하는 신체적 위험을 의식하는 20대 여성들은 '위험에 대립적'인 태도를 보였다. 이런 태도 차이의 바탕에는 '사회적 기대'(=규범)와 관련된 남녀 간의 차이가 존재한다. 남성의 취업위험에 대한 기대에서는 자신과 사회 간에 기대의 괴리가 나타나지 않았다. 따라서 남성은 자신의 개인적 기대를 포기하거나 주장할 이유가 없다. 그러나 위험에 대한 여성의 기대는 사회에서 제도화한 기대와 괴리된다. 이런 괴리를 깨달을 경우, 제도에 대한 '신뢰붕괴'가 정치적 저항으로 연결되는 것이다.[120] 즉 여성들의 '위험 대립적'인 선제적 태도에는 위험에 대한 '개인-사회 간의 기대괴리'가 작용한다.

과거 기능주의 사회학의 관점이라면, 남성은 합리적으로 행동하나 여성은 비합리적이므로 그와 같은 결과가 나타났다고 볼 것이다. 그러나 사회적 기대가 남성 개인의 주관성과는 일치하나, 여성의 경우에는 그

---

[120]　청년층에서 나타난 '인천국제공항 사태'나 '의대생파업', '조국 전 장관에 대한 반감' 등에서도 이런 '신뢰붕괴의 정치화'를 볼 수 있다. 여기서는 신자유주의적인 '노력-성취 관계'에 대한 기대나 조국 전 장관에 대한 도덕적 기대가 붕괴하면서, 공공연한 저항을 촉발했다.

렇지 않다는 것이 문제이다. 즉 이것은 기대충돌, 규범충돌, 문화충돌의 문제이다. 사회가 여성 개인에게 갖는 기대와 여성 개인이 사회에 대해 갖는 기대가 불일치하여 초래되는 것이다. 따라서 여성들이 남성보다 한 층 쉽게 '개인'으로 각성할 수밖에 없다. 문화적 충돌에 의한 저항이 정치적 저항으로 연결되는 것은, 문화가 단순히 '의미규정'의 문제일 뿐 아니라 권력의 문제이기 때문이다. 즉 의미를 규정할 뿐만 아니라 그 의미를 실체화하는 담론 권력으로서, 그 권력의 작동을 위해 강제력을 발휘하는 제도들과 자원들을 갖추고 있기 때문이다.

그리하여 인터뷰에서 20대 남성들은 '이기주의'나 '자기만 생각하는'이라는 '성찰적' 말들로 촛불혁명 이전의 자신에 대해 반성했으나, 여성들은 오히려 기성 조직에 참여하려는 자신의 노력에 응답하지 않는 사회에 대한 좌절과 거리감을 표현했다. 촛불집회를 계기로 남성들이 자신의 '순응성'에 대해 새삼 깨닫고 주체가 되기로 '결단'했다면, 여성들은 사회로부터 배제된 '타자성'의 경험에 분노한 것이다. 남성들이 '자기비판적'이라면, 여성들은 사회구조에 대해 비판적이다. 즉, 20대 남성이 정치적 현상을 보는 관점은 '도덕적' 경향성을 보이는 데 비해서, 여성의 관점은 '사회구조적'이다. 남녀가 각각 '성찰성'과 '타자성'의 집단으로 갈리는 구조를 보인 것이다. 반면에 남성의 '도덕적' 태도는 구조적 불평등에 대한 거시적 인식으로 발전할 가능성과 함께, 도덕적 '인정투쟁'(호네트, 2011)으로 갈 수도 있다.

촛불혁명 관련 빅데이터분석을 통해서, 청년여성들의 '타자화한 시민' 정체성과 정치적 발화욕구를 다시 확인할 수 있다(홍찬숙·한정숙·오현미·김보명, 2019: 164-168). 당시 온라인공간의 여성들에게는 '촛불'보다 '성희롱, 성폭력, 페미니즘, 낙태죄' 등이 더 큰 관심거리였다.[121] 또 온라인 여성들 사이에서는 촛불혁명 당시에 '메갈'이라는 단어가 주요어로 떠오르고 있었다. 여성들의 '주체적 말하기'가 '메갈'로부터 시작되었다고 보는 많은 20대 페미니스트들의 지적을 상기할 때, 이것은 촛불혁명 당시에 이미 '여성'으로서의 정치적 발화욕구가 확대하고 있었음을 알려 준다.

빅데이터분석에서는 여성주도 온라인공간을 '여초 공간'과 '페미니스트 공간'으로 구별해서 보았다. 그 결과, 온라인 페미니스트들이 여초 공간 여성들보다 '탄핵시민' 정체성이 더욱 강했다. 또 페미니즘 이슈들 역시 한층 더 구체적으로 인지하고 있었다. 그러나 '탄핵시민' 정체성이 강했음에도, 이들은 탄핵시위에서 박근혜 전 대통령에게 쏟아진 여성혐오적 발언에 대해 매우 비판적이었다. 또 촛불시위 중에도 계속 '문화계 성폭력'에 대해 관심을 표출했다. 이처럼 온라인상에서는 촛불혁명을 전후로 계속 젠더이슈가 꾸준히 공론화되었다. 이것은 젊은 여성 소비자 중심의 여초 커뮤니티에서도 마찬가지였다. 이런 사정으로 인해서 이후 촛불혁명의 '시민통합 공론장'이 미투운동으로, 또 그를 경유해 혜화역 시위라는 '청년여성 공론장'으로 연결된 것으로 보인다.

(2) 세대별 이질성[122]

인터뷰에서 20대 남성들은 촛불집회에서 여성혐오가 가장 불편

---

121   촛불혁명이 시작한 2016년 10월은 낙태죄 폐지를 위한 '검은 시위'가 처음 열린 때이기도 하다. 인터뷰 참여자 중 페미존을 주도한 여성들은 '검은 시위' 참여 후 바로 촛불시위에 합류했다. 또 그해 10월부터 온라인에서는 '#00계 내 반성폭력' 해시태그 운동이 진행되고 있었다. 미국 헐리우드 방식의 미투운동과 무관하게, 이미 청년여성 내부에서 '온라인판 자생적 미투운동'이 시작된 것이다. 이런 청년 페미니즘 흐름의 기저에는 2015년 5월 디시인사이드 '메르스 갤러리' 생성 및 2016년 5월 '강남역 여성시위'로 연결된 '페미니즘 재부상'(손희정, 2017) 현상이 놓여 있다.

한 문제였다고 했다. 그러나 40대 이상 연령층에서는 남녀 모두가 대체로 집회에서 여성혐오 같은 것을 보지도 못했다고 답변했다. 이는 거대한 군중집회에서 각자가 경험하는 공간과 상황의 차이에서 비롯된 것일 수도 있지만, 젠더감수성에서 세대 간 차이가 있음을 드러내는 것이기도 하다. 특히 40대 이상 참여자들은 여성혐오의 문제를 제기하거나 남녀평등을 주장하는 페미니스트들의 주장에 불편함이나 반감을 보였다. 흥미로운 점은, 여기서 남녀 차이가 미세하게는 있으나 크지 않다는 것이다. 사회구조적으로 여성이 약자니까 같은 욕도 남성이 하면 여성혐오로 들릴 수 있다는 답변 정도가 40대 이상 여성이 남성과 다르게 한 말이었다. 이들은 대체로 남녀 모두 여성혐오의 주장이 편향되었다고 보고, 남녀평등을 주장하면서 왜 여자는 자기 몫을 하지 않느냐고 반박했다.

이와 대조적으로, 30대 남성들은 여성들의 그런 문제제기를 오히려 성숙한 태도라고 평가했다. 즉 젠더이슈는 성별 간의 쟁점이기도 하지만 세대갈등의 양상도 띰을 알 수 있다. 특히 20대 여성과 40~50대 남성들 사이에서 견해 차이가 컸다. 인터뷰에서 다수의 20대 여성들이 '젠더권력을 무의식적으로 행사하는 대표적 집단'으로 '50대 아저씨'를 지목했다. 50대 아저씨의 태도에 문제를 느낀 것은 20대 남성들도 마찬가지였다. 이처럼 아직 혜화역 시위 이전이던 인터뷰 당시에는, 스스로 페미니스트라고 정체화하지 않은 청년남성들 역시 젠더문제에 대해 50대 남성보다 20대 여성들과 더 가까운 의견을 '스스럼없이' 말했다.

이것은 매우 흥미로운 사실이다. 왜냐면 혜화역 시위 등을 거친 이후의 시점에서 이루어진 아래의 두 번째 경험연구 결과를 보면, 페미

---

122   이 부분의 인터뷰분석은 오현미가 담당했다(홍찬숙·한정숙·오현미·김보명, 2019: 175-177).

니스트 정체성을 갖는 남성들만이 20대 여성의 의견에 동조했기 때문이다.[123] 여기서는 '중간적인' 의견은 나타나지 않았다. 이는 미투운동 초기까지는 가해자로 기성세대 남성, 특히 조직과 단체의 과거 권력자들이 지목되었던 데 반해서, '디지털 불법 촬영' 의제화 이후에는 디지털매체를 사용하는 청년남성들이 가해자의 범주에 들어왔기 때문일 것이다. 그리하여 혜화역 시위 이후에는 젠더이슈를 둘러싼 갈등이 마치 청년층 내부의 성별 갈등인 것처럼 다뤄지는 경향이 나타난다.

미투운동과 관련해서 드러난 성별 이질성

먼저 유튜브 글을 대상으로 한 빅데이터분석을 통해 미투운동 진행시기 동안의 여론을 살펴보면, 전반적으로 '미투' 폭로를 보수/진보 간의 이념 대립 문제로 보는 관점이 나타난다. 그러나 미투운동이 이처럼 중요한 사회문제로 인식되면서도, '무고죄 고발'에 대한 문제제기 역시 함께 나타났다. 또 취업·결혼의 문제에서 젠더갈등과 '메갈 페미니즘'에 대한 부정적 감정 역시 나타났다. 여기서 시기별로 나누어 보면, 1) 조민기 자살부터 '억울한' 감정이 확대되고, 2) 양예원 폭로 이후에는 '양예원이 예쁘다'는 식의 구경하는 태도가 나타나며, 3) 양예원 스튜디오 실장 자살 사건이 있던 시기에는 다시 '억울한' 감정이 커지고, 4) 안희정에게 무죄가 선고되면서는 '억울하다'는 감정이 '싫다'보다 우세해졌다.

123　두 번째의 경험연구가 첫 번째 경험연구와 동일한 인터뷰 참여자들을 재차 조사한 것이 아니므로, 이런 비교는 조심스럽다. 그러나 인터뷰 당시에 전달되는 분위기에서 이미 청년남성들의 발언태도는 확연히 달라져 있었다. 첫 번째 연구보다 1년쯤 후에 수행한 두 번째 조사에서는, 젊은 남성 사이에서 젠더와 관련된 발언 자체가 아주 조심스러웠고, 눈치를 보는 듯한 분위기가 강했다. 또한, 두 조사 모두 (몇몇 범주를 제외하면) 대체로 '우연적' 표집 방식을 사용했기 때문에, 잠정적으로 이와 같은 결론을 내리고자 한다.

다음으로 제도언론의 온라인 기사를 텍스트 마이닝 기법으로 분석한 결과에 의하면, 조선일보는 유튜브와 달리 제도언론으로서 다소 차분한 인상을 주었다. 감정적 대응이나 오락적 반응보다는 사건 중심적으로 보도했다는 인상이다. 그러나 그러면서도 '서지현 검사의 폭로는 진짜 미투지만 김지은 비서의 폭로는 가짜 미투'라고 보는 경향도 확인되었는데, 그것은 서지현, 안희정 두 단어의 네트워크를 분석해서 나타난 결과이다. 한겨레신문과 경향신문 역시 제도언론으로서, 감정적 보도나 오락적 대응보다는 사실에 충실한 보도를 한 것으로 보인다.

그러나 토픽 모델링분석의 결과를 보면, 한겨레신문과 경향신문은 조선일보처럼 사건 전달 자체에만 초점을 두지 않고 '사건을 어떻게 이해할 것인가'에 대해 나름대로 방향을 제시하려 했던 것으로 보인다. 권력의 문제라든가 피해자 신고의 어려움과 관련된 해설을 덧붙인 것이다. 다른 한편, 단어 네트워크분석의 결과를 보면, 서지현 검사 관련 보도에서 위의 두 '진보'언론은 검찰 내부의 문제보다 성폭력 일반의 문제를 강조한 것처럼 보인다. 반면 안희정 관련 보도에서는 조선일보처럼 여기서도 김지은 미투를 서지현 미투와 구별하는 경향이 나타났다. 또 '보수/진보' 정치인 관련 보도가 유튜브보다 많았다.

미투운동과 관련한 인터뷰조사는 촛불혁명에 대한 조사와 달리 여성만을 대상으로 했다. 따라서 성별 이질성을 관찰하기 위해서, 온라인 여초 카페 분석, 페미니즘 페이지 분석뿐 아니라 인터뷰분석 결과 역시 온라인 남초 카페에 대한 분석과 비교할 수 있다. 조사대상인 남초 카페는 정치적으로 진보로 알려진 카페이다. 그러나 미투운동과 관련해서는 보수언론보다 더 일찍부터 '무고죄의 억울함'이나 미투운동이 '싫다'는 감정을 드러냈다. 전반적으로 미투운동에 대한 사회적 정서가 매우 우호적이던 초기 때부터 이미 온라인 남초 카페에서는 그런 정서를 표출했다. 또 양예원 폭로 및 안희정 무죄판결이 주요 이슈였던 시기 이후에는 이재명, 김부선, 주진우 등의 이름이 주요어로 등장하기도 했다. 즉 이때는 미투운동의 흐름보다 민주당 정치인을 둘러싼 추문에 더욱 민감했던 것 같다.

반면 여초 사이트에서는 욕이나 남성비하의 비속어가 자주 출현했다. 또 억울한 감정을 표현하는 남성들을 이해하기 힘들며 그런 남성들이 싫다는 정서가 드러났다. 특히 미투운동 후기에 정치인의 추문으로 관심을 돌린 남초 카페와 달리, 여초 카페에서는 미투운동의 흐름에 지속적인 관심을 가졌다. 한편 페미니스트 페이지에는 여초 카페와도 차별적인 경향이 나타났다. 거기서는 미투운동이 쟁점화한 초기부터 이미 미투운동보다 '성별 대립'이 더 중요한 이슈였다. 반면 여초 카페와의 공통점도 있었는데, 그것은 전반적으로 여성과 관련해서는 사회적 차별 관련 어휘들을, 남성과 관련해서는 욕설과 비속어를 많이 사용했다는 것이다. 이런 경향은 남초 카페의 반미투운동, 반페미니즘 분위기와 명백히 대조되었다.

남초 카페와 여초 및 페미니즘 사이트를 비교해 볼 때, 양성 간의 현실인식이 매우 상반되면서 성별 디지털 집단화가 이루어짐을 알 수 있다. 여성들이 여성으로서 받는 차별과 피해에 공격적 태도를 보인다면, 남성들은 (본인이 가해자가 아닌데도 가해자로 몰리거나 몰릴 수 있다는) 억울함을 토로한다. 여성들은 남성과 남성문화에 욕을 퍼부으며 남성을 기득권자로 인식하는 반면, 남성들은 미투운동 자체보다 미투 피해자가 '예쁘다'고 구경하며 농담을 하거나 정치인의 추문 쪽으로 관심을 돌린다.[124] 남성들의 '억울한' 감정은 유튜브분석에서도 마찬가지로, 미투운동이 중요한 사회

문제로 여겨지던 초기부터 이미 나타났다.

반면에 제도언론에서는 안희정 사건 전까지는 보수/진보를 가리지 않고 미투운동에 대해 대체로 온정적이었다. 성별 집단화한 디지털공간에서와 달리, 제도언론의 보도에서는 성별 감정 대립이 드러나지 않았다. 그러나 제도언론에서는 서지현 검사와 안희정 사건에 대한 사회적 수용성에서 차이가 드러났다. 서지현 검사에 대해서는 일방적으로 우호적인 여론이었다면, 안희정 사건에 대해서는 미투운동의 진정성을 의심하는 경향이 특히 보수언론에서 드러났다.

이상의 분석 결과를 요약할 때, 온라인을 사용하는 젊은 남성들은 '정치적 진보'를 표방하면서도 보수언론보다 더 일찍부터, 또 한층 더 감정적으로, 반페미니즘적 태도를 보여 왔다. 반면에 온라인 빅데이터분석에서나 질적 조사에서나, 여성들은 남성들과 상반되는 관점을 보였다. 물론 '페미니즘' 페이지나 미투운동 '참여자'를 표적집단으로 삼아 연구에 포함했기 때문에 그런 상반성이 두드러졌을 수 있다. 그러나 미투운동 참여자의 경우에는 모두가 처음부터 페미니스트 정체성을 갖고 미투운동에 참여하지는 않았다. 오히려 특정 사건(특히 강남역 살인사건)을 계기로 또는 오히려 미투운동의 충격을 통해서, 페미니스트가 된 경우가 적지 않았다.[125]

한편 미투운동 인터뷰 참여자 중, 서지현 검사를 통해 미투운동이 오프라인에서 공론화되기 이전에 이미 문화연극계의 온라인 미투운동에 참여했던 여성이 있었다. 이 여성은 촛불집회의 긍정적 경험으로 인해 미

---

124   인터뷰에서 확인된 것으로서, 청년여성들은 청년남성들의 반여성적 태도가 자신들처럼 심각한 '세계관' 차원의 문제가 아니라 게임이나 장난 수준의 것이라고 인식했다.
125   미투운동에 대한 인터뷰분석은 김보명이 담당했다(홍찬숙·한정숙·오현미·김보명, 2019: 232-295).

투운동이 온라인에서 오프라인으로 올라와 공론화될 수 있었다고 평가했다. 촛불집회 안에서 여성혐오나 '페미존' 결성과 관련된 '불편함'만 있었던 것이 아니라, 긍정적 경험 역시 있었다는 관점이었다. 예컨대 광화문 촛불집회 당시 광장 내 여성혐오에 대한 젊은 여성들의 문제제기를 주최 측에서 즉각 수용하여 곧바로 사과한 일이 있었는데, 이것이 청년여성에게는 놀랍고 새로운 경험이었다고 했다. 시민사회 운동단체들이 청년여성의 요구에 이처럼 빨리 반응하리라고 예상하지 않았고, 그런 긍정적 경험이 민주주의 학습에 도움이 되었다고 했다.

미투운동에 참여한 여성들은, 숨어 있던 여성혐오를 촛불혁명이 가시화하여 여성이 2등시민임을 자각하게 하는 계기가 되었다고도 했다. 촛불혁명이 여성의 주체적 정치참여를 촉구했다는 것이다. 또 지난 수년간 '페미니즘 재부상'을 통해 젊은 여성들이 이미 새로운 주체로 태어나고 있었는데, 촛불광장의 경험이 그러한 주체화를 가속화했다고도 했다. 그리하여 촛불혁명으로 탄생한 정부에 젊은 여성들은 당연히 큰 기대를 했고, 이후 정부의 젠더정책 및 관점이 그에 미치지 못하자 여성의 저항이 다시 폭발했다고 했다.

반면에 남성 중심적이면서도 기성세대의 문화와는 차별화를 추구하던 온라인공간에서는, 미투운동을 계기로 청년남성들이 가해자로 지목된 기성세대 '권력자' 남성들과 자신들을 오히려 동일시하는 과정이 나타났다. 촛불혁명 인터뷰에서 보였던 기성세대에 대한 반발이나 비판의 정서와 비교할 때, 미투운동과 관련된 온라인 여론분석에서는 세대 간에 오히려 '생물학적 남성'으로서의 동일성이 부각한다. 말하자면 미투운동이 '몸'의 성별과 관련된 현상이다 보니, 남녀가 모두 성별 집단화할 가능성이 커지는 것이다. 게다가 온라인공간의 특성으로 인해서, 목소리가 크고 강한 쪽으로 단순 집단화하는 과정이 진행되는 것이다.

미투운동과 여성의 집단적 주체화

여성의 정치적 주체화와 관련해서 미투운동에서 가장 중요한 것은, 그것의 공론화 방식이다. 1) 피해 당사자가 공공연한 낙인의 위험을 무릅쓰고, 전국적 파장을 갖는 전자매체인 TV에 스스로 출연하였고, 2) 그리하여 의제를 순식간에 전국화했기 때문이다. 서구의 경우 근대적 시민정치를 가능하게 한 공론화의 매체는 활자매체였다. 따라서 서구의 근대성은 활자매체의 속성과 본질적 관련성을 갖는다고 설명되곤 했다. 근대적 활자매체와 컴퓨터 등 현대 정보화매체의 속성을 비교하면서, 현대의 정보화매체가 탈근대적 변화에 중추적으로 작용했다고 분석한 학자들도 많았다. 이에 비해 TV매체의 역할은 다소 애매하다. TV와 같은 전자대중매체가 사회학적 이론의 관심을 받은 경우는 프랑크푸르트학파의 발터 벤야민과 1970년대 루만, 1980년대 벡을 꼽을 수 있을 뿐이다.

서지현 검사의 JTBC '미투' 공론화는 이 중에서 새로운 위험의 정치화와 관련하여 TV매체의 특성을 강조했던 벡의 설명과 비교할 수 있다. 벡은 특히 피해상황을 동시에 전국적으로 가시화함으로써, 개인들이 서로 대면하지 않고도 순식간에 '공감'을 나눌 수 있게 하는 TV매체의 특징을 강조했다. TV매체의 그런 특성으로 인해서, 새로운 위험 정치는 과거 활자매체에 의존했던 시민정치의 이성적 대화나 설득보다 오히려 당사자의 경험에 기초해 전염병처럼 한순간에 연대하는 공감의 정치로 발현한다고 보았다. 이런 벡의 설명에는 벤야민에 대한 벡의 긍정적 독해가 작용했다. 미투운동의 포문을 연 서지현 검사의 경우, 벡이 말한 이런 효과가 현실화되었다.

또 한순간에 '세계사회'적 소통을 가능하게 하는 TV매체의 특성을 강조한 루만의 설명 역시 여기서 참고할 수 있다.[126] '미투운동'의 형식과 용어가 이미 여러 매체를 통해 세계적으로 소통되고 있었기 때문이다. '미투'소통의 이런 '세계사회'적 양상으로 인해서, 한국에서 미투운동의 정당성이 덜 의심받은 측면도 있다. 사실 내용적으로 보면, 한국의 미투운동은 1990년대 페미니즘의 반성폭력 운동이나 이후 온라인에서의 성폭력 가해자 고발운동 등 자생적 여성운동의 맥락을 잇는다. 그러나 그것이 세계화된 '미투운동'의 형태를 띠자, 과거와 달리 빠르게 대중성을 확보할 수 있었다. 미투운동이 헐리우드에서 시작해 세계적 의제가 된 데에는 물론 TV뿐만 아니라 여타 정보매체의 영향이 컸다. 그러나 그것이 한국사회에서 전국 수준의 정치 의제로 등장한 데에는 서지현 검사의 JTBC 뉴스 인터뷰, 즉 TV매체의 활용이 절대적이었다. 특히 당시에 JTBC 뉴스는 '촛불혁명'의 중심매체로 인식되었으므로, 인터뷰를 통해 일반 대중에게 촛불혁명과 미투운동은 의미론적으로 쉽게 연결되었다.

촛불혁명 즈음인 2016년 10월부터 시작된 '#○○계 내 성폭력' 해시태그 운동은, 한국에서 '미투운동의 온라인판 선행 형태' 또는 자생적 '온라인 미투운동'으로 부를 만한 것이다. 그것은 이미 운동계, 대학, 문화계, 문단, 가족, 영화계, 교회, 스포츠계, 공연계, 미술계, 교육계, 클래식 음악계, 예술학교, 유학생 교민 한인사회, 힙합계 등 다양한 영역에서 활발히 일어나고 있었다. 그러나 흔히 '위계적'인 근대적 활자매체와 달리 '탈근대적'이고 '수평적' 속성을 갖는다고 설명된 바 있는 '쌍방향'의 온라인매체에서는, 그와 같은 폭로가 쉽사리 대중적 공감으로 연결되지 못했다.

126   TV매체의 특성과 관련된 이상의 사회학적 설명들에 대해서는 홍찬숙(2017d) 참조.

온라인 해시태그 운동과 오프라인 항의시위를 오가며 계속 문제제기가 진행되었으나, 온라인 소통의 분절 집단화('필터버블')를 뛰어넘기 어려웠다. 그런데 그런 한계를 뛰어넘게 해 준 것은 오히려 '일방적' 정보전달 매체였던 TV였고 특히 촛불혁명을 주도적으로 보도하여 큰 신뢰를 얻은 당시의 '국민매체'였다.

온라인매체 중심의 공론화는 이후에 계속 확인되듯이, '확증편향'을 유발하며 단절적 집합화에 머물 위험성을 안고 있다. 온라인 공론화는 가입과 탈퇴가 쉽고 '소비'나 '재미' 등 특정 목적을 공유하는 갤러리에서 '부수적'으로, '우연히' 시작되는 경우가 많다. 따라서 2008년과 2016~2017년 촛불집회에서처럼 오프라인 정치 공론화로 연결될 가능성도 있는 동시에, 앞의 촛불혁명 빅데이터분석이 보여 주듯 비공식적 대립 양상으로 유지될 수도 있다. 특히 반페미니즘 정서를 표출하는 남초 커뮤니티는 오프라인으로 공론화한 경우가 거의 없다. 반면에 TV매체를 통해, 그때까지 온라인에서 뿔뿔이 진행되던 여러 영역의 성폭력 폭로는 '미투운동'이라는 '세계사회'적 프레임으로 단순화할 수 있었고 전국적으로 공론화할 수 있었다. 그렇게 해서 이전에는 '남녀 개인 간의 사적인 문제'로 치부되던 성폭력의 문제가 민주주의와 '갑질'(권력형 폭력)의 프레임 안에 성공적으로 자리 잡을 수 있었다.

물론 이후 안희정 성폭력 사건 역시 똑같은 TV매체의 형식으로 공론화되었으나, 이때는 가해자가 더 이상 촛불혁명의 적대세력이 아니었다. 그리하여 미투운동의 '공익성' 인식 또는 공적 연대가 반감하고, '미투'는 내부의 사사로운 갈등과 알력의 문제로 재설정되었다. 미투운동의 공공성이 이렇게 타격을 받으면서, 다시 남성을 중심으로 '남녀 간 사적 문제'라는 프레임이 부각되고, '서지현 검사 미투' 이전의 반성폭력 페미니즘 운동 맥락으로 회귀했다. 여기에는 앞서 빅데이터분석에서 보았듯이, 촛불혁명의 기간 내내 나타났던 온라인 커뮤니티에서의 성별 대결이 크게 작용했다. 온라인을 사용하는 20대 남성의 경우, 온라인 성별 대결을 2015년 5월의 '메르스 갤러리'에서 유래한 '메갈리아'에서 시작된 것으로 보는 경향이 크다. 이때부터 온라인 여성들이 자신들이 경험한 온라인 여성혐오를 똑같이 흉내 내어 돌려주는 '미러링' 전략을 썼기 때문이다.

한편 온라인에서 남성보다 더 일찍 '혐오 피해자' 자의식에 시달린 20대 여성들은, 메갈리아보다 오히려 1년 후인 2016년 5월 강남역 살인사건을 페미니스트가 된 계기로 꼽는 경향이 크다. 이 사건은 20대 여성들에게 '온라인 여성혐오의 경험=오프라인 살인 위협'으로 동일시되는 결과를 가져왔다. 그리하여 많은 청년 페미니스트들이 '페미니즘 재부상'의 계기로 '강남역 시위'를 꼽는다. 이후 한국의 20대 여성은 페미니즘 문화를 대중화하고 공유하는 새로운 문화적 특성을 갖는다고 이해된다. '강남역 시위'에서는 특히 권력기관인 경찰 채증 카메라가 아닌, 일반 남성의 카메라나 언론의 카메라가 '온라인 사진 유포'와 연결되며 위협으로 인지되었다. 그리하여 이후 불법 촬영이나 디지털 성폭력 이슈가 더욱 강해졌을 뿐만 아니라, 여성들이 광장의 시위에서 얼굴을 가리거나 시위참여자를 청년여성으로 제한하게 된다. 그러면서 과거 서구의 '제2의 물결' 페미니즘에서 논쟁점이 되었던 '생물학적 여성' 프레임이 등장하게 된다. 즉 미투운동의 공공성이 타격을 받으면서, 생물학적 '성별'의 집합화가 부상하게 되었다.

그러나 전반적으로 미투운동은 '생물학적 여성' 프레임으로 발전한 2015년 이후의 '새로운 급진 페미니즘'보다는 오히려 당시의 청년층 페미니즘과 1990년대 대학가 중심의 급진주의 페미니즘, 그리고 1980년

대 이후의 '여성운동'까지가 하나의 흐름 속에 결집한 범세대 여성 공론
화였다. 청년층 온라인 페미니즘 일부에서는 이전 세대의 (조직·학습·전위 중
심) 페미니즘이나 여성운동을 '꿘충'이라고 폄훼하는 경향을 보였다(우지안,
2018). 1980년대의 여성운동은 명백히 구사회운동(민주화운동)의 성격이었
고, 1990년대의 페미니즘은 신사회운동 의제(급진주의 페미니즘)에 구사회운
동 조직 방식이 혼합된 형태였기 때문이다.

　　이처럼 미투운동은 촛불혁명과의 연속성, 의제의 전국화, 권력의
일상성 폭로 및 민주적 삶의 의제화 등 '일반성'의 특성을 갖춘 시민정치
로서 출발했다. 시작단계에서는 성폭력이 여성 개인의 문제가 아니라 권
력과 민주주의의 문제임이 광범위하게 인식되었고, 또 청년층 페미니즘
과 과거세대 여성운동 간에 연결이 이루어지기도 했다. 1980년대 말 '가족
법 개정'을 계기로 '민중적' 또는 당시의 '급진' 여성운동과 그 이전 세대의
소위 '자유주의적' 여성운동이 결합한 적이 있듯이, 또다시 세대를 넘는 여
성 정치세력화가 성사된 것이다.[127] 그러나 동시에, '생물학적 여성' 프레
임의 대두를 둘러싼 페미니즘 내부의 분열 역시 본격화되기 시작했다.

　　한편 앞서 보았듯이, 한국의 정치 민주화는 개인화와 무관하게 진
행되었다. 즉 그것은 사생활에서는 유교 집단주의 도덕과 충돌하지 않
은 채 서구의 근대적 공/사 구분을 도입함으로써, 공적 영역에서만 (집단
주의) 도덕을 민주적 절차로 대체하려는 한국 특유의 '근대화' 과정이었다.
그러나 87년 체제에서 전통적인 직장문화에 적응하지 못하고 특유의 소

127　필자는 호주제 폐지가 가족법 개정 운동의 완성이라고 보기 때문에, 호주제 폐지
보다는 가족법 개정의 첫 성공을 획기적 사건으로 꼽아 왔다. 그러나 견해에 따라서는 호주
제 폐지를 획기적 사건으로 볼 수도 있다(정현백, 2021).

비문화를 형성한 청년층이 'X세대'로 호명되었던 것을 상기하면, 근대적 공/사 구분과 유교적 집단주의 도덕 간의 화해가 결코 수월한 것은 아니라고 할 것이다. 한편 'X세대'의 자유분방했던 청년층 문화는 1997년의 외환위기와 신자유주의화를 계기로 급격히 위축된다. 기성세대의 가부장적 위계에 대한 저항은 '아버지에 대한 눈물'로 희석되고, 청년문화의 이질성은 청년층의 사회경제적 고통의 문제로 환원되었다.

　　이런 상황에서 유교적 가부장제 집단주의 문화에 끊임없이 저항한 세력은 여성이다. 여성은 민주화 후속인 가족법 개정과 호주제 폐지로 시작하여 촛불혁명 후속인 미투운동을 통해, 남성 집단주의 문화의 사적·공적 폭력성을 폭로해 왔다. 즉 한국에서 유교 가부장제 집단주의에 대한 저항은 무엇보다 젠더 의제를 통해서 정치화되었다. 그리하여 가족 영역이나 성폭력 등 여성안전과 관련된 영역에서는 공론화가 계속되고 입법 등의 제도적 대응이 어느 정도 이루어졌다. 그러나 유교 집단주의 조직규범과 결합한 산업 및 공조직의 문제, 예컨대 갑질 등 고용관계에서의 전근대적 신분차별이나 산업재해 등의 사회위험 등 성차별과 직접적 관련이 없는 공공성의 문제에서는 자발적 시민 공론화가 전혀 이루어지지 못한다는 문제가 지속된다. 개인화의 공적 차원인 공민적 정치참여가 젠더 의제 외부에서는 일어나지 않기 때문이다. 이것은 기성세대의 문화와 단절을 겪는 청년층 중 여성만이 정치세력화함으로써 나타난 결과라고 할 것이다. 젠더 의제를 뛰어넘는 여타 공공성의 문제를 정치적으로 의제화할 정치적 주체화가 진행되지 못하는 것이다.

2. 20~30대 청년층의 젠더정치

2019년 필자가 공동연구원으로 참여한 비공개 연구는 청년층의 젠더정치에 관한 것이었다. 거기서는 초점집단 인터뷰 방식으로, 20대 남녀 31인과 30대 남녀 16인을 조사했다.[128] 이때는 이미 2018년 5~12월까지 여섯 차례에 걸쳐 진행된 '혜화역 시위'를 겪고 난 후여서, 연구결과에서 전반적으로 남녀 간의 견해 차이가 매우 두드러졌다. 불법 촬영에 대한 성별 편파수사를 규탄하며 인터넷 포털 사이트 '다음'에 '불편한 용기'라는 급진 페미니즘 카페가 개설되었고, 이들의 주도로 '혜화역 시위'가 진행되었다. '생물학적 여성'만 참가할 수 있었던 '혜화역 시위' 이후 20대 청년층의 '성별 대립' 프레임이 언론에 확산되었고, 이후 계속 의제화되었다.

여기서 다루는 조사에서 30대의 경우 남성 중에 기혼자는 1인뿐이었다. 앞으로 결혼할 것으로 생각하는 남성도 1인에 불과했다. 여성은 이혼한 경우가 2인이었고, 이들에게는 자녀 출산의 경험이 있었다. 기혼자나 결혼을 예상하는 남성의 경우에는, 집 장만이나 가정생활 안정과 관련된 스트레스가 나타났다. 여성은 자신이 직접 자녀를 양육하는 경우가 한 명이었는데, 그 경우 자녀 돌봄에 대한 언급이 많았다. 결혼하지 않은 30대 여성들은 남자친구와의 동거 경험이 다소 있었다. 그래서 20대 여성과 달리, 젠더와 관련된 대화를 남자친구와 깊이 있게 나눈 경험이 있었다. 남성은 페미니스트 정체성을 가진 경우에만, 여자친구와 젠더 관련 대화를 깊이 나눈 경험이 있었다.[129]

---

128   자세한 사항은 〈부록〉Ⅱ 2019년 비공개 연구의 조사방법 참조.
129   이 조사에서는 학력, 월평균 가구소득 및 본인 소득 등을 서면으로 조사했고, '성소

20대 후반~30대의 경우에는 취업자가 많아서, 특히 여성은 성차별이나 혐오의 경험에 대해 매우 구체적으로 진술했다. 즉 직장 관련 정책, 사회문화, 성희롱 등의 성차별과 관련하여 매우 구체적인 의견을 갖고 있었다. 비취업자와 비교할 때, 30대 취업자 남성 역시 직장과 관련된 젠더정책에 대해 구체적 경험과 의견을 가졌다. 또 직장 내 성희롱이나 직장 내 남성 간 위계관계에 대한 언급 역시 매우 구체적이었다. 이들은 특히 육아휴직 정책에 대해 매우 긍정적인 태도를 보였고 남성도 육아휴직을 보장받아야 한다고 했다.

　　그러나 이상에서 말한 약간의 차이 외에, 20대와 30대 사이에 특별한 견해 차이는 나타나지 않았다. 20~30대 모두에서 남녀 간 견해 차이가 매우 컸을 뿐만 아니라, 상대 성별에 대한 불신이나 피해의식 등이 표현되었다. 남성들은 미투운동의 취지에는 공감하면서도 자신이 언제든 피해자가 될 수 있다는 '개인적' 위협감을 토로했다. 그리하여 무고죄 강화를 주장하는 경우가 많았다. 여성들은 남성의 연령대에 따라 전형적으로 다르게 나타나는 여성혐오의 형태들을 지적했다. 남성 전반에 대해 '혐오'적 감정을 느낀다는 경우도 많았다. 그러나 '여성혐오'가 '사회구조적 차별'을 지칭하는 표현이라면, 자신들이 남성에 대해 갖는 혐오적 감정은 그런 차별의 힘을 발휘하지 못하므로 단순 '태도'에 불과하다고 했다. 따라서 그것을 '남성혐오'라는 개념으로 똑같이 말할 수 없다고 했다. 이처럼 사회구조적 혐오와 단순한 감정적 혐오를 구별하는 것이 여성들의 지배적 태도이자, 남성들과 구별되는 태도였다.

　　말하자면 상대 성별에 갖는 불신의 내용이 성별로 각각 달랐다.

수자' 및 남녀 '페미니스트' 약간 명을 표적 표집했다.

여성은 남성문화 일반에 대해 혐오적인 감정을 드러낸 반면에 남성은 자유로운 성관계의 부작용으로 미투운동의 피해자가 될 수 있다고 불안감을 표현했다. 한편 사회구조적 수준에 한정해서 토론할 때에는, 남녀 모두가 '여성혐오' 개념을 여성에 대한 사회적 차별을 말하는 것으로 이해했다. 여성들은 거의 모두가, 남성에 대한 사회구조적 (역)차별을 의미하는 개념으로서 '남성혐오'를 부정했다. 즉 그런 의미의 남성혐오란 존재하지 않는다고 보았다. 반면에 남성들은 그런 남성혐오가 존재한다고 보면서도, 그것을 1) '세대문제'와 관련 —즉 청년남성에게만 존재하는, 세대 불평등의 현상— 해서 보거나 2) 기성세대가 정한 병역제도나 성평등정책의 결과로 보는 경향이 컸다.[130] 남성 중에서는 페미니스트 정체성을 갖는 경우에만, 남성혐오가 존재하지 않는다고 보았다.

　　　　남성들은 병역제도에 대해 상당히 애매한 입장을 드러냈다. 남성혐오의 제도로서 병역제도를 가장 중요하게 꼽으면서도, 그것의 개선 가능성에 대해서는 별로 기대하지 않았고 또 능동적인 주장을 펴지도 않았다. 한편 남성혐오가 성평등정책의 '역차별적 효과'에 의한 것이라고 강조하는 경우, 그 바탕에는 남녀가 '사회적 기회를 둘러싼 경쟁관계' 속에 있다는 인식이 깔려 있었다. 그리고 그런 인식은 기성세대 남성과는 다른 청년세대 남성의 특성이므로, 기본적으로 세대 불평등과의 연관성 속에서 사고하고 있었다. 말하자면 상대 성별에 대한 청년층의 '혐오' 논쟁은 '사회적 기회를 둘러싼 남녀 간 경쟁관계'가 이미 기정사실이 되었음을 인

130　　남성혐오나 반페미니즘의 주장이 이렇게 세대 간 불평등과 성별 불평등의 교차성 또는 엮임 속에서 하나의 덩어리로 인지된다는 것은 최근의 시사인 조사(새로운소통연구소·유튜브팀 헬마우스, 2021)에서도 나타난 바 있다.

정하는 청년세대 특유의 현실인식과 관련되어 있다.

한편 여성이 역사적으로나 사회구조적으로 불리한 위치에 있다는 데에는 거의 모든 남성이 동의했다. 그러나 그 결과 공정하고 정의로운 경쟁을 위해 정책적 시정이 필요하다는 결론 도출은 여성만의 것이었다. '여성혐오'에 대한 여성들의 문제제기는 거기서 시작한다. 반면에 남성들은 사회구조적 성불평등이 존재하더라도, 그것이 의도적 정책을 통해 수정될 일이 아니라 자연스러운 시간의 경과에 따라 변화해야 한다고 주장했다. 정책을 통해 의도적으로 바꾸려고 할 경우, 남성혐오가 불가피하다는 것이다.

결국 1) 남녀 간 경쟁은 불가피한 기정사실이고, 2) 남녀 간 불평등이 엄연한 현실이라는 인식을 남녀가 모두 공유했다. 반면에 사회적 요구를 위해 그것을 개념화하는 과정에서, 여성은 그것을 '불평등한 경쟁'으로, 남성은 '현실적 경쟁'으로 이해했다. 따라서 여성은 정책적 개입을 요구하는 적극적이고 '개혁적' 성향을 보이는 데 반해서, 남성은 현실을 인정하고 변화를 기다리자는 '순응적' 성향을 보였다. 또 여성들의 변화 지향성은 단지 '여성' 범주에만 제한되지 않고, 일반적 '소수자'나 '취약자'에 대한 공감과 함께 확대하는 경향을 보였다. 반면에 남성은 사회적 취약자를 본인 책임의 문제로, 또는 사회적 낙인의 관점에서 보는 경향이 컸다. 특히 이런 차이는 '공정성' 개념에 대한 태도에서 두드러졌다. 여성은 대체로 공정성만으로는 부족하고 경쟁의 출발선부터 평등하게 해야 한다고 판단했다. 반면에 남성은 경쟁의 절차 등에서 공정성을 강조했다.

1) 성별 문화적 이질성

미투운동

남녀를 불문하고, 미투운동의 취지에 대한 이견은 없었다. 성폭력을 종식하기 위해 용기를 낸 피해자들을 지지하며, 여성에 대한 성폭력이 없어져야 한다는 데에는 모두가 동의했다. 그러면서도 남성들은 미투운동이 과격해지며 남성을 '억울한 가해자'로 몰 수 있다고 우려하는 경우가 많았다. 피해자 처벌만큼이나 무고죄 처벌 역시 강화되어야 한다는 의견이었다. 반면에 여성들은 피해자에 대한 2차 가해나 선정적인 언론의 보도행태를 지적하고, 피해자 여성들에게 연대와 지지를 표명하는 경향이었다.

미투운동이 가져온 결과로서는, 이후 사회적 분위기가 변했고 남성들이 더 조심하는 등 태도 변화를 느낀다는 것이 일반적 지적이었다. 반면에 공권력이나 사법제도에 대해서는 불신이 드러났는데, 여기서 성별 차이가 나타났다. 일부 남성들은 자신을 포함해서 남성들이 억울하게 성폭력 가해자로 지목될 수 있다고 불신을 표현했다. 법이 가해자를 정확하게 판별하기 어렵다는 불신으로, 자신들 역시 '억울한 가해자'로 몰릴 수 있다는 불안을 표출했다. 이런 태도가 무고죄 처벌 주장으로 연결되었다. 반면에 여성들은 변화하는 성규범을 따라잡지 못하는 법적 대응에 불만을 표시했다.

결국, 남녀가 서로 방향은 다르지만 미투운동과 관련된 공권력의 대처에 대해 불신하기는 마찬가지였고, 남녀 모두 공권력의 피해자가 될 가능성에 강조점을 두었다. 이것은 연령효과라고도 할 수 있을 것이다. 정책을 결정하거나 그를 통해 권력을 행사할 지위에 있지 못하고 오히려 지배의 대상이 되는 청년층으로서 느끼는 불신과 불안이라고 할 것이다. 그러나 이처럼 사회정치적 권력에서 배제되었다는 '청년 감수성'을 공유하면서도, 아래에서 보겠지만 '정치적 발언' 의향이나 정치적 발언을 당연시하는 태도 등에 있어서는 다시 남녀 간에 차이를 보였다.

혐오

20~30대 청년들이 혐오를 인식하는 방식은 크게 두 가지였다. 하나는 구체적인 특정 집단에 대한 편견 및 갈등을 '혐오'라고 규정하는 것이다. 다른 하나는 '다름'을 인정하지 않는 사회에서 발생하는 구조적 차별과 폭력을 '혐오'로 규정하는 것이다. 앞의 방식이 개별적이고 경험과 관련된 내용이라면, 뒤의 방식은 추상적이고 이론적으로 혐오의 개념을 이해하는 방식이다. 그런데 남성들은 주로 앞의 경험적 방식으로, 여성들은 주로 뒤의 이론적인 방식으로 '혐오'의 개념을 인식하고 있었다.

그리하여 남성들은 대체로 여성혐오가 존재하며, 남성혐오 역시 심각하다고 말했다. 그러나 혐오의 사례를 들라고 했을 때, 남성으로서 자신이 경험한 구체적 사례들에 대해서는 거론하지 않았다. 여성혐오에 대해서는, 그것이 특정한 (편견에 가득 찬) 개인들의 문제라거나 또는 온라인 공간에서만 나타나는 문제라고 보았다. 그리고 이들은 성평등을 세대 간 문화격차의 문제로 이해하고 있었다. 즉 가부장적인 기성세대와 달리 청년남성은 성에 대해 평등하다는 생각이었다. 이것은 성평등정책에 대한 이들의 부정적 태도와도 관련된다. 이들에게 성평등정책은 기성세대 남성 권력자의 이중성 —가부장권을 누리면서 청년남성에게 성평등의 책임을 정책적으로 떠넘기는— 이나 여성 추수적인 결정으로 생각되었다. 반면에 스스로 페미니스트 정체성을 갖는 소수의 남성만이 여성혐오의 심각성을 강조하고 남성의 각성이 필요하다는 의견이었다.

반대로 여성들은 온라인공간만이 아닌 사회 전반에 여성혐오가 만연해 있다고 인식했다. 여성 대다수가 여성혐오는 단순한 편견이나 감정의 문제가 아니라 사회구조적 불평등이나 차별과 긴밀히 연결되어 있다고 보았다. 이들은 여성혐오의 구체적 사례로서, 본인이나 주변 여성들이 직접 경험한 성별 임금격차, 성희롱, 성폭행 등을 거론했다. 여성들은 공/사 영역 모두에서, 그리고 온·오프라인 공간 모두에서 차별받은 경험들을 제시했다. 이들 중 상당수는 '남성혐오'라는 개념이 성사될 수 없다고 보았는데, 그 이유는 혐오가 구조적 불평등 및 차별을 일컫기 때문이었다. 이들은 여성들이 남성에 대해 실제로 혐오를 느껴도, 그로 인해 남성이 사회적 불이익을 받지는 않는다고 판단하고 있었다.

혐오문화의 원인과 배경으로는 다양한 요인이 거론되었다. 우선 집단 간 갈등을 해소하기 위해 더 많은 소통과 교육이 필요하며 또 사회경제적 양극화가 해결되어야 한다는 의견이 많았다. 반면에 온라인의 익명성이 가져오는 폐해라는 의견도 있었다. 말하자면 사회적 소통 부족, 교육 부족, 사회경제적 양극화, 온라인 소통의 익명성이 혐오의 원인으로 지적되었다. 그러나 여성혐오의 극복을 위한 제안에서는 남녀 간에 의견이 갈렸다. 여성과 남성 페미니스트들은 남성들의 의식변화를 촉구한 반면에 남성 대부분은 여성들이 이기심을 절제해야 한다고 보았다. 성평등에 대한 여성의 공공연한 요구가 이기심에서 기인한다고 보는 것이다.

혐오의 '감정'에 대한 질문에서도 남녀 간의 차이는 분명했다. 본인이 혐오감을 느끼는 집단으로서 남성은 노인이나 기성세대를 지목한 경우가 많았다. 이렇게 스스로 여성에 대해 혐오감정을 느끼지 않기 때문에, 남성들은 여성혐오가 특정 개인의 문제이거나 온라인공간만의 문제라고 생각하는 것이다. 반면에 여성들은 남성에 대해 혐오감정을 느낀다는 경우가 대부분이었는데 남성들의 행위나 시선이 성차별적이어서 혐오감정을 느끼는 경우가 많았다. 말하자면 남성들은 '혐오' 담론이 아닌 구체적 관계에서는 여성의 남성에 대한 차별적 태도를 경험한 경우가 거의 없었다. 반면에 여성은 담론과 현실 모두에서 남성으로부터 위협감이나 혐오감을 느끼고 있었다.

달리 말하면, 남성은 여성의 생활문화가 남성혐오적이라고 느끼지 않는 데 반해서, 여성은 남성의 일상적 생활문화가 여성혐오적이라고 보는 것이다. 즉 남성들은 '여성문화' 자체에 반대하는 것이 아니라, 여성문화 속에서 확산하는 '페미니즘'에 반대한다(=반페미니즘). 반면에 여성은 '남성문화' 자체에 반대하는 페미니즘적 태도를 보였다. 또 여성들은 여성혐오문제만이 아니라 청소년, 노인, 장애인, 성소수자, 외국인 노동자 등 사회적 '타자'에 대한 혐오에 대해서도 함께 발언하는 경향이 컸다. 혐오나 차별을 개인적 문제가 아니라, 집단 간 권력관계의 문제로 보는 관점이 지배적이었다.

혐오의 실제 경험에 대해서도 여성들은 상당히 구체적으로 언급했다. 여성들은 혐오의 경험으로서, 단지 언어적 비난과 편견뿐만 아니라 불법 촬영, 주거지의 안전 등 '남성' 집단으로부터 느끼는 일상적 위협들을 거론했다. 이들이 일상에서 '남성'이라는 범주를 위협적으로 인지하는 이유는, 남성이 '남성'이라는 성별 외에는 달리 분별할 수 없는 익명의 존재들이기 때문이다. 이런 공포심과 불안이 여성들에게 남성 집단에 대한 혐오의 감정을 일으켰다.

반면에 남성들은 익명의 '여성'으로부터 혐오감이나 위협감을 느끼지는 않았다. 다만 '페미니스트' ─즉 그런 남녀 간의 비대칭적 관계를 차별로 인지하는 여성— 를 남성혐오의 세력으로 규정했다. 그 이유는 본인들이 여성에게 어떤 위협을 가할 의도를 갖지 않기 때문이다. 남성들은 이렇게 여성이 느끼는 위협감을 남성 개인의 '의도' 문제로 보았다. 그러나 여성들이 느끼는 위협은 남성의 의도와는 무관한 '사회적'인 것, 즉 사회가 허용하는 행동의 범위와 관련된 것이었다. 여성들은 일상에서 일반 남성의 의도를 모두 관찰할 수 없다. 일반 남성에 의한 혐오와 폭력의 경험은 정확한 발생을 예측할 수 없는 우연성의 문제이기 때문이다. 따라서 여성들은 남성 집단 자체를 잠재적 위협세력으로 보고 있었다.

성평등과 성차별

앞서 한 조사(마경희 외, 2020)에 의하면 청년남성의 절반 정도가 한국사회에 성차별이 존재하지 않는다고 보았다. 그러나 필자가 참여한 인터뷰에서는 20~30대 남성 대부분이 한국사회에 여전히 성차별이 존재한다고 인정했다. 또 단순히 가족관계나 친척, 직장 내 인간관계에서만 성차별 문화가 존재하는 것이 아니라, 임금격차, 취업의 어려움 등 노동시장에서의 불평등, 돌봄 노동 등 성역할 규범에 의한 불평등, 그리고 사회에 만연한 성희롱, 성폭력 등을 성차별 현상으로 지적했다. 다만 일부 남성의 경우에는, 이와 같은 성차별이 점차 해소되는 중이고 가부장제는 기성세대에게만 해당되는 문제라고 보았다.

20~30대 남성들의 이런 생각들을 요약하면 다음과 같다. 사회적 제도와 관행은 여전히 가부장적이어서 여성들이 성차별을 겪는 것을 부정할 수 없으나, 청년남성들은 어떤 가부장적 권력도 갖지 못한다. 즉 성차별은 사회나 기성세대의 책임일 뿐이고, 청년남성 본인들은 책임이 없는 만큼 그런 성차별로부터 아무런 이득도 얻지 못한다. 이들의 이런 태

도는 성평등정책에 대한 태도와 유관하다. 왜냐하면, 청년남성이 현실 속에서 '남성'으로서 얻는 가부장적 이득이 없으므로 성평등정책의 적용대상은 청년남성이 아니라, 가부장제로부터 이득을 본 '가부장'들에게로 제한되어야 한다는 결론이 도출되기 때문이다.

인터뷰의 전체 내용을 참작할 때, 남성의 이런 인식의 배후에 다음과 같은 생각들이 깔려 있다고 볼 수 있다. 1) 사회적 제도와 관행은 여전히 성차별적이다. 2) 그래서 청년여성들은 '남자가 스펙'이라고 주장하지만, 사회구조의 불평등과 청년 남녀 간 평등의 문제는 서로 무관하다. 3) 즉 청년 남녀 간의 현재 사회적 관계는 평등하고, 따라서 그 사회적 조건 역시 공정하다. 4) 성차별 구조의 책임은 가부장제를 누리는 기성세대에게 있으므로, 성차별 구조의 변화를 통해 피해를 봐야 할 사람들은 기성세대 남성이다. 5) 따라서 청년남성과 관련되는 제도는 성평등을 위해 인위적 개혁의 대상이 되어서는 안 된다.

결국 청년남성들은 성차별 구조의 문제를 '사회 불평등'의 사회학적 문제가 아니라, '책임자 처벌'이라는 '역사적 단죄'의 문제로 보았다. 반면에 청년여성에게 그것은 세대를 이어 계속되는, 변치 않는 '지금 여기'의 문제였다. 여성들은 성차별의 구체적 사례와 경험들을 거론하며, 특히 경제적 자립에 대한 불안을 표현했다. 청년남성들이 인식하는 남성의 세대 간 차이는 '가부장권의 향유' 여부, 즉 기득권의 향유냐 박탈이냐의 문제였다. 반면에 청년여성들에게서 나타나는 세대적 특성은 과거세대 여성과 달리 '경제적 자립'을 매우 당연시한다는 것이다. 즉 남성이 기득권의 박탈을 두려워한다면, 여성은 기성세대 여성에게는 허락되지 않던 권리를 오히려 당연한 것으로 여겼다.

청년여성들은 경제적 자립을 통해서야 비로소 사회에서 주류가 될 수 있다고 보았고, 주류가 되겠다는 의지가 강했다. 말하자면 여성들이 생각하는 성평등은 성불평등의 '책임자 규명 및 처벌'의 문제가 아니라, 시민으로서 자신이 당면한 시민권의 '배제와 포용'의 문제였다. 현 사회에서 주류 시민으로 인정되려면 경제적 자립이 필요한데, 성차별적 구조가 그것을 막는 자물쇠라고 보는 것이다. 여성에게만 그런 자물쇠가 걸려 있으므로, 청년남성 역시 성차별 구조로부터 이득을 취하는 '기득권자'라는 것이 여성들의 인식이었다. 즉 청년여성의 시민권 개념에서 비교대상은 청년남성이지만, 청년남성의 비교대상은 기성세대 남성인 것이다. 이런 이유에서 현재 청년층의 '성별 갈등'은 동시에 세대갈등의 문제이기도 하다.

이처럼 경제적 자립 기회를 제한하는 구조적 문제와 함께, 20~30대 여성들은 중요한 성차별로서 일상 속 성폭력 등 안전의 문제, 그리고 미디어 콘텐츠 속 여성의 재현 방식이나 '웹하드 카르텔' 등 '디지털화한 성폭력'을 거론했다. 이 역시 온·오프라인을 오가며 자유롭고 평등한 사회생활이 가능하도록 보장되는 시민권이 여성에게는 체계적으로 제한되어 있다는 인식이다. 취업기회가 평등한 '분배'의 문제라면, 성폭력으로부터의 안전은 인간의 존엄성, 즉 임의적인 폭력으로부터의 보호라는 원초적 근대성의 문제라고 할 것이다.

청년 남녀 간의 이러한 인식의 차이는 일상 속에서 성차별에 대응하는 방식의 차이와도 관련되었다. 남녀 대부분이 성차별의 상황을 마주했을 때 적극적으로 비판하거나 개입하는 데에 어려움을 느꼈던 것은 다르지 않았다. 그러나 그에 대한 정서적 반응이나 개입 시도의 경험 등에서는 다소 달랐다. 여성 중에는 개입을 시도하거나 그로 인해 불이익을 경험한 사례가 있었고, 따라서 상황을 보아 가며 개입 여부를 판단하려는 경우가 많았다. 반면에 남성들 대부분은 '뒷감당이 안 되므로' 개입 자체가 무의미하다고 보는 경우가 다수였다. 소수만이 수업시간 등 대화가 가능한 상황에서 문제를 제기한다고 했다. 말하자면 남녀 모두가 저항적 발언의 '효용성'에 대해서는 회의적이었다. 그러나 여성과 남성 페미니스트 등 소수 남성은 그것을 심각한 문제라고 느꼈고, 남성 다수는 효용성이 없으므로 '불필요'하다고 판단했다. 즉 다수의 남성에게는 효용성이나 효능감이 행동의 동기로 작용했던 반면에, 여성이나 페미니스트 남성에게는 효능감뿐만 아니라 공감이나 원칙 역시 중요하게 작용했다.

'성평등한 관계'란 무엇인가를 질문했을 때에도 남녀 간에 차이가 나타났다. 남성들에게 그것은 가사노동 분담, 데이트 비용 분담, 맞벌이 등 '책임과 부담의 평등분배'를 의미했다. 반면에 여성들은 자신이 동등한 개인으로 '인정'받는 것, 자신의 발언이 사회적으로 '인정'받는 것을 성평등한 관계라고 보았다. 즉 앞서도 말했듯이, 여성들에게 불평등이란 무엇보다도 온전한 시민으로 인정받지 못함, 즉 '배제'(주변화, 타자화)를 의미했다. 여성들은 재화의 불평등한 분배뿐만 아니라, 시민적 인격체이자 사회의 온전한 구성원으로 인지되지 못함을 늘 경험하고 있었다. 따라서 여성들은 '권리의 주체'로, 즉 사회 속의 주권적 개인으로 인정받는 문제를 가장 핵심적인 성평등의 항목으로 제시했다.

인터뷰 참여자를 모집할 때 성소수자와 페미니스트를 따로 모집했다. 그런 표적 표집과 관련된 것일 수도 있겠으나, 성차별과 관련하여 성소수자 혐오의 문제가 빈번히 언급되었다. 스스로 페미니스트 정체성을 갖지 않는 (특히 여성들) 경우에도 성소수자 문제를 언급한 것을 볼 때, 성소수자에 대한 감수성이 기성세대와 구별되는 청년층 문화의 특징 중 하나로 느껴졌다. 중고등학교 등에서 성소수자 차별과 혐오를 접한 경험이나, 최근 정치권에서의 성소수자 차별 문제가 거론되었다. 특히 여성들은 페미니즘 운동 내부의 성소수자 차별에 대해 비판하거나, 여성이면서 동시에 성소수자인 경우가 갖는 취약성에 대해서 언급했다. 즉 여성 참여자 중에는 '생물학적 여성'의 범주를 주장한 경우가 없었다.

성불평등과 관련해서 가장 중요하게 언급된 제도는 군대였는데, 여기서도 성차가 명백하게 드러났다. 남성에게는 1) 군대가 남성에게 피해를 주는 역차별적 제도이므로 적절한 보상이 필요하다는, 2) 반대로 군복무의 경험은 1등 시민으로서 남성임을 인증받는 과정이라는 두 개의 관점이 공존했다. 군대에 대해 비판적 태도를 보인 남성들은 비교적 성평등한 태도를 보인 경우들이었다. 한편 여성들은 주로 군대의 문제점을 지적했고, 특히 군대가 위계적 성별 구조의 핵심 기제라는 의견도 있었다. 여성 중 다수는 대다수의 (특히 군필) 남성이 군대 문제의 개선에는 무관심하면서, 단지 젠더갈등의 문제가 불거질 때 핑계 삼아 거론할 뿐(소위 '군무새')이라고 보았다.

현재 청년층 문화의 핵심어로 떠오르는 '공정성'에 대해서도 성별 견해차가 드러났다. 남성 중 일부는 공정성보다 정의가 더 중요하다고 말했는데, 이때 '정의'는 강력한 처벌과 동의어로 사용되었다. 앞서 '평등' 개념에서도 남성들은 '책임'이나 '단죄', '부담의 분배' 등을 거론했는데, 그와 상당히 유사한 태도이다. 반면에 '공정성'을 중시하는 남성들은 그것을 '능력에 따른 정당한 보상'으로 이해했다. 즉 능력주의를 공정성의 기초로 보는 관점인데, 여기서도 역시 '책임'과 '보상' 등 경제학적 상상력이 개입되어 있었다. 앞서 성차별의 상황에 개입하지 않는 이유를 '행위 효용성'의 관점에서 판단한 경우가 많았듯이, 남성들의 경우에는 평등이나 공정성의 문제를 '효용성'이라는 경제적 관점에서 판단하는 경우가 많았다.

반면 여성들은 공정성 개념 자체에 대해 상당히 비판적이었다. 그를 통해 '능력에 따른 정당한 보상'이나 '공정한 경쟁'을 강조할 때, 능력형성에서 불평등한 출발점이나 구조적 편파성이 감춰진다는 것이 그 이유였다. 특히 젠더불평등과 관련해서 공정성 개념으로는 구조적 문제를 적절하게 드러낼 수 없다는 의견이 많았다. 이를 볼 때, '공정성' 개념은 청년층 전체보다는 청년남성의 문화적 특성과 가까운 개념으로 보인다.

다만 한국사회가 공정하지 않다는 판단에서는 남녀 모두가 같았고 또 그것이 문제라는 인식을 보였다. 이 점에서는 청년층 특유의 '공정성' 감수성이 존재한다고도 할 수 있겠다. 그러나 여기서도 '불공정'의 내용에서 남녀 간에 차이가 있었다. 남성들은 주로 범죄에 대한 미약한 처벌이나 인맥, 탈세, 빈부격차 등을 불공정성으로 거론했다. 즉 여기서도 '처벌'과 '능력주의', '분배'의 관점이 지배적이었다. 또 남성 중 일부는 소수자 우대정책이 공정한 경쟁과 능력주의를 파괴한다고 보았다. 반면에 여성들은 불공정한 것으로서 구조적 성차별을 들었다. 여성에게는 평등, 정의, 공정성 개념이 모두 성차별과 관련되어 있었다.

젠더정책

젠더정책에 대해서도 질문했는데, 구체적 내용을 알지 못하고 실질적으로 체감하지도 못한다는 것이 남녀 모두의 공통된 반응이었다. 그러면서도 여성할당제와 관련해서는 성별로 의견이 갈렸다. 남성들은 주로 능력주의를 근거로 들어 여성할당제가 공정하지 않다고 말했다. 반면에 여성들은 여성할당제의 필요성을 주장했다. 특히 국회 등 정치권에서 여성의 대표성이 강화되어야 한다는 의견이 나왔다.

반면에 생리휴가나 육아휴직의 필요성에 대해서는 대체로 의견이 일치했다. 물론 그런 정책들이 남성에게 불리하다는 견해를 보인 몇몇 남성도 있었지만 일·가정의 양립과 여성의 경력단절 등의 문제가 심각하므로 정부가 적극적으로 지원해야 한다는 의견이 더 많았다. 심지어 남성에게도 육아휴직을 강제해야 한다는 '비페미니스트' 남성들도 있었다. 이처럼 일·가정 양립의 정책이 실질적으로 남성에게도 혜택이라고 보는 경향이 컸다. 이는 맞벌이를 하지 않고는 생존이 힘든 현실을 남성들이 인지하기 때문이거나 또는 여성의 취업을 당연시하기 때문일 것이다. 그리하여 가족이라는 경제생활 공동체에 대해서 국가의 정책지원이 필요하다는 인식은 남녀 모두에게 나타났다.

성별 임금격차를 축소하려는 정책에 대해서는 남성들 사이에서 의견이 갈렸다. 노동시장의 불평등한 임금구조와 여성의 경력단절 등을 고려할 때 여성에게 많은 지원이 필요하다는 의견이 약간 앞섰는데, 이런 경향은 특히 성차별의 현실에 크게 공감하는 남성에게서 두드러졌다. 또 여성의 임금상승이 결과적으로 가족공동체에 도움이 된다고 보는 실용주의적 태도와도 유관해 보였다. 반면에 개인별 능력주의에 기초하여 공정성을 주장하는 경향이 강한 남성들은 성별 임금격차 축소 정책에 비판적이었다.

여성폭력방지기본법 등 성폭력 관련 정책에 대해서는 거의 모든 남녀가 지지를 표명했으나 지지의 원인은 성별로 미세하게 달랐다. 여성들이 성폭력을 구조적 차별의 하나로 인식해 근본적 해결방안을 요청한다면, 남성들은 폭력 문제에서는 여성이 명백히 약자라는 입장이었다. 그러면서도 일부 남성들은 남성이 억울한 가해자로 지목될 가능성을 예방하고 또 무고죄를 강화해야 한다고 주장했다.

젠더정책과 관련하여 성소수자 관련 정책(생활동반자법이나 차별금지법)

의 필요성이 거론되기도 했는데, 이것은 성소수자 문제에 민감한 청년층 페미니즘의 특성이라고 할 것이다. 청년층 문화의 또 다른 특징으로서, 대북정책에 대한 태도가 성별로 나뉘었다. 여성이나 남성 페미니스트들은 한반도의 평화가 성불평등의 해결에 도움이 될 것으로 보았다. 이런 태도는 군대에 대한 평가와도 관련되는데, 징병제 등 군대제도에 대해 남성보다 여성들이 한층 더 비판적이었다. 남성들은 '남성차별'의 핵심으로 징병제를 거론하면서도, 군대제도의 변화 가능성에 대해서는 회의적이었다. 분단 상황에서 징병제는 불가피하다는 것이 지배적 견해였다. 즉 남성들은 분단과 징병제를 모두 기정사실화하는 경향이었으나 여성들은 남성들이 기득권 유지를 위해 군대제도를 활용한다는 불신을 드러냈다.

정치의식

정치의식에서도, 청년층으로서의 공통성과 남녀 간의 이질성이 함께 드러났다. 한편으로는 남녀 모두가, 청년세대의 목소리를 적절히 반영하지 못하는 정치권을 비판했다. 그러나 청년세대의 목소리를 정치적으로 반영한다는 같은 목적을 이루기 위해 남녀가 제시한 방안은 달랐다. 남성들은 정치권이 주도하여 (위에서 아래로) 청년들의 목소리를 반영하기 위해 공론장을 여는 등 제도적 장치를 먼저 갖추고 노력해야 한다는 관점이었다. 반면에 여성들은 시급히 해결되어야 할 과제들을 구체적으로 거론했다. 예컨대 성폭력 안전대책, 성별 임금격차의 해소, 남성 중심 조직문화의 개선, 성평등교육, 성소수자 관련 대책 등이다. 결국 청년남성에게는 정치적 공론장을 자발적으로 마련하겠다는 의지나 필요가 나타나지 않은 반면, 청년여성들은 자생적으로 공론장을 형성하며 정치적 요구를 하고 있었다.

2) 청년남성 내부의 젠더 관련 문화적 이질성: 관련 변수들에 대한 추정

이 조사에서는 표집 후 사후적으로 인터뷰 참여자들의 학력, (부모) 가구소득, 본인 소득에 대한 정보를 취합했다. 20대 남성의 경우 대학 졸업자 1인을 제외하면 모두 대학생이었는데, 본인 소득이 있는 경우는 오히려 대학생들이었다. 이들은 80만 원 정도의 아르바이트 소득이 있는 3인과 월 소득 200만 원가량의 1인이었다. 본인 소득이 있는 대학생들의 월 가구소득을 보면, 절반은 300만 원 이하, 절반은 400~600만 원 사이였다. 본인 소득이 없는 대학생 중, 700만 원 이상의 고소득 가구에 속하는 경우는 5인이었다. 본인 소득이 없는 경우, 가구소득으로 보아 저소득층인 경우 (151~300만 원)가 2인이었다. 이렇게 20대 남성의 경우에는 가구소득에서 상당한 격차를 보였고, 가구소득의 수준이 본인 소득의 유무와 별 상관성이 없었다.

인터뷰 내용 중에서 가구소득이나 본인 소득과 반드시 관련된다고 생각되는 견해 차이는 발견할 수 없었으나, 몇몇 경우에는 눈에 띄는 답변이 있었다. 예컨대 고소득층에 속한 경우, 부모로부터 주택상속을 예상하므로 주택에 대한 공공지원이 불필요하다고 본 경우가 있었다. 그러나 가난에 대한 혐오감정이나 약자에 대한 혐오감정, 능력주의 주장 등은 가구소득과 무관하게 표출되었다. 그런 견해 차이는 사회경제적 배경보다는 페미니스트 정체성과 더욱 밀접하게 관련되었다.

또 고소득층인 경우에도 여성혐오에 대한 평가가 다양했다. 예컨대 여성혐오는 온라인 사용자들의 멍청한 놀이문화에 불과하므로 특별히 개입할 필요가 없다는 의견이 있는가 하면, 여성을 직업 경쟁의 상대로 인식하고 순수한 능력주의를 주장하며 남성의 역차별을 경계한 경우 역시 있었다. 저소득층 대학생도 빈곤이나 여성에 대한 혐오를 표현한 경우와 페미니스트 정체성을 피력한 경우가 공존했다. 혐오성향을 보인 경우는 아르바이트로 소득활동을 한 경우인 반면에, 페미니스트 정체성을 보인 대학생은 본인 소득이 없었다.

　　여기서 잠정적으로 내릴 수 있는 결론은, 아르바이트나 직업 기회에서 여성과 경쟁관계에 '있거나' 또는 있을 것으로 '예상하는' 남성의 경우에 여성혐오의 성향이 표출되었다는 것이다. 즉 여성과의 경쟁이라는 변수가 단순히 객관적 상황으로만 존재하는 것이 아니라, 주관적으로도 해석된다. 예컨대 고소득층이면서 아르바이트를 하는 한 대학생의 경우에는 여성 아르바이트생들을 전혀 경쟁자로 인식하지 않았고 여성혐오를 '멍청한 짓'이라고 평가했다.

　　한편 20대 여성도 대학생이 가장 많았으나 대학 졸업자와 고등학교 졸업자 역시 있었다. 대졸자 중 1인은 본인 소득이 없었으나 나머지 3인은 100~200만 원의 본인 소득이 있었다. 고등학교 졸업자인 1인의 본인 소득 역시 그 정도였다. 대학생 중 본인 소득이 있는 경우는 3명이었는데, 이들의 소득은 남자 대학생의 아르바이트 소득(80만 원)보다 10~40만 원가량 낮았다. 20대 여성 중 가구소득이 700만 원 이상인 고소득층에 속한 경우는 1인에 불과해서, 20대 남성들과 비교할 때 전반적으로 가구소득이 낮았다.

　　20대 여성은 가구소득이나 본인 소득이 전반적으로 높지 않다는 특징을 보였고, 그런 점에서 내부에서 사회경제적 지위의 격차가 크지 않았다. 20대 남성에 비해 학력은 오히려 더 다양하게 표집되었으나, 학력 격차가 현재의 사회경제적 지위 격차와 별 상관이 없었다. 아마도 이런 이유에서, 여성들이 대체로 유사한 견해를 보인 것이 아닌가 한다. 말하자면 20대 여성의 경우에는 학력과 무관하게 중(하)층 가구에 속하고, 본인도 저임금의 지위에 있다는 사실로 인해 견해의 유사성이 나타났다고도 볼 수 있다. 20대 여성의 경우에는 페미니즘 정체성 여부가 견해의 차이로 연결되지 않았기 때문이다. 즉 20대 여성들은 페미니즘 정체성 유무와 무관하게 대체로 페미니즘적 현실인식을 보였다.

30대를 보면, 남성 4인이 모두 대학 졸업의 학력이었다. 그중 1인은 본인 소득이 없었고 다른 3인은 소득이 있었으나 소득 간 격차가 꽤 컸다. 자영업을 하는 1인은 중상층에 해당하는 본인 소득을 가졌으나, 부모의 가구소득은 매우 낮았다. 본인 소득이 없이 취업을 준비 중인 1인만이 부모 가구 월 소득 500만 원 이상이고, 다른 경우는 모두 매우 낮았다. 이들 중에서는 본인 소득이 중간 정도(연 소득 3,500~4,200만)인 2인이 여성들의 성평등 요구에 호의적인 편이었고, 다른 2인은 남성에 대한 (역)차별을 경계하는 태도였다.

결국, 30대 남성의 경우 역시 출신 계층(부모의 가구소득)이 젠더 관련 태도에 영향을 주지 않았고, 세대 간 계층상승을 성취한 자영업자나 취준생에서 전통적 성관념을 드러내거나 미투운동 등에 경계심을 보였다. 말하자면 여기서도 '직업성취의 압박'이 여성에 대한 태도에 영향을 미친다고 볼 수 있다. 다만 이 역시 단순한 객관적 상황의 문제가 아니라 주관적 태도와 결합한 것이다. 부모의 월 소득도 낮고 본인의 소득도 크게 높지 않은 경우, 즉 하층 출신이며 세대 간 계층상승의 폭이 크지 않은 경우, 오히려 상대적으로 성평등한 태도를 보였기 때문이다.

한편 30대 여성의 학력은 고등학교 졸업 1인, 석사 1인이 있었으며 나머지는 모두 대학 졸업이었다. 이들의 출신 계층(부모 가구소득)은 20대 여성과 유사하게 분포했다. 또 본인 소득의 수준 역시 20대 여성들과 크게 다르지 않아서, 부모 소득과 무관하게 대개 80~250만 원 수준이었다. 고등학교 졸업자의 소득도 다르지 않았다. 30대 여성 12인 중 본인 월 소득이 450만 원인 경우가 1명 있었는데, 부모 소득 역시 다르지 않았다. 말하자면 30대 여성들은 부모 소득과 무관하게 거의 모두가 저임금 상태에 있었다.

결국, 30대 여성 역시 20대 여성처럼 학력이 비교적 다양하게 분포했으나 학력이 본인 소득에 미치는 영향이 미미했고, 부모 소득이 본인 소득에 미치는 영향도 미미했다. 부모 소득은 중(하)층 위주이고, 본인 소득이 낮다는 점 역시 20대 여성의 경우와 유사하다. 정리하면, 30대 여성도 현재 사회경제적 지위가 낮다는 공통점을 보이며, 그것이 그들의 견해의 유사성으로 연결되었다고 잠정적 결론을 내릴 수 있다. 이들에게는 페미니즘 정체성을 묻지 않았으나, 이들의 견해 역시 페미니즘에 가까웠다.

이상에서 보았듯이, 20~30대 여성들의 경우에는 본인의 사회경제적 지위의 유사성 —남성보다 저임금이거나 또는 그냥 저임금— 으로 인해서 전반적으로 페미니즘적인 견해가 형성되었다고도 볼 수 있다. 그리고 이들의 저임금의 상황은 학력이나 부모의 소득 지위와 무관한 것으로 나타났다. 말하자면 학력이나 부모의 사회경제적 지위와 무관하게 여성들은 노동시장에서 저임금의 지위를 가질 위험이 크고, 그런 위험성으로 인해서 페미니즘 성향이 형성된다고 잠정적으로 결론 내릴 수 있다.

반면에 20~30대 남성의 경우에는 여성과 달리, 젠더의식에서 일정 정도의 내부 이질성이 관찰되었다. 그런데 남성 내부의 그런 이질성과 관련된 변수는 부모나 본인의 사회경제적 지위라는 객관적 지위 격차의 문제가 아니었다. 이 점에서, 여성의 경우 본인들의 사회경제적 지위 동일성이 견해의 동일성으로 귀결된다는 사실과 현격히 대조된다. 남성 내부의 가장 뚜렷한 견해 차이는 페미니스트 정체성 유무에 의해 발생했다. 그뿐만 아니라, 여성과 경쟁해야 하는 노동시장 상황이나 직군, 즉 여성과 경쟁해야 한다는 압박감, 그리고 직업성취의 압박감, 계층상승의 경험과 관련된 주관적 성취욕 등이 견해의 이질성을 유도하는 변수로 지적될 수 있다. 이런 잠정적 결론은 남성 내부의 젠더의식 차이가 세습된 불평등 지위와 관련되어 있다는 견해(조귀동, 2020)와 배치되는 것이다.[131]

3. 세대 불평등과 성불평등의 교차성 또는 간섭의 현상

이상의 두 경험연구 결과를 통해 확인되는 것은, 20대 청년층 문화에서 부각하는 '젠더갈등'과 관련한 다음의 두 가지이다. 1) 세대갈등, 특히 남성의 가부장적 지위 약화 및 남성성 개념의 변화 그리고 여성의 시민 정체성 강화 및 성역할 변화가 매우 밀접하게 작용한다는 것이다. 2) 또 청년층 내부의 사회경제적 지위 격차 역시 완전히 무관하지는 않으나, 지위 격차에 대한 주관적 대응 양상이 더욱 큰 영향력을 갖는 것으로 보인다는 것이다.

　　잘 알려졌다시피, 2010년대 중반부터 소위 '페미니즘 재부상'이 나타난 이후, 온라인을 중심으로 '젠더갈등'이 매우 격화되었다. 그러나 한 빅데이터분석의 결과에 의하면, 2010년대 중반 당시에는 아직 온라인에

131　조귀동(2020)은 남성의 젠더의식이 세습적 계층 지위에 의해 다를 뿐만 아니라 여성 내부에서도 세습적 지위에 따라 이질성이 나타난다는, 세습적 불평등 지위의 '단일 원인론'을 주장한다.

서조차 '젠더갈등'이 지금처럼 지배적인 주제는 아니었다. 주요 갈등 담론에 대한 2015년 1월~2016년 6월의 빅데이터분석에서는 남녀갈등의 비율이 31.2%로 가장 컸으나, 성소수자 갈등이 30.1%로 그것과 큰 차이를 보이지 않았다. 다음으로 이념갈등(22.6%), 노사갈등(7.1%), 세대갈등(6.2%) 순이었다. 반면 2017년 7월~2018년 말의 같은 분석에서는 남녀갈등이 70.0%로 완전히 지배적 이슈로 변화했다. 이는 성소수자 갈등이 3.7%로 수축하면서 나타난 현상이라고 볼 수 있다. 동시에 여타 갈등 이슈들의 비중도 축소되어 이념갈등 14.8%, 세대갈등 5.1%, 노사갈등 4.5%를 기록했다(중앙일보 2019.04.17. 기사).

　　이것은 오프라인공간에 비해 페미니즘 이슈가 두드러지는 온라인 공간에서도, 페미니즘 이슈가 성소수자 문제에서 남녀 간 성폭력이나 미투운동 등의 문제로 크게 옮아 갔음을 보여 준다. 반면 오프라인 여론조사에서 나타나는 갈등에 대한 국민인식은 다른 양상이었다. 2018년 12월의 한 설문조사에서 '직접 당사자가 되거나 경험·체감한 갈등'으로서, 20대 남성은 세대(26%)를 가장 많이 꼽았고, 2위가 젠더(18.8%), 3위가 이념(14.6%)이었다. 반면에 20대 여성에서는 젠더가 38.3%로 가장 많았고, 다음이 계층(19.1%), 공동생활(16%)이었으며, 세대는 상위 3위 안에 없었다. 30대 남성 역시 세대(22%)를 가장 많이 꼽았고, 젠더는 상위 3위 안에 들지 못했다. 반면 30대 여성은 공동생활(27%) 다음으로 젠더(20%), 다음이 세대(18%)였다. '현재 한국사회에서 가장 심각하다고 생각하는 갈등'으로, 20대는 이념과 젠더를 똑같이 심각한 문제로 꼽았고, 30대는 '이념 > 계층 > 젠더' 순으로 심각하다고 보았다(한국일보 2019.01.28. 기사).

　　이를 보면, 온라인에서 '성별 갈등' 문제가 지배적이게 된 2018년 말에도 오프라인 여론에서 가장 많이 경험한 갈등으로 나온 것은 20대 여성에게서만 젠더갈등이었다. 20~30대 남성에게는 세대갈등이 가장 많이 경험되었고, 30대 여성에게도 세대갈등은 중요한 경험이었다.[132] 그리고 20~30대가 공통으로 가장 심각하게 인지한 갈등은 이념갈등이었다. 아마도 여기서도 20대 여성만이 젠더갈등을 가장 심각하다고 본 것 같다. 말하자면 오프라인 사회생활에서 청년들이 직접 경험한 갈등은 20대 여성을 제외하면 오히려 세대갈등이었고 가장 심각하다고 본 것은 이념갈등이었다. '성별 갈등'은 아직 20대 여성의 경험이었고, 따라서 그들만이 가장 심각하다고 꼽는 갈등이었다. 온라인공간을 '성별 갈등'이 지배하는 현상과 달리, 실제 세계에서는 20대 여성을 제외하면 세대갈등이나 이념갈등이 더 가까운 문제였다. 이를 볼 때, '성별 갈등'이 오프라인공간에서도 주요 의제로 등장하게 된 데에는 한편으로는 20대 여성들의 목소리('혜화역 시위')가, 다른 한편으로 온라인 남성문화의 (오프라인까지) 확산이 작용했다고 할 것이다.

　　　2018년 12월의 '혐오'에 대한 설문조사에서 '우리나라 혐오현상 중 가장 심각한 문제'로 남녀갈등(32.2%) 다음으로 세대 간 문제(25.8%)가 꼽혔다(세계일보 2018.12.29. 기사). 또 다른 설문조사에서 20~30대의 65.8%는 '한국사회 세대갈등의 수준'이 심각 또는 매우 심각하다고 했다(세계일보 2019.01.01. 기사). 같은 조사에서 노인에게 '혐오감정'을 느낀다는 청년은 17%였는데, 그중에서 여성의 비중이 높았다. 노인 중 남성 노인에 대한

132　　이에 반해 40~50대 남성에게는 세대갈등이 단독의 주요 이슈로 3위 안에 속하지 못했고, 60대 이상 남성의 경우에는 이념(39%) 다음으로 2위(17%)로 꼽혔다. 이것은 뒤에 보듯이, 아마도 청년층의 '노인혐오' 경향과 관련된 것으로 보인다. 반면에 40~50대 여성에게는 세대갈등이 2위로 꼽혔고, 60대 이상 여성에게서는 3위 안에 들지 못했다. 즉 세대갈등이 청년층에서는 남성에게 더 중요한 문제라면, 장년층의 경우에는 여성에게 더 그 중요성이 감지되었다.

혐오감정이 더 컸고, 청년여성들은 특히 '대중교통 안에서의 시선강간'을 그 이유로 꼽았다. 청년층의 41.8%는 노인복지의 확대를 노인혐오의 이유로 들었는데, 이런 노인혐오의 경향 및 이유는 필자가 참여한 위의 두 경험연구에서도 확인된 바이다.

이상의 설문조사 결과들을 볼 때, 한국사회에서 세대갈등 역시 젠더갈등 못지않게 청년층에서 중요하게 경험됨을 알 수 있다. 그리고 위의 촛불혁명 관련 인터뷰에서는 그러한 사실을 실제로 확인할 수 있었다. 말하자면 2018년의 '혜화역 시위' 이후 오프라인 공론장에서까지 청년층의 갈등의식이 '성별 갈등'을 중심으로 수렴되는 듯 보였으나, 그 저변에서는 여전히 세대갈등이 공존하고 있다고 할 것이다. 특히 인터뷰에서 확인되듯이 청년남성들이 성불평등을 '가부장권을 가진 기성세대 남성'의 문제로 돌리는 것을 볼 때, 청년남성에게 '젠더갈등'은 세대갈등과 밀접히 맞물리는 문제임을 알 수 있다.

특히 촛불혁명 관련 인터뷰 결과, 청년들이 남녀를 불문하고 기성세대의 집단주의 문화 및 '꼰대' 문화에 비판적임을 알 수 있었다. '꼰대'라는 표현은 단지 나이가 많다는 이유만으로 마치 아버지나 선생님처럼 가르치려 들고 또 그것을 당연시하는 태도를 지칭한다. 文과 예禮를 숭상한 한국 유교문화의 영향 속에서 '바람직한 성인 남성'의 모습은 서구의 근대적 남성성과 달리, 과학적 냉철함이나 군사적 힘의 과시보다는 '도덕적 가르침'을 훈계하는 스승이자 아버지의 모습으로 인식되는 측면이 있다. 따라서 '꼰대'는 한국 기성세대 남성성의 특수성을 보여 주는 표현이다.

그런데 특히 청년여성들은, 이런 '꼰대'적 태도를 기성세대 남성에게만 제한된 문화로 보기보다 오히려 남성문화 일반 ―소위 훈계하는 남성^{mansplain}— 의 특성으로 보고 또 한국사회 전체의 조직 논리나 문화적 규범으로 본다는 데서 차이를 보인다. '꼰대'적인 도덕적 훈계가 단순히 '가르치려는' 태도가 아니라, 오히려 사회구조나 남성들의 문제를 여성 개인의 책임으로 전가하는 방식으로도 작용한다고 보는 것이다. 미투운동이 '광장'으로 나와 발화하는 '공적' 형태로 표출된 것 역시 이러한 '2등시민'으로서의 집단적 자각과 관련되어 있다. 말하자면 '꼰대'로 표현되는 '상징권력' 또는 '개념 정의의 권력'이 50대 이상 남성에서는 그들의 사회적 지위와 탄탄하게 연결되어 있으나, 사회적 지위가 불안정한 청년남성에게서도 예상 가능하다고 보는 것이다.

　반면에 같은 경험연구의 결과를 통해, 기성세대에서는 성별 문화 격차가 크지 않음을 알 수 있다. 기성세대 여성은 기성세대 남성의 문화에 대해 청년들만큼 이질감을 느끼지 않는다. 이런 점에서 분명히 세대 간의 문화변동이 진행되고 있음을 알 수 있다. 그러나 동시에 세대 간 문화적 비판이나 단절의 욕구에 있어서 청년세대 안에서 성별 차이 역시 드러난다. 청년여성들은 청년남성들이 사회경제적 기득권에서는 기성세대 남성에 미치지 못해도, 규범권력에서는 예비 기성세대와 같은 기득권을 갖는다고 생각한다. 이것은 온·오프라인에서 그들이 경험한 청년남성들의 태도에 기초한 판단이다.

　그런데 특히 온라인 남초 커뮤니티에 참여하는 남성들은 기성세대 남성들보다 더 강하게 자신들을 미투운동의 피해자로 일반화하는 경향을 보였다. 이것은 남성의 지위가 변화함을 반영한다. 과거 유교 규범을 주재하는 가부장으로서 '도덕적 스승'을 자처하던 위치에서,¹³³ 또는

133　'꼰대'라는 유행어는 사실 스승이 되어 늘 가르치려고 드는 자세를 비하해서 표현

생계와 전쟁을 책임지는 근대적 '가장'이자 '군인'이라는 '보호자' 위치에서, 현재까지 여전히 보장되는 지위는 병역의무를 지는 잠정적 '군인' 지위밖에 없다. 따라서 남성들은 병역의무를 쉽게 포기하려 들지 않는다. 또 이처럼 여성을 가르치거나 보호했던 우월적 지위가 유동화하면서, 남성은 양성 간 관계를 직접 재규정해야만 하는 처지가 되었다. 전통적으로 남성이 양성 간 관계에서 우위였으므로, 청년남성은 유동화하는 우월적 지위를 담론을 통해 다시 고정하려고 할 것이다.

이런 이유에서, 청년세대에서는 양성 관계에 대한 담론 갈등이 두드러진다. 특히 유교적 지배 규범의 붕괴라는 아노미 상황을 맞아서, 하강하는 남성 지위와 상승을 시도하는 여성지위 간에 규범적 다툼이 진행되는 것이다. 여기서 '인권'이나 '평등'과 같은 역사적 정당성의 명분이 청년여성 측에 있으므로, 남성들은 공론장에 진출해서 목소리를 내기보다는 온라인공간이나 사적 관계에서 주로 익명의 상태로 담론화에 참여한다. 체제에 불만을 가질 때 탈출exit과 저항voice의 두 선택지가 작용한다는 이론(Hirschman, 1970)에 근거해 볼 때, 청년남성은 젠더갈등과 관련하여 탈출 전략(온라인공간으로 탈출)을, 청년여성은 저항(오프라인 정치 의제화)의 전략을 사용한다고 볼 수 있는 것이다. 여기서 탈출 전략은 소비자의 사적 선택과 같은 대중적 전략이고, 저항 전략은 공적 정치참여의 전략이다.

반면에 성별과 무관하게 청년세대에 의해 오프라인에서 크게 정치 의제화된 문제가 있다. 그것은 인천국제공항 정규직 전환 관련 사건이

하는 말이다. 한국에서는 근대화 과정에서도 '남성=경제적 가장'의 역할이 쉽게 현실화되지는 못했다. 과거 유교사회에서 경제생활은 여성이나 농민층 등 피지배층이 담당했고 양반 남성은 정치와 학문을 담당하는 역할이었기 때문에, 남성의 경제활동이 규범이 되기까지는 시간이 꽤 걸렸다.

나 의대생파업과 같이, 엘리트 집단에 의한 집단 이기주의적 결속의 목소리였다. 말하자면 젠더갈등 없이 오프라인에서 자발적으로 정치화한 집단적 청년 의제는, 한정된 자원을 엘리트 청년 집단의 수중에 집중하려는 '사회적 폐쇄'의 전략과 관련되어 있다. 과거 '일베'가 패륜적 표현들의 금기들을 깼던 것과 마찬가지로, 한국사회에서 엘리트 집단이 노골적으로 사회적 폐쇄 전략을 드러낸 적은 없었다. 유교공동체적인 도덕적 금기가 작용했기 때문이다. 그러나 이제 규범적 아노미의 상황 속에서, 전통적 금기들이 깨지면서 '사적 이익'이 노골적으로 주장되기 시작하고 있다.

그런데 문제는 사적 이익이 노골적으로 주장된다는 것이 아니라, 오히려 그것이 어떤 '사회적 연대'와 양립 가능한가이다. 과거 서구의 근대화에서 출현했던 시민계급의 사회계약론이나 노동자 계급의 계급투쟁은 이제 시대에 맞지 않는다고 느껴지기 때문이다. 말하자면 한국에서는 이제야 본격적으로, 개인의 이익과 병존 가능한 새로운 사회연대의 방식을 찾아야만 할 때가 된 것이다. 현대 서구의 자유주의 정의론과 관련하여, '공정성'은 개인 간 상호이익을 보장하는 사회계약 또는 협상의 원칙을 의미한다. 그것은 약자의 이익을 우선시해야 사회라는 '협동체' 속에서 개인 간 상호이익이 보장된다는 롤즈(2003)의 개념부터, 상호협상에서 약자를 배려하는 강자의 도덕적 태도를 강조하는 고티에(Gauthier, 1986)의 신고전주의적 개념까지 다양하다. 이것은 모두 서구의 자유주의 전통 속에서 발전한 개념이다.

그러나 현재 유교적 아비투스로 서구적인 정치 민주화를 추구한 586세대의 자기모순으로 인해서, '공정성과 정의'의 담론은 청년세대에게 오히려 '위선'으로 격하되고 있다. 즉 공정성과 정의의 '정치적' 문제가 위선이라는 '도덕'의 문제로 둔갑하는 것이다. 이런 아노미의 상황에서 만

일 집단 이기주의적인 사회적 폐쇄의 전략들이 생존을 위한 '합리적 결사'로서 정당화된다면, 즉 홉스적 '자연상태'가 당연시된다면, 젠더갈등에 대한 남성의 관점 역시 공공연히 정치적으로 표현될 수 있다. 최근 젊은 엘리트 보수당 대표에 의해 젠더갈등의 이슈가 공론화된 것이 바로 이런 맥락이다. 이 경우 '공정성'이라는 정의론의 철학적 개념은 '집단이익의 정당화'를 위해 사용되고 있다. 특정 '능력'만이 공정성에서 유일하게 유효한 변수라고 주장되는 것이다.

즉 한국에서 현재 (특히 남성) 청년들이 주장하는 '공정성' 개념은 홉스적 '자연상태'를 해결할 사회계약의 원칙으로서의 개념이 아니라, 오히려 홉스적 '자연상태'를 기정사실화하는 개념이다. 즉 그것은 공동체가 붕괴한 자본주의 시장경제에서, 개인 간 협동(=사회유지)을 보장하기 위한 연대의 새 원칙을 찾는 방향, 즉 '정치적' 절차 또는 규범을 추구하는 방향이 아니다. 오히려 그것은 열심히 '노오력'하지만 보상이 불확실한 '억울함'을 '익명적' 대중공동체의 '도덕적' 인정을 통해 해소하려는 요구이다. 즉 근대 시장경제에 맞는 도덕적 다원주의 위에서 이질적 개인들 간의 정치적 연대를 추구하는 자유주의적 요구가 아니라, 동질적 도덕감정으로 인격과 성취를 인정받겠다는 대중주의적 도덕의식이다. 즉 여기서 '공정성'의 내용은 오히려 '인정투쟁'(호네트, 2011)이라고 할 것이다.

이것은 한국의 개발독재하에서 농촌공동체를 상실한 도시민들이 유교 규범을 재적용하여 중간적 '연고 집단'을 만들어 간 결속 양식과 비교할 수 있다. 그러나 유교적 연고가 대면적이고 전인적인 상호작용에 기초한다는 점에서 전근대적 공동체의 특성과 더 가깝다면, 현재 청년남성의 '인정투쟁'에서는 익명적이고 대중적인 결속이 두드러진다. 즉 기성세대의 연고 결속이 '근대화한 유교 가족주의'의 특성을 보인다면, 청년남성의 경우에는 근대적 '대중주의populism'의 특징이 나타난다고 할 것이다.

　　정리하면, 청년세대의 젠더담론 갈등에는 이처럼 세대 간 문화변동과 긴밀히 연결된 세대 간 불평등, 특히 남성 내부의 세대 불평등 문제가 숨어들어 있다. 앞서도 보았듯이, 세대 불평등과 양성불평등이 서로 분리될 수 없게 얽혀들어 있다. 그런데 이처럼 남성 내부의 불평등과 성 불평등이 함께 짜여 있는 상황을 이해하기 위해서는, 서구의 '남성성' 연구들을 참고할 수 있다. 왜냐하면, 근대 이후 남성성 개념은 여성성과 구별되는 방식으로만 규정된 것이 아니라, 남성 내부의 차이나 위계의 문제와도 동시에 연결되어 있기 때문이다. 이것은 '정상적 남성'이라는 규범적 지위 및 그에 따른 재화 분배의 규칙이 성별 지위의 문제만이 아니라 동시에 남성 내부의 불평등 문제임을 말해 준다. 남성성 규범이 남성들 사이의 위계관계와 관련됨을 강조하는 대표적 개념은 '헤게모니적 남성성'(코넬, 2013)이다. 실제로 남성성의 양상은 매우 다양한데, 그중 '정상'으로 규정되어 헤게모니적 지배력을 갖는 남성성의 규범이 여타의 남성성 양상들을 배제함으로써 마치 하나의 통합된 남성성의 문화가 존재하는 것처럼 인식된다는 것이다.

　　그러나 복수의 남성성 사이의 위계는 늘 안정적으로 합의된 서열관계라고만 볼 수 없다. 예컨대 서구의 노동자 계급 남성들은 자신들의 스포츠인 축구를 남성성의 상징으로 관철했고, 거칠고 반항적이며 육체성이 강조되는 남성성 문화를 대물림한다(윌리스, 2004). 노동자 계급 남성을 비롯하여 헤게모니적 남성성에 도전하는 하위문화적 남성성의 경우, 또는 헤게모니적 남성성이 더 이상 도달하기 어려운 현상이 된 현대사회에서 새롭게 남성성을 주장할 때, 공통으로 나타나는 방식이 있다. 그런데 이 공통점은 사실 근대사회에서 근대적 남성성의 규범이 정상화하는 과정에서도 마찬가지로 작동했다고 설명된다.

그 공통점은, 여타 경쟁적 남성 집단의 남성성을 계집애 같다고 비난하거나 '동성애자'로 의심하는 방식, 즉 '상남자임'을 주장하는 방식이다. 예컨대 문학비평가인 세지윅(Sedgwick, 1985)은 19세기 후반 제국주의 세계질서와 낭만주의 사조 속에서, 부르주아의 남성성이 봉건적 기사 이미지와 결합하며 상류층 기숙학교 체계 속에서 군사주의화했다고 설명했다. 이때 남성 사이의 친밀한 관계는 동성애로 배척되고, 결투를 통해 여성을 쟁취하는 호전적이고 여성 지배적인 남성성이 '정상'으로 규정되었다는 것이다. 그리하여 근대적 남성성 규범이 확립되면서 남성 간 우정은 동성애와 혼동되며 약화되었고(Owens, 1987), 남성들은 청소년 때부터 끊임없이 서로 '동성애자'가 아님을 확인하는 과정을 반복한다(Pascoe, 2005).

피식민지 남성과의 관계에서는 피식민지 남성의 자기 비하를 수반하는, 서구적 남성성의 보편화가 그런 방식으로 진행되었다. 그리하여 흑인이나 황인종 남성의 몸을 야만인이나 여성적인 몸으로 규정했다(파농, 2014; 박형지·설혜심, 2016). 미국의 '테러와의 전쟁' 당시에는 포로가 된 무슬림 남성들의 남성성을 의도적으로 비하하고 모욕하는 방식으로 그들을 고문했고, 무슬림 남성을 병적인 동성애자나 폭력적인 초남성성의 이미지로 그렸다(Puar, 2018). 이처럼 '정상적' 남성성의 경계를 만드는 남성성의 담론들을 통해서, 남성 간의 위계가 확정되고 여성에 대한 지배 역시 동시에 구축되었다는 것이다.

남성들 사이의 불평등과 성별 불평등이 서로 얽혀서 함께 직조된다는 사실은, 이렇게 남성성 개념의 역사적 발전을 추적할 때에도, 또 동시대의 미시적 참여관찰을 통해서도 확인되었다. 이주민 출신 남학생과 덴마크의 본토 출신 남학생 사이의 '민족' 불평등 의식에서도 유사한 방식의 개념화가 진행되는 것이 관찰되었다. 두 남학생의 민족적 차이가 남성성의 차이로서 인지되었다는 것이다(Staumaes, 2003). 이처럼 남성들 내부의 차이와 불평등은 남성성이라는 '성별 범주'를 매개로 하여 인지되는 경향이 있다.

이렇게 불평등의 집단적 범주들이 서로 중첩되어 작용하는 사실을 설명하는 이론적 관점으로 두 가지를 들 수 있다. 하나는 미국 흑인 페미니즘에서 시작된 교차성이론이고(콜린스·빌게, 2020), 다른 하나는 교차성 개념을 탈구조주의적으로 재구성하려는 시도이다(Lykke, 2010). '교차성'이론은 세대나 성별 같은 불평등 범주들이 서로 교차함으로써 불평등의 어떤 독특한 양상이 나타나는지를 설명하려는 접근법이다. 다른 하나는 교차성을 사회적 구성주의나 신유물론의 관점으로 재해석하려는 접근법이다. 여기서 대표적인 접근법은 지식이나 개념들을 해러웨이(2007)의 '파동' 이미지에 기대거나 버라드(Barad, 2007)의 양자역학적 설명에 기대서, '간섭' 현상으로 이해하는 방식이다(Geerts and van der Tuin, 2013).

어떤 이론을 따르든 간에, 현재 한국에서 진행되는 20대 청년층의 '성별 갈등' 양상에는 특히 남성 사이의 세대 불평등이 스며들어 함께 작용하는 것이 분명하다. 다시 말해서 그것은 여성의 지위향상을 공공연히 요구하는 청년 페미니즘의 '공민'정치일 뿐만 아니라, 한국의 산업사회에서 유효했던 남성성의 규범이 와해하는 가운데 새롭게 '헤게모니적 남성성'을 구축하여 남성의 지위를 안정화하려는 청년남성들의 '미시정치'이기도 하다.

4. 복잡한 불평등의 단순화로서 '젠더갈등' 프레임

앞서 언급한 '교차성이론'이나 '간섭이론'은 사회 불평등의 복잡성, 즉 여러 불평등의 차원들이 서로 엮여서 함께 작용한다는 사실을 강조한다. 그러나 여러 불평등의 차원, 그중 특히 세대와 성별의 불평등이 엮여서 나타나는 청년층의 복잡한 상황이 '젠더갈등'이라는 일차원적 불평등의 프레임으로 단순화되고 있다는 사실 역시 간과할 수 없다. 즉 복잡하게 얽혀 있는 불평등의 현실이 단지 하나의 불평등 범주로 체계화하는 현상 역시 진행되고 있다. 사회학자 루만은 이것을 사회적 체계의 창발로, 특히 사회적 소통 속에서 일정한 의미론이 창발하는 것으로 설명한다.

　　루만에 의하면, 체계의 창발은 복잡성을 축소하는 단순화의 소통이 반복적으로 발생함으로써 일어난다. 즉 의미가 결정되지 않은 복잡성 속에서 체계와 환경이 의미론적으로 구별되는 과정이 사회적 소통을 통해 계속 반복됨으로써 일어난다. 이렇게 보면, '젠더갈등'의 단순화 프레임은 위에서 본 복잡한 불평등 양상을 '성불평등' 범주로 체계화하고, 여타의 불평등을 성별 불평등의 '환경'으로 외부화함으로써 발생한다. 이처럼 체계는 체계/환경의 구별을 되풀이하여 수행함으로써 스스로를 생산autopoiesis하며, 그런 과정에서 자연스럽고 정상적인 것으로 정당화되어 기정사실로 인식된다.

　　물론 루만은 그와 같은 사회인식의 특정 '프레임'을 체계라고 설명하지는 않았다. 그는 그런 과정을 통해 기정사실화되고 제도적으로 정당화되는 사회적 의미론 중에서, 사회, 조직, 상호작용, 그리고 이후에는 저항운동이라는 네 영역을 구성하는 의미론만을 사회적 체계로 보았다. 그러나 마투라나의 복잡계 인지과학에 기초한 루만의 '체계이론'에 빗대어,

사회적 인지 프레임의 창발 역시 비유적으로 설명할 수 있다.[134] 루만이 마투라나로부터 빌려 쓴 '자기생산[autopoiesis]' 개념은 창발하는 체계의 관점에서 인지하는 (철저히 1인칭적인) 관점이다.[135] 체계의 형성 자체가 끊임없는 자기인지 및 자기생산의 수행과정이기 때문이다.

　　반면에 복잡성의 현실 자체를 강조하는 앞의 두 이론 중 '간섭이론'은 해러웨이의 '함께-생산[synpoiesis]' 개념과 관련된다. 이것은 체계와 환경의 상호작용을 보는 (3인칭의) 관점이라고 할 수 있다.[136] 여기서는 특정 체계의 창발과 재생산만을 강조하기보다는 창발한 체계가 여러 가능성 중 하나에 불과하다는 사실을 강조한다. 즉 특정 체계의 창발은 체계가 단독의 주체가 되어 스스로 환경으로부터 구별하는 '자율화' 과정이 아니라, 체계와 환경이 아직 구별되지 않고 중첩된 상태에서 일어나는 행위들로부터 발생한 단지 하나의 사건일 뿐이다. 이 사건이 되풀이되어 체계가 유지되는 과정 역시 체계만의 독단적 자기생산이 아니라, 계속되는 체계/환경의 중첩 속에서 반복적으로 발생하는 사건들이다. 또 버라드의 양자역학적 설명에 의하면, '체계'로 인지되는 이러한 '물질화'의 과정은 체계와 환경과의 '얽힘'을 완전히 끊어 내 자율화에 이르는 것이 아니다. 오히려 그것은 '얽힘'의 관계를 체계와 환경의 경계 안에 접어 넣을 뿐이다(Barad, 2007: 223-246).

　　즉 간섭이론에 기초하면, '젠더갈등' 프레임이 창발해서 유지되는

134　　마투라나의 인지 생물학에 대해서는 국내에 번역된 마투라나·바렐라(2007) 참조.
135　　따라서 여기에는 '맹점'이 존재할 수밖에 없다고 루만 역시 인정했다(베르크하우스, 2012).
136　　해러웨이는 인지 체계의 '자기생산(autopoiesis)'을 강조하는 마투라나식의 인지 생물학을 비판하며, 대안적 개념으로 '함께-생산(synpoiesis)' —국내에 '공-산'으로 번역됨(최유미, 2020)— 을 주장했다.

경우에도 그것은 스스로 재생산하는 독립체라고 볼 수 없다. 왜냐하면, 그것은 그것과 그것의 '환경'으로만 인지되는 여타 불평등과의 지속적인 상호작용 속에서 계속 발생하는 존재-인식론적 사건들일 뿐이기 때문이다. 그리고 그 프레임에는, 다른 불평등과의 관계나 인식과의 얽힘 등 여타 복잡한 맥락이 모두 접혀 들어가 있다. 따라서 '젠더갈등' 프레임이 생겨나서 유통된다는 이유만으로 그것을 당연시하거나 '인식론'이나 '사실'로서 정착했다고 (또는 정착할 것이라고) 기정사실화할 일은 아니다. 오히려 그 프레임에 접혀 들어감으로써 우리의 인식 속에서 사라지는 복잡한 내용을 다시 펼쳐서 설명해야 한다. 즉 다양한 불평등의 상호작용이나 중첩, 그리고 그러한 단순화 프레임을 발생시키는 사회적 인식의 문제를 분석하는 것이 필요하다. 복잡한 불평등의 양상이 '성불평등' 프레임으로 단순화할 경우, 여타의 중요한 불평등이 사회적 관찰 속에서 사라짐으로써 문제 해결이 더욱 어려워질 뿐만 아니라, 특정한 인식론적 이해관계 (='개념 정의의 권력')가 관철될 것이기 때문이다. 즉 '젠더갈등' 프레임의 형성 자체가 이미 인식론적이고 사회적인 권력의 문제, 즉 물질-담론적 수행성 (Barad, 2007)의 문제가 된다.

　　　언론과 정치권 등의 담론지형에서 현재 한국 청년과 관련된 사회적 문제가 '성별 갈등'으로 부각되는 것은 그와 같은 단순화이다. 앞의 모든 조사결과를 종합해서 볼 때, 성역할 관념에서는 여성들의 세대 간 격차가 더 현격하다. 그러나 세대갈등에 대한 인식에서는 장년층 남성과 청년층 남성 사이에 차이가 두드러진다. 이를 상기하면, '성별 갈등'의 단순화 프레임은 청년층 남성의 세대갈등에 대한 인식을 '외부화'하는 작용을 한다고 볼 수 있다. 말하자면 기성세대 '가부장' 남성에 대한 청년남성들의 반감을 완화하고, 세대를 넘어 남성 간 연대를 회복하는 장치가 될 수 있다.

　　다른 한편 사회적 갈등이나 불평등의 복잡성은 세대갈등과 젠더
갈등 간의 이원적 교차 관계로만 보기도 어렵다. 필자의 두 번째 경험연
구를 통해, 특히 청년남성 내부의 여타 불평등 요인들에 대해서도 사고할
필요가 있다고 보이기 때문이다. 또 위에서 인용한 2019년의 한국일보
기사에서도 흥미로운 내용을 찾을 수 있는데, 그것은 모든 연령층 남녀에
게서 '가장 심각하다고 생각되는 갈등'으로 이념이 꼽혔으며, 20대 여성
을 제외한 모든 집단에서 계층이 2위로 꼽혔다는 사실이다. 20대 여성의
경우 2위로 젠더를 꼽았으나, 이들은 계층을 3위로 꼽았다.

　　즉 이념과 계층이 전 세대에 걸쳐 매우 심각한 사회적 갈등으로
인지되고 있음을 알 수 있었다. 특히 필자의 두 번째 경험연구를 통해 보
았듯이, 청년여성들은 미래 자신들의 계층 지위의 결정에서 성별이 핵심
적이라고 보았다. 또 그렇게 계층 지위가 성별 위계화되기 때문에 자신들
의 시민권이 제한된다고 보았다. 말하자면 청년여성들의 경우, 본인이 성
취할 계층 지위와 성별, 시민주체의 정치적 지위 3자가 상호 밀접히 연관
된 것으로 인지하고 있었다.

　　종합하면, 청년층의 '성별 갈등'은 사회적 갈등의 맥락에서 볼 때
세대갈등(문화적 갈등), 계층갈등(사회경제적 갈등), 이념갈등(정치적 갈등)과 긴밀
히 연결되어 있다. 앞서 본 교차성이론, 간섭이론, 루만의 체계이론을 모
두 참고할 때, '성별 갈등'의 의제가 청년층 고유의 지배적 사회갈등으로
부각하는 현상은 다음과 같이 이해될 수 있다. 1) 실제 존재론적 차원에
서는, 성별/세대/계층/이념 등이 서로 중첩된 복잡한 사회적 갈등의 맥락
이 존재한다. 2) 그런데 사회적 인지 차원에서, '성별 갈등'이 마치 단독의
'체계'처럼 독립해서 창발적으로 의제화한다.

달리 말하면 '성별 갈등'이 청년층의 사회갈등을 인지하는 '프레임'으로서 구성되는 것이다. 그리하여 마치 '성별 갈등'이 실제 사회 불평등을 있는 그대로 '반영' 또는 '묘사'하는 것 같은 착시현상이 일어난다. 만약 이런 인지 프레임이 사회적으로 수용된다면, '성별 갈등'은 복잡한 불평등의 맥락에서 완전히 자율화한 '본질적'인 문제로 절대시될 것이다. 이런 이유에서, 일부 청년여성의 급진적인 '생물학적 여성주의'가 페미니즘 내부에서도 비판받고 있다. 마찬가지로, 생물학적 성별을 청년층에서 일어나는 갈등의 절대적 범주로 단순화하는 모든 시도가 문제시되어야 한다. 앞서 여러 조사결과를 볼 때, 청년들 자신은 오히려 성별 갈등을 세대갈등이나 계층갈등, 이념갈등(군대 문제 포함) 등과 긴밀히 연결된 것으로 인지하고 있었다.

결론

이상에서는 먼저 이론적 논의를 통해서, 서구의 제1 개인화 및 제2 개인화 양상이 한국사회에서 어떻게 압축적으로 진행되고 있는지를 논구했다. 이어서 최근의 '새로운' 사회운동에 대한 경험연구 결과 분석을 통해서, 압축적 개인화가 촛불혁명이라는 시민적 저항운동의 통합적 형태로 표출되었다가 차츰 청년층의 '성대결' 프레임의 발생으로 이어지는 과정을 추적했다. 즉 압축적 개인화의 정치적 표출 양태가 최근 '시민적 통합'의 프레임에서 '성별 갈등'의 프레임으로 전환하고 있음을 보았다.

　　본문에서 보았듯이, 한국의 사회운동론에서는 촛불혁명이라는 새로운 시민적 통합의 사회운동 프레임이 온라인매체라는 소통매체의 발전에서 기인한다고 보는 경향이 크다. 마찬가지로 현재 확산되는 '디지털 페미니즘' 담론(채석진, 2018; 이희은 외, 2018; 손희정, 2020)을 통해 알 수 있듯이, 한국 페미니즘에서도 청년층 성별 갈등 프레임의 형성 및 확대의 원인을 디지털매체의 기술적 특성에서 찾는 경향이 있다.

그러나 필자가 이 책에서 사회학적 이론연구와 경험연구를 오가며 다다른 결론은 한층 사회이론적인 방향이다. 즉 촛불혁명의 발발 및 그에 뒤이은 성별 갈등 프레임으로의 전환이 1) 서구와는 다른 압축적 개인화라는 사회변동의 정치적·문화적 표현이며, 2) 거기서 특히 세대갈등과 성별 갈등의 상호작용이 핵심으로 작용한다. 3) 세대갈등과 성별 갈등의 상호작용은 교차성이나 중첩(또는 간섭)의 페미니즘 개념들을 통해 설명할 수 있다. 4) 그 속에서 성별 갈등 프레임이 발현하는 현상은 루만의 사회적 체계이론에 기대어 설명할 수 있다. 즉 복잡하게 뒤엉킨 현실의 제 현상이 사회적 소통 속에서 의미론적으로 단순화하는 과정에서, 스스로를 복잡성으로부터 구별하여 별도의 독립된 체계로 인식하는 새로운 인지 체계가 형성된다는 것이다.

이처럼 필자는 '사회변동' 관점에 기초하여, 한국사회에서 관찰되는 문화변동과 정치변동을 압축적 개인화라는 한국사회 특유의 근대화 경로를 통해 설명했다. 서구의 두 차례에 걸친 순차적 개인화와 한국의 압축적 개인화의 가장 큰 차이는, 전근대적 가부장제의 지배에서 해방을 꾀하는 근대적 '자유'의 주체가 서구에서는 시민계급 남성이었으나, 한국에서는 현재 청년여성들로 수렴되고 있다는 것이다. 이것은 개인의 사생활을 용인하는 근대적인 공적 사회연대와 갈등의 양상에도 크게 각인되어 나타난다.

서구 근대의 '기능주의적 연대'는 시민계급 남성들의 수평적인 형제애에서, 차츰 노동계급 남성 가장들까지 '사회권' 보장을 통해 포괄하는 방식의 동성사회적homosocial 연대였다. 따라서 당시에는 먼저 시민계급 여성, 이후에는 노동계급 여성의 삶을 가족 안에 제한domesticate하는 과정이

폭력적·문화적으로 진행되었다.[137] 그러나 현재는 여성 역시 사적·공적 결정권을 갖는 개인으로 인식되면서, 제2 개인화의 '외부'는 국적이 다른 외국인으로 규정되며 극우 성향이 확대된다.

반면에 한국의 압축적 개인화에서는 사적 영역과 공적 영역에서 개인화의 격차가 서구에 비해 현저히 크다. 사적 결정권이라는 측면에서 '자유'에 대한 요구는 세대 간 문화변동의 현상으로 설명된다. 그러나 공적 결정권이나 참여에서는 세대 간 차이와 성별 차이가 서로 얽혀서 작용하며 격차를 만들어 낸다. 공적 권력이 기성세대의 공고한 권력으로 인식되지만, 그에 대한 요구가 성별로 갈리는 상황이 커지기 때문이다. 공적 권력에 대한 청년남성의 요구는 서구의 제1 개인화와 마찬가지로 현저히 동성사회적 특성을 보인다. 서구의 시민혁명 구호와 마찬가지로, 아버지세대 남성으로부터의 자유, 즉 '수평적' 남성의 동성연대('형제애')를 주장하는 것이다. 그러나 이것은 페미니즘-반페미니즘의 '성대결' 프레임으로 연결되면서 다시 '수직적'인 부계적 남성의 동성연대로 회귀하려 한다. '성대결' 프레임을 통해서, 남성 내부에서 관찰되는 세대 및 계층적 이질성이 다시 비가시화된다는 말이다. 반면에 청년여성의 페미니즘은 상대적으로 서구 페미니즘에서 유래한 '차이의 정치'(홍찬숙, 2020b)를 수용하는 흐름이 강하다.

이와 관련하여, 한국의 청년남성들은 매우 고유한 역사적 도전에 직면해 있음을 알 수 있다. 압축적 개인화로 인한 신/구 규범의 갈등 및 지배적 규범의 진공상태에서, 청년여성은 서구의 페미니즘 담론을 들여와 의지하고 있다. 서구 페미니즘의 방향이 청년여성의 시대적 감수성과

---

137   폭력적 양상에 대해서는 페데리치(2011) 참조.

매우 친화적이기 때문이다. 반면에 청년남성은 서구의 남성과 전혀 다른 상황에 처해 있다. 한 가지 유사성을 찾자면, 서구든 한국이든 남성들은 지배적 '남성성' 규범을 통해서 동성사회적 연대의 경향을 보인다는 것이다. 그러나 실상 남성성은 매우 위계화되어 있는데, 그 위계화의 양상은 서구 개인주의 사회와 한국의 남성 집단주의 사회에서 매우 다르다. 이것이 상당한 장애물이다. 게다가 서구에서 남성성에 대한 연구는 대체로 페미니즘의 우산 아래에서 수행되므로, 반페미니즘을 표방하면 참고하기 어렵다. 다시 말해서, 한국의 청년남성은 자신들의 문제를 표현하고 분석하며 규범적으로 정당화할 수 있는 담론을 서구로부터 수입하기 어렵다. 따라서 그것을 스스로 생산해야만 한다.

'극우화'는 '근대성의 야만', 즉 '이성'의 이름으로 집단적 이해를 정당화해서 타 집단을 '생물학(=과학)'적으로 타자화하고 또 그 과정에서 권력이나 헤게모니적 지배뿐만 아니라 폭력의 사용까지 정당화하는 것을 말한다. 서구의 제2 개인화에서 극우화는 무엇보다 외국인 혐오로 대변된다. 그러나 한국의 압축적 개인화에서 극우화는 과거 권위주의 정권으로의 퇴보와 같은 이념적 성향 및 그와 발맞추는 온라인 청년문화로 이해된다. 한국에서는 다행히도 서구의 가부장제 재편 ─아버지의 지배에서 남성의 지배로─ 기의 '마녀사냥'과 같이 집단적으로 수행된 야만적 폭력은 나타난 바가 없다. 그러나 1930년대 '비동시적인 것이 동시적으로' 존재하는 아노미 속에서 자기 사회만의 독특한 경험에 맞는 새로운 근대적 규범을 생산하지 못함으로써, 후발 산업국 독일이 나치즘으로 흘렀던 경험('독일 근대화의 특수경로')은 우리에게 시사하는 바가 크다.

그것은 사회적 소통의 중요성을 말해 준다. 새로운 규범을 출현시킬 담론화의 과정으로 연결되지 못하는 사회적 갈등과 욕구가 어떻게 한순간 근대성의 야만으로 창발하는지를 보여 주기 때문이다. 현재 한국의 압축적 개인화로 인한 사회적 갈등 및 규범의 공백상태가 그처럼 극단적인 야만으로 휘몰리리라고는 생각하지 않는다. 그러나 복잡한 현실을 지나치게 단순화하는 사회적 소통, 특히 특정 집단을 타자화하여 도덕적으로 비난함으로써 문제를 해결할 수 있다는 조바심에서 나오는 소통은 충분히 위험하다. 복잡한 불평등의 현실을 가감 없이 인지하고, 복잡하더라도 제반 문제에 맞는 적절한 해결법을 찾는 사회적 소통이 필요할 것이다.

강미나. 2016. "주거양극화의 진단과 해결방안."『부동산포커스』 94: 4-14.

강원택. 2017. "87년 헌법의 개헌 과정과 시대적 함의."『역사비평』 119: 12-37.

고경민·송효진. 2010. "인터넷 항의와 정치참여, 그리고 민주적 함의: 2008년 촛
불시위 사례."『민주주의와 인권』 10(3): 233-269.

국가인권위원회. 2018. "비주택 주거실태 파악 및 제도개선 방안."

국토교통부. 2017. "2017년도 주거실태조사―요약보고서―."

국토연구원. 2018. "국토정책 Brief 678."

권영숙. 2018. "촛불의 운동정치와 87년 체제의 '이중 전환'."『경제와 사회』 117:
62-103.

권태환·이재열. 1998. "사회운동조직 간 연결망."『한국사회과학』 20(3): 7-43.

권태환·임현진·송호근(편). 2001. 『신사회운동의 사회학: 세계적 추세와 한국』.
서울대학교출판부.

권현아·조성진. 2016. "현대사회구조의 전환에 따른 도시주거의 의미변화와 일
상의 속성에 관한 연구." *Journal of the Architectural Institute of Korea
Planning & Design* 32(9): 15-26.

기든스, 앤서니. 2001. 『제3의 길』. 한상진·박찬욱 옮김. 생각의나무.

기든스, 앤서니·울리히 벡·스콧 래쉬. 2010. 『성찰적 근대화』. 임현진·정일준
옮김. 한울.

김경미. 2006. "인터넷이 집합행동 참여에 미치는 영향―'2002 여중생 추모 촛불

집회'를 중심으로."『한국사회학』 40⑴: 183-211.

김도영·배수호. 2016. "현대사회에서 유교적 공공성(儒敎的 公共性)의 적용가능성 연구."『한국행정학보』 55⑶: 249-275.

김동춘. 2006. 『1997년 이후 한국사회의 성찰』. 길.

김동택. 2003. "세계자본주의의 형성과 전개." 에릭 홉스봄. 『자본의 시대』. 정도 영 옮김. 한길사: 37-65.

_____. 2005. "이중혁명과 자본주의 세계의 형성." 에릭 홉스봄. 『혁명의 시대』. 정도영·차명수 옮김. 한길사: 37-61.

김보명. 2018. "난민은 페미니스트 의제인가?"『반성폭력 이슈리포트』 12: 136-143.

김상준. 2016. 『맹자의 땀 성왕의 피: 중층근대와 동아시아 유교문명』. 아카넷.

김선혜 외. 2019. 『경계 없는 페미니즘』. 와온.

김소라. 2019. "'표현의 자유'와 성적 자유주의의 시민권 획득: 1990년대 성적 표 현의 규제와 여성 섹슈얼리티의 배제."『페미니즘'들' 시대의 반페미니 즘』(한국여성학회 춘계학술대회 자료집). 155-171.

김수정. 2010. "청년층의 빈곤과 이행의 곤란."『사회보장연구』 26⑶: 49-72.

김순남. 2009. "성별화된 이혼의 서사—상실의 경험과 새로운 관계 형성의 의미 화 과정을 중심으로."『한국여성학』 25⑷: 41-72.

김승권. 2014. "한국인의 가족가치관과 사회정책 방향."『보건·복지 Issue & Focus』 246: 1-8.

김승권 외. 2012. 『2012년 전국 출산력 및 가족보건·복지실태조사』. 한국보건사 회연구원.

김예란·김효실·정민우. 2010. "광장에 균열내기: 촛불 십대의 정치 참여에 대한 문화적 해석."『한국언론정보학보』 52: 90-110.

김우진. 2015. "유교의 공과 사 개념에 대한 재검토."『東亞人文學』 31: 353-381.

김욱. 2010. "촛불 시위와 한국 시위문화의 변동—거시적 변화에 대한 미시적 설 명."『한국정당학회보』 9⑵: 33-59.

김은지 외. 2019. 『저출산 대응정책 패러다임 전환 연구(1): 청년층의 젠더화된 생애전망과 정책정합도 분석』. 한국여성정책연구원.

김익명 외. 2018. 『근본없는 페미니즘: 메갈리아부터 워마드까지』. 이프북스 (IFBOOKS).

김종엽. 2017. 『분단체제와 87년체제』. 창비.

김창환·오병돈. 2019. "경력단절 이전 여성은 차별받지 않는가? 대졸 20대 청년층의 졸업 직후 성별 소득격차 분석." 『한국사회학』 53(1): 167-204.

김창인·전병찬·안태언. 2019. 『청년현재사』. 시대의창.

김호기. 2015. "메르스 사태가 남긴 과제." 『역사비평』 112: 14-20.

김홍중. 2015. "서바이벌, 생존주의, 그리고 청년세대. 마음의 사회학의 관점에서." 『한국사회학』 49(1): 179-212.

나종석. 2013a. "주희의 공(公) 개념과 유교적 공공성(公共性) 이론에 대한 연구." 『東方學志』 164: 3-28.

_____. 2013b. "주희 공(公) 이론의 민주적 재구성의 가능성." 『大韓哲學會論文集』 128: 138-165.

남주현. 2015. "메르스 70일간의 기록." 『관훈저널』 136: 16-22.

도이힐러, 마르티나. 2013. 『한국의 유교화 과정』. 이훈상 옮김. 너머북스.

뒤르켐, 에밀. 2019. 『에밀 뒤르켐의 자살론』. 황보종우 옮김. 청아출판사.

들뢰즈, 질·펠릭스 가타리. 2001. 『천개의 고원』. 김재인 옮김. 새물결.

로자, 하르트무트·다비드 슈트레커·안드레아 콧트만. 2019. 『사회학 이론』. 최영돈 외 옮김. 한울아카데미.

롤즈, 존. 2003. 『정의론』. 황경식 옮김. 이학사.

루만, 니클라스. 2009. 『열정으로서의 사랑』. 정성훈·권기돈·조형준 옮김. 새물결.

_____. 2012. 『사회의 사회』. 장춘익 옮김. 새물결.

_____. 2020. 『사회적 체계들』. 이철·박여성 옮김. 한길사.

마경희 외. 2020. 『청년 관점의 '젠더갈등 진단과 포용국가를 위한 정책적 대응방안 연구'』. 경제·인문사회연구회.

마투라나, 움베르토·프란시스코 바렐라. 2007. 『앎의 나무』. 최호영 옮김. 갈무리.

미야지마 히로시. 2014. 『미야지마 히로시의 양반』. 노영구 옮김. 너머북스.

미즈, 마리아. 2014. 『가부장제와 자본주의』. 최재인 옮김. 갈무리.

민경배·박수호. 2008. "인터넷 시민 참여와 대의민주주의의 공존 가능성: 2008년 촛불시위와 국회의원 홈페이지 운영 실태를 중심으로." 『사회와 이론』 13(2): 315-354.

민유기. 2018. "프랑스 68운동과 한국 '촛불항쟁' 이후의 민주주의." 『역사비평』 123: 8-34.

박단비·권상희·강보영·김세진. 2018. "텍스트와 이미지에 나타난 메르스 감염병 프레임 분석: 인스타그램(Instagram) 내용분석을 중심으로." *Journal of Speech, Media and Communication Research* 17(3): 123-156.

박신영. 2012. "우리나라의 주거빈곤 실태." 『보건복지포럼』 184: 33-46.

박진희. 2014. "'주거 공간'과 '일상'의 관계 맺기." 『시민과 세계』 24: 258-273.

박태균. 2017. "왜곡된 87년체제." 『역사비평』 119: 38-68.

박형숙 외. 2016. "고학력 전문직 중년여성의 이혼 후 삶의 경험." *Korean Journal of Women Health Nursing* 22(1): 11-20.

박형지·설혜심. 2016. 『제국주의와 남성성』. 아카넷.

박훈. 2019. 『메이지유신과 사대부적 정치문화』. 서울대학교출판문화원.

____. 2020. 『메이지유신을 설계한 최후의 사무라이들』. 21세기북스.

배병삼. 2013. "유교의 공과 사." 『동아사상』 14: 95-120.

배은경. 2015. "'청년세대' 담론의 젠더화를 위한 시론: 남성성 개념을 중심으로." 『젠더와 문화』 8(1): 7-41.

백욱인. 2008. "촛불시위와 대중: 정보사회의 대중형성에 관하여." 『동향과 전망』 74: 159-188.

베르크하우스, 마르고트. 2012. 『쉽게 읽는 루만』. 이철 옮김. 한울아카데미.

벡-게른스하임, 엘리자베트. 2000. 『내 모든 사랑을 아이에게?—한 조각 내 인생과 아이 문제』. 이재원 옮김. 새물결.

벡, 울리히. 1997. 『위험사회』. 홍성태 옮김. 새물결.

_____. 2006. 『위험사회』. 홍성태 옮김. 새물결.

_____. 2010. "1. 정치의 재창조: 성찰적 근대화 이론을 향하여." 앤서니 기든 스·울리히 벡·스콧 래쉬. 『성찰적 근대화』. 임현진·정일준 옮김. 한울: 21-89.

_____. 2011. 『세계화 시대의 권력과 대항권력』. 홍찬숙 옮김. 길.

_____. 2013. 『자기만의 신』. 홍찬숙 옮김. 길.

벡, 울리히·엘리자베트 벡-게른스하임. 1999. 『사랑은 지독한 그러나 너무나 정 상적인 혼란』. 배은경·권기돈·강수영 옮김. 새물결.

_____. 2012. 『장거리 사랑』. 이재원·홍찬숙 옮 김. 새물결.

새로운소통연구소·유튜브팀 헬마우스. 2021. "젠더갈등 조정의 힌트 20대 남성 에게 얻는다." 『시사IN』 715: 24-29.

서두원. 2000. "신사회운동의 제도화와 민주주의의 발전: 이론과 쟁점." 『한국사 회과학』 22(1): 3-39.

서정주·김예구. 2017. 『2017 한국 1인 가구 보고서』. KB금융지주 경영연구소.

설석규. 2002. 『조선시대 유생상소와 공론정치』. 선인.

손희정. 2017. 『페미니즘 리부트: 혐오의 시대를 뚫고 나온 목소리들』. 나무연필.

_____. 2020. "다시, 물질: '디지털 페미니즘'이라는 정치적 기획에 대한 노트." 『문화과학』 104: 49-72.

송경재. 2009. "네트워크 시대의 시민운동 연구―2008 촛불집회를 중심으로." 『현대정치연구』 2(1): 55-83.

송웅섭. 2015. "조선 초기 '공론'의 개념에 대한 검토―대간 언론과의 비교를 통해 서―." 『한국학연구』 39: 347-382.

송호근. 1998. "신사회운동 참여자 분석―누가, 왜, 어떻게 참여하는가?" 『한국사 회과학』 20(3): 45-74.

슈미트, 카를. 2012. 『정치적인 것의 개념』. 김효전·정태호 옮김. 살림출판사.

시마다 히로미. 2011. 『사람은 홀로 죽는다』. 이소담 옮김. 미래의창.

신승배·이정환. 2015. "동아시아의 가족가치관과 행복감 비교: 한국, 중국, 일본 비교." 『사회과학연구』 39(3): 279-310.

심상용. 2012. "코즈모폴리턴 공화주의의 지구 시민권 구상에 대한 연구." 『경제와 사회』 93: 137-163.

심영희. 1998. 『위험사회와 성폭력』. 나남.

심현정. 2018. "국제비교를 통해 본 우리나라 가계자산 특징 및 시사점." 미래에셋은퇴연구소.

아도르노, 테오도르 W. 1999. 『부정변증법』. 홍승용 옮김. 한길사.

아도르노, 테오도르 W·막스 호르크하이머. 2001. 『계몽의 변증법』. 김유동 옮김. 문학과지성사.

아렌트, 한나. 2006. 『전체주의의 기원 2』. 이진우·박미애 옮김. 한길사.

안상욱. 2011. "한국사회에서 '루저문화'의 등장과 남성성의 재구성." 서울대학교 대학원 석사학위논문.

앤더슨, 베네딕트. 2018. 『상상된 공동체』. 서지원 옮김. 길.

양현아. 2011. 『한국 가족법 읽기』. 창비.

에스핑-앤더슨, G. 2007. 『복지 자본주의의 세 가지 세계』. 박시종 옮김. 성균관대학교출판부.

영, 아이리스 매리언. 2017. 『차이의 정치와 정의』. 김도균·조국 옮김. 모티브북.

오지혜. 2015. "한국 기혼여성의 이혼태도에 관한 연구: 가정 내 요인과 가정 외 요인을 중심으로." 『가족과 문화』 27(1): 233-270.

우명숙. 2014. "과잉노동사회와 고학력 기혼여성의 일-생활 불균형." 신광영 외. 『세계화와 생애과정의 구조변동』. 한울아카데미: 112-153.

우지안. 2018. "미투, 살아남은 자리에서 말하기: '꿘 배제'와 연대의 가능성을 중심으로." 『문화과학』 95: 74-99.

울프, 버지니아. 2006. 『자기만의 방』. 이미애 옮김. 민음사.

윌리스, 폴. 2004. 『학교와 계급재생산』. 김찬호·김영훈 옮김. 이매진.

유재건. 2008. "서구의 68혁명을 떠올리며 촛불을 본다." 『창비주간논평』. http://magazine.changbi.com/서구의-68혁명을-떠올리며-촛불을-본다/?cat=477.

윤형식. 2013. "하버마스의 공론장 개념과 유교적 공론." 『사회와 철학』 26: 121-158.

이갑윤. 2010. "촛불집회 참여자의 인구·사회학적 특성 및 정치적 정향과 태도." 『한국정당학회보』 9(1): 95-120.

이동연. 2008. "촛불집회와 스타일의 정치." 『문화과학』 55: 150-167.

이득재. 2008a. "촛불의 역사적 의미: 국가권력의 주인은 나. 『대한민국은 민주공화국이다?』. 메이데이. 2008; 『촛불이 민주주의다』. 해피스토리. 2008; 『대한민국 상식사전』. 여우와 두루미. 2008." 『진보평론』 37: 294-306.

_____. 2008b. "촛불집회의 주체는 누구인가." 『문화과학』 55: 90-109.

이삼식 외. 2015. 『2015년 전국 출산력 및 가족보건·복지 실태조사』. 한국보건사회연구원.

이성재. 2009. 『68운동』. 책세상.

이소영 외. 2018. 『2018년 전국 출산력 및 가족보건·복지 실태조사』. 한국보건사회연구원.

이원택. 2014. "유교적 공론장으로서의 경연과 유교지식인의 정체성―효종대 산림의 『중용』·『심경』 강의를 중심으로―." 『태동고전연구』 33: 107-132.

이은환. 2015. "메르스 격리자, 공공의 적이었나?" 『이슈&진단』 212: 1-24.

이정선. 2011. "식민지 조선·대만에서의 '家制度'의 정착 과정―'戶主·家族'과 '戶主相續' 개념을 중심으로." 『한국문화』 55: 253-283.

이주홍. 2003. "한국사회의 이혼율 증가에 관한 연구―1997년 이후 구조적 요인을 중심으로―." 『사회연구』 5: 105-132.

이창호·정의철. 2008. "촛불문화제에 나타난 청소년의 사회참여 특성에 대한 연구." 『언론과학연구』 8(3): 457-491.

이철희. 2011. 『혼인·출산 행태 및 인구·가구구성 변화 분석』. 보건복지부 용역 보고서.

이철승. 2019. 『불평등의 세대』. 문학과지성사.

이케가미 에이코. 2008. 『사무라이의 나라』. 남명수 옮김. 지식노마드.

이태진·우선희·최준영. 2017. "청년층의 주거 실태는 어떠한가." 『보건복지포럼』 244: 38-53.

이현정. 2009. "경제위기의 주거자산 의미와 변화." 한국가정관리학회 학술발표 대회자료집 발표문(2009년 5월).

이희은 외. 2018. 『디지털 미디어와 페미니즘』. 이화여자대학교출판문화원.

임국희. 2020. "'비연애' 담론이 드러내는 여성 개인 되기의 열망과 불안: 〈계간홀로〉를 중심으로." 『미디어, 젠더 & 문화』 35(4): 111-154.

임하은·김원미. 2017. 『청년 주거 질 향상을 위한 청년맞춤중개 및 주택관리서비스 제안』. 2017 청년허브 공모연구.

임현진. 2012. 『지구 시민사회의 구조와 역학』. 나남.

장경섭. 2018. 『내일의 종언? 가족자유주의와 사회재생산 위기』. 집문당.

장우영. 2010. "네트워크 개인주의와 시민저항: 2008년 촛불시위를 사례로." 『한국정치연구』 19(3): 25-55.

장진희·김연재. 2016. 『서울 1인가구 여성의 삶 연구: 2030 생활실태 및 정책지원방안─불안정주거와 안전을 중심으로』. 서울시 여성가족재단.

정대성. 2015. "68-문화혁명-국가권력." 『역사와 문화』 29: 87-114.

_____. 2017. "민주주의 위기와 독일 68운동." 『서양사론』 134: 116-149.

정상호. 2008. "촛불과 한국 민주주의: '풀뿌리 생활정치'의 모색." 『환경과 생명』 57: 109-119.

정수복. 1993. "1968년 프랑스 5월 운동의 전개와 '새로운 사회운동'의 탄생." 정수복 편역. 『새로운 사회 운동과 참여민주주의』. 문학과지성사: 11-40.

정인·김희민. 2018. 『2018 한국 1인가구 보고서』. KB금융지주 경영연구소 1인가구 연구센터.

정태석. 2009. "광우병 반대 촛불집회에서 사회구조적 변화 읽기─불안의 연대, 위험사회, 시장의 정치." 『경제와 사회』 81: 251-272.

_____. 2018. "87년 체제와 시민사회 이데올로기-가치들의 변화—촛불혁명과 사회체제 전환의 전망."『경제와 사회』 117: 18-61.

정한울·이동한. 2021. "래디컬 페미니스트의 과대 포장된 난민 반대."『시사IN』 696: 30-32.

정현백. 2021.『연대하는 페미니즘』. 동녘.

정혜영·서운석. 2015. "한, 중, 일 3국 부부의 가정 내 노동시간과 가정생활만족도에 관한 연구."『한중사회과학연구』 35: 121-143.

조귀동. 2020.『세습 중산층 사회』. 생각의힘.

조성호·변수정. 2014. "한국과 일본 미혼인구의 결혼 및 자녀양육에 대한 태도."『보건·복지 Issue & Focus』 267: 1-8.

조주은. 2008. "압축적 시간성을 통한 '바쁨'—서울지역 중간계급 유배우 취업여성을 중심으로."『한국여성학』 24(3): 211-242.

_____. 2013.『기획된 가족』. 서해문집.

조지현·오세근·양철호. 2012. "동아시아 4개국의 노인부양의식 및 노인부양행위에 관한 비교연구."『사회연구』 22: 7-42.

조혜영. 2015. "낙인, 선언 그리고 반사: '#나는페미니스트입니다'."『문화과학』 83: 104-121.

조희연. 2008. "민주주의의 지구적 차원—지구적인 민주주의 정체의 형성과 그 사회학."『경제와 사회』 79: 10-37.

주재선·송치선·박건표. 2015.『2015년 한국의 성인지 통계』. 한국여성정책연구원.

진미윤. 2016. "최근 우리 사회의 주거문제—기존 제도의 조정·통합으로 점유 양극화와 세대 양극화 해소가 필요—."『부동산포커스』 94: 24-38.

진미정·한준·노신애. 2019. "20-30대 청년세대의 결혼·출산 가치관의 잠재유형과 한국사회인식 및 개인적 미래전망의 관련성."『가족과 문화』 31(1): 166-188.

짐멜, 게오르크. 2007a.『예술가들이 주조한 근대와 현대』. 김덕영 옮김. 길.

_____. 2007b.『근대 세계관의 역사』. 김덕영 옮김. 길.

_____. 2013. 『돈의 철학』. 김덕영 옮김. 길.

_____. 2014. 『개인법칙』. 김덕영 옮김. 길.

채석진. 2018. "'잔혹한 희망': 디지털 페미니즘의 정동." 『언론정보연구』 55(3): 87-119.

천관율·정한울. 2019. 『20대 남자』. 참언론 시사IN북.

최봉영. 1998. "유교문화와 한국사회의 근대화." 『사회와 역사』 53: 61-92.

최우영. 2003. "긴장과 갈등의 유교—유교적 갈등의 역사적, 존재론적 기원." 『동양사회사상』 7: 97-130.

최우영·마수다 카즈미. 2013. "한국·일본 전통가족의 역사와 현재—네트워크형 가족과 동심원형 가족의 비교." 『한국학논집』 50: 193-230.

최유미. 2020. 『해러웨이, 공-산의 사유』. b(도서출판비).

최재훈. 2017. "집합행동의 개인화와 사회운동 레퍼토리의 변화." 『경제와 사회』 113: 66-99.

최태섭. 2013. 『잉여사회』. 웅진지식하우스.

_____. 2018. 『한국, 남자』. 은행나무.

카스텔, 마누엘. 2014. 『네트워크 사회의 도래』. 박행웅·오은주·김묵한 옮김. 한울아카데미.

_____. 2015. 『분노와 희망의 네트워크: 인터넷 시대의 사회운동』. 김양욱 옮김. 한울아카데미.

코넬, R. W. 2013. 『남성성/들』. 안상욱·현민 옮김. 이매진.

콜린스, 패트리샤 힐·시르마 빌게. 2020. 『상호교차성』. 이선진 옮김. 부산대학교출판문화원.

통계청. 2016a. "2015년 혼인·이혼 통계." 보도 자료.

_____. 2016b. "2015년 하반기 지역별고용조사(부가항목) 맞벌이 가구 및 1인 가구 고용 현황." 보도 자료.

_____. 2020. "2020 통계로 보는 1인 가구." 보도 자료.

통계청·여성가족부. 2017. "2017 청소년 통계." 보도 자료.

투렌, 알랭. 1993. "노동 운동의 제도화와 새로운 사회 운동의 전개." 정수복 편역. 『새로운 사회 운동과 참여민주주의』. 문학과지성사: 41-67.

_____. 1994. 『탈산업 사회의 사회이론』. 조형 옮김. 이화여자대학교출판부.

_____. 2000. 『어떻게 자유주의에서 벗어날 것인가』. 고원 옮김. 당대.

파농, 프란츠. 2014. 『검은 피부, 하얀 가면』. 노서경 옮김. 문학동네.

페데리치, 실비아. 2011. 『캘리번과 마녀』. 황성원·김민철 옮김. 갈무리.

페이트먼, 캐럴. 2001. 『남과 여, 은폐된 성적 계약』. 이충훈·유영근 옮김. 이후.

폴라니, 칼. 2009. 『거대한 전환』. 홍기빈 옮김. 길.

프레이저, 낸시. 2017. 『전진하는 페미니즘』. 임옥희 옮김. 돌베개.

프레이저, 낸시·악셀 호네트. 2014. 『분배냐, 인정이냐?』. 김원식·문성훈 옮김. 사월의책.

한윤형. 2010. "월드컵 주체와 촛불시위 사이, 불안의 세대를 말한다." 『문화과학』 62: 72-91.

한홍구. 2008. "현대 한국의 저항운동과 촛불." 『창작과 비평』 141: 12-35.

해러웨이, 다나 J. 2007. 『겸손한 목격자』. 민경숙 옮김. 갈무리.

호네트, 악셀. 2011. 『인정투쟁: 사회적 갈등의 도덕적 형식론』. 이현재·문성훈 옮김. 사월의책.

홉스봄, 에릭. 2003[1998]. 『자본의 시대』. 정도영 옮김. 한길사.

_____. 2005[1998]. 『혁명의 시대』. 정도영·차명수 옮김. 한길사.

홍성태. 2008. "촛불집회와 민주주의." 『경제와 사회』 80: 10-39.

홍찬숙. 2015a. "한국형 위험사회에서 사회정의란 무엇인가?" 『한국사회정의 바로 세우기』. 세창미디어: 339-364.

_____. 2015b. 『개인화: 해방과 위험의 양면성』. 서울대학교출판문화원.

_____. 2017a. "제4장. 압축적 근대성 개념에 대한 비판적 고찰: 독일과 한국의 근대화에서 나타난 '비동시성의 동시성'에 대한 비교를 중심으로." 이정덕 외. 『한국의 압축근대 생활세계: 압축 근대성 개념과 압축적 경험』. 지식과교양: 89-118.

_____. 2017b. "동북아 가족주의 맥락에서 본 한국 여성 개인화의 세 시나리오." 『경제와 사회』 113: 147-172.

_____. 2017c. "동북아 가족주의와 한국 여성의 '사회적' 지위."『동북아역사논총』 58: 372-415.

_____. 2017d. "위험사회의 정보유포매체와 세월호 참사의 '국민재난' 되기." 이재열 외.『세월호가 묻고 사회과학이 답하다』. 오름: 69-114.

_____. 2017e. "시간제 고용과 미니잡." 홍찬숙 외.『독일의 사회통합과 새로운 위험』. 한울아카데미: 195-239.

_____. 2018. "2016-17년의 광화문 광장: 유교 공론장에서 시민 공론장으로." 『민주주의와 인권』 18(2): 147-179.

_____. 2019. "한국형 위험사회와 물질적 전회: 세월호 및 메르스 재난의 정치행위성."『담론 201』 22(2): 7-30.

_____. 2020a. "유럽에서 성(surname)과 가족성(family name)의 출현 및 그 의미—기혼여성의 지위 변화를 중심으로."『여성학연구』 30(2): 39-64.

_____. 2020b. "'차이'를 보는 관점의 차이."『한국여성철학』 34: 67-104.

홍찬숙·한정숙·오현미·김보명. 2019.『개인화 시대의 새로운 사회운동과 한국 사회 변동의 방향: 촛불혁명과 미투운동(#me too)을 중심으로』. SBS 문화재단 제출 연구보고서.

Adorno, Theodor W. 1986. "Zum Problem der Familie." *Gesammelte Schriften 20.1, Vermischte Schriften I*. Frankfurt am Main: Suhrkamp, pp. 302-310.

Barad, Karen. 2007. *Meeting the Universe Halfway*. London: Duke University Press.

Beck, Ulrich. 1986. *Risikogesellschaft*. Frankfurt am Main: Suhrkamp.

_____(ed.). 1997. *Kinder der Freiheit*. Frankfurt am Main: Suhrkamp.

_____. 1999. *World Risk Society*. Cambridge: Polity.

Beck, Ulrich, Anders Blok, David Tyfield, and Joy Y. Zhang. 2013. "Cosmopolitan Communities of Climate Risk: Conceptual and Empirical Suggestions for a New Research Agenda." *Global Networks* 13(1): 1-21.

Beck, Ulrich and Elisabeth Beck-Gernsheim. 2002. *Individualization*. London: Sage.

Bloch, Ernst. 1978[1974]. "Über Ungleichzeitigkeit, Provinz und Propaganda." Ernst Bloch. *Gesamtausgabe. Ergänzungsband: Tendenz—Latenz—Utopie*. Frankfurt am Main: Suhrkamp.

Chang, Kyung-Sup. 2014. "Individualization without Individualism: Compressed Modernity and Obfuscated Family Crisis in East Asia," pp. 37-62 in *Transformation of the Intimate and the Public in Asian Modernity*, eds. by Emiko Ochiai and Hosoya Leo Aoi. Leiden: Brill.

Gauthier, David. 1986. *Morals by Agreement*. Oxford: Clarendon Press.

Geerts, Evellen and Iris van der Tuin. 2013. "From Intersectionality to Interference: Feminist Onto-epistemological Reflections on the Politics of Representation." *Women's Studies Internaltional Forum* 41: 171-178.

Habermas, Jürgen. 1991. *Strukturwandel der Öffentlichkeit*. Frankfurt am Main: Suhrkamp.

Hirschman, Albert O. 1970. *Exit, Voice, and Loyalty*. Cambridge: Harvard University Press.

Kim, Young-Mi. 2013. "Dependence on Family Ties and Household Division of Labour in Korea, Japan, and Tiwan." *Asian Journal of Women's Studies* 19(2): 7-35.

Lee, Yean-Ju. 2006. "Risk Factors in the Rapidly Rising Incidence of Divorce in Korea." *Asian Population Studies* 2(2): 113-131.

Lee, Yean-Ju and Larry Bumpass. 2008. "Socioeconomic Determinants of Divorce/Separation in South Korea: A Focus on Wife's Current and Desired Employment Characteristics." *Development and Society* 37(2): 117-139.

Levine, Donald N. 1971. *Georg Simmel. On Individuality and Social Forms*. Chicago: University of Chicago Press.

Luhmann, Niklas. 1986. *Ökologische Kommunikation*. Wiesbaden: VS Verlag.

_____. 1997. *Gesellschaft der Gesellschaft*. Frankfurt am Main: Suhrkamp.

_____. 2003[1991]. *Soziologie des Risikos*. Berlin: De Gruyter.

_____. 2005[1975]. "Die Weltgesellschaft." Niklas Luhmann. *Soziologische Aufklärung*. Bd. 2. Wiesbaden: VS Verlag, pp. 63-88.

Lykke, Nina. 2010. *Feminist Studies. A Guide to Intersectional Theory, Methodology and Writing*. New York: Routledge.

Ochiai, Emiko. 2014. "Unsustainable Societies: Low Fertility and Familialism in East Asia's Compressed and Semi-compressed Modernities," pp. 63-90 in *Transformation of the Intimate and the Public in Asian Modernity*, eds. by Emiko Ochiai and Hosoya Leo Aoi. Leiden: Brill.

Okin, Susan M. 1989. *Justice, Gender, and the Family*. New York: Basic Books.

Oshio, Takashi, Kayo Nozaki, and Miki Kobayashi. 2013. "Division of Household Labor and Marital Satisfaction in China, Japan, and Korea." *Journal of Family and Economic Issues* 34: 211-223.

Owens, Craig. 1987. "22. Outlaws: Gay Men in Feminism." in Alice Jardine and Paul Smith (eds.). *Men in Feminism*. New York: Routledge, pp. 219-232.

Park, Hyun-joon and James M. Raymo. 2013. "Divorce in Korea: Trends and Educational Differentials." *Jornal of Marriage and Family* 75: 110-126.

Pascoe, Cheri J. 2005. "'Dude, You are a Fag': Adolescent Masculinity and the Fag Discourse." *Sexualities* 8(3): 329-346.

Puar, Jasbir K. 2018. *Terrorist Assemblages*. Durham: Duke University Press.

Raymo, Iwasawa, and Bumpass. 2004. "Marital Dissolution in Japan: Recent Trends and Patterns." *Demographic Research* 11(14): 395-420.

Reher, David S. 1998. "Family Ties in Western Europe: Persistent Contrasts." *Population and Development Reviews* 24(2): 203-234.

Rindfuss, Ronald R. 2004. "The Family in Comparative Perspective," pp. 134-143 in *Marriage, Work, and Family Life in Comparative Perspective: Japan, South Korea, and the United States*, eds. by Niroko O. Tsuya and Larry L. Bumpass. Honolulu: University of Hawaii Press.

Rindfuss, Ronald R., Larry L. Bumpass, Minja Kim Choe, and Noriko O. Tsuya. 2004. "Social Networks and Family Change in Japan." *American Sociological Review* 69: 838-861.

Rudolf, Robert and Sung-Jin Kang. 2015. "Lags and Leads in Life Satisfaction in Korea: When Gender Matters." *Feminist Economics* 21(1): 136-163.

Sedgwick, Eve K. 1985. *Between Men. English Literature and Male Homosocial Desire*. New York: Columbia University Press.

Simmel, Georg. 1992. *Soziologie*. Frankfurt am Main: Suhrkamp.

Staumaes, Dorthe. 2003. "Where Have All the Subjects Gone? Bringing Together the Concepts of Intersectionality and Subjectification." *NORA-Nordic Journal of Feminist and Gender Research* 11(2): 101-110.

뉴시스. 2018.05.08. "서울시 가구 자가 보유율 42%…전국 평균 밑돌아."
https://newsis.com/view/?id=NISX20180508_0000302722. 검색일: 2022.04.08.
"맞벌이가구 비율." e-나라지표.
https://www.index.go.kr/potal/main/EachDtlPageDetail.do?idx_cd=3037. 검색일: 2021.01.22.
세계일보. 2018.12.29. "혐오 먹고 크는 '갈등 공화국'…죄의식도 사라져간다."
http://m.segye.com/view/20181228003289. 검색일: 2022.01.27.
세계일보. 2019.01.01. "'세대갈등의 골' 더 깊어진 한국."
http://m.segye.com/view/20181231003547. 검색일: 2021.05.27.

중앙일보. 2019.04.17. "이념갈등 위에 젠더 갈등, 현 정부서 6배로."

https://news.joins.com/article/23442964. 검색일: 2021.05.27.

한국경제. 2019.04.30. "강남3구 아파트, 절반 이상 3040세대 구매."

https://www.hankyung.com/realestate/article/201904307438e. 검색일: 2022.
    04.08.

한국일보. 2019.01.28. "국민 52%가 '문 정부서' 사회갈등 늘었다.'"

https://m.hankookilbo.com/News/Read/201901271656356177?did=PA&dtype=3
    &dtypecode=970&fbclid=IwAR2QLBj-jd46hTONGPcJhsdx2nTjmum49ltL
    7WIuFP4LA11DG2gdk484X0s. 검색일: 2022.01.27.

I. 홍찬숙 · 한정숙 · 오현미 · 김보명(2019)의 조사방법

1. 질적 연구

초점집단 인터뷰 및 개별 심층인터뷰

〈인터뷰 참여자의 성별·연령별 분포〉

1) 촛불혁명 관련 (총 17인, 광화문 촛불집회 참여자)

조사 기간: 2018년 8월 5일-9월 1일
- □ 20대 남성 3인, 20대 여성 5인
- □ 30대 남성 2인, 30대 여성 1인
- □ 40대 남성 1인, 40대 여성 2인
- □ 50대 남성 1인, 50대 여성 1인
- □ 60대 여성 1인

2) 미투운동 관련(총 14인, 모두 여성으로 미투운동 직·간접 참여 경험자)

조사 기간: 2018년 8월 21일-10월 12일
- 20대 6인
- 30대 5인
- 50대 3인

2. 양적 연구

분석기법: 텍스트 마이닝

1) 촛불혁명 관련

- 분석 대상: 페이스북 페이지 게시글 및 댓글

① 촛불혁명 지지자 대 반대자
- 자료수집 기간: 2016년 10월 24일-2017년 4월 29일
- 분석대상: '박근혜정권퇴진 비상국민행동'(촛불혁명 지지자), '박근혜 대통령시대를 위하여'(박근혜 대통령 지지자).

② 촛불혁명 온라인 페이스북 여초 페이지와 페미니즘 관련 페이지
- 자료수집 기간: 2016년 11월 22일-2017년 4월 29일
- 분석대상: '여혐*곡'(여초 페이지), 메르스 갤러리 저장소 4, 페미광

장, 페미당당, 일다, 불꽃페미액션, 아는 페미, 찍는페미(페미니즘
관련 페이지).

2) 미투운동 관련

□ 자료수집 기간: 2018년 1월 29일-2018년 8월 31일
□ 분석대상

① Youtube ('미투'로 검색하여 나온 동영상 중 자료수집 기간 중 뷰카운트 상위 300
개 동영상에 게재된 글 및 댓글)

② 언론 기사: 조선일보(보수), 한겨레신문, 경향신문(진보)

③ 온라인 남초 카페의 게시글 및 댓글: '오늘의 *머'

④ 페이스북 페미니스트 페이지 (촛불혁명 관련 페이지와 동일)

⑤ 온라인 여초 카페: '여*시대' 자유게시판 게시글

초점집단 인터뷰

조사 기간: 2019년 2월 8일-5월 29일

〈인터뷰 참여자 특성〉

1. 성별·연령별 분포

- □ 20대 남성 16인, 20대 여성 14인, 기타 성별 1인
- □ 30대 남성 4인, 30대 여성 12인

2. 최종학력

- □ 20대 남성: 대학 졸업 1인, 대학 재학 15인
- □ 20대 여성: 대학 졸업 4인, 대학 수료 1인, 대학 재학 9인, 고등
  학교 졸업 1인
- □ 30대 남성: 대학 졸업 4인
- □ 30대 여성: 대학원 재학 이상 3인, 대학 졸업 8인, 고등학교 졸
  업 1인

3. 월평균 가구소득(부모)

- □ 20대 남성: 701만 원 이상 5인, 301-700만 원 4인, 151-300만 원 및 150만 원 이하 4인, 미기입 3인
- □ 20대 여성: 701만 원 이상 1인, 301-700만 원 5인, 151-300만 원 및 150만 원 이하 5인, 미기입 4인
- □ 30대 남성: 301-700만 원 1인, 151-300만 원 및 150만 원 이하 3인 (이 중 본인 월소득 301-700만 원 2인)
- □ 30대 여성: 701만 원 이상 1인, 301-700만 원 6인, 151-300만 원 및 150만 원 이하 5인

4. 월평균 본인 소득

- □ 20대 남성: 200만 원 4인, 80만 원 3인
- □ 20대 여성: 200만 원 1인, 40-150만 원 이하 6인
- □ 30대 남성: 600만 원 1인, 301-400만 원 1인, 151-300만 원 1인
- □ 30대 여성: 450만 원 1인, 151-250만 원 6인 10-150만 원 이하 4인

5. 젠더 정체성 또는 지향성

- □ 20대 남성 16인 중 성소수자 4인, 페미니스트 3인
- □ 20대 여성 14인 중 성소수자 4인, 페미니스트 3인, 기타 성별 1인